REGIOLOKAL

Patrick Todjeras | Michael Herbst
Bernhard Schröder (Hrsg.)

Regiolokal

Als Kirche aufblühen und zusammenwachsen

EVANGELISCHE VERLAGSANSTALT
Leipzig

Die Abbildungen wurden mit der kostenpflichtigen Version von Canva erstellt.

Die Deutsche Nationalbibliothek verzeichnet diese Publikation in der Deutschen Nationalbibliographie; detaillierte bibliographische Daten sind im Internet über http://dnb.dnb.de abrufbar.

2., korr. Auflage 2026

Printed in Germany

Das Buch wurde auf alterungsbeständigem Papier gedruckt.

Bei Fragen zur Produktsicherheit wenden Sie sich bitte an info@eva-leipzig.de.

Lektorat 2. Auflage: Pfr. Michael Freiburghaus, Leutwil
Gesamtgestaltung: makena plangrafik, Leipzig
Coverbild: Elisabeth Jungreithmayr
Druck und Binden: BELTZ Grafische Betriebe GmbH, Bad Langensalza

ISBN 978-3-374-07990-2 // eISBN (PDF) 978-3-374-07991-9
www.eva-leipzig.de

Geleitwort

»Kirche ist im Umbruch. Das ist die tägliche Erfahrung in Gemeinden, Kirchenkreisen und Landeskirchen. Rückgang an Mitgliedern und Ressourcen, Überlastung der haupt- und ehrenamtlich Tätigen und eine wachsende Distanz in der Gesellschaft prägen die Lage. In dieser Situation ist es wohltuend, ein Buch in Händen zu halten, das nicht nur Defizite beschreibt, sondern von Möglichkeiten erzählt.

Das Anliegen ist schnell skizziert. Kirche kann in der Regionalisierung nicht nur verlieren, sondern neue Gestalt gewinnen. Wenn Gemeinden Kooperation statt Konkurrenz wagen und Nachbarschaften als Chance begreifen, entstehen Freiräume. Kirche blüht auf, wenn sie nicht Versorgungseinheit, sondern gemeinsame Verantwortungsgemeinschaft ist.

Die Stärke des Bandes liegt in der Verbindung von theologischer Reflexion, praktischen Erfahrungen und mutigen Visionen. Die Vielfalt reicht von klassischer Gemeinde über ›Kirche Kunterbunt‹ bis hin zu digitalen Formaten. Damit wird deutlich: Es gibt nicht den einen Weg, sondern viele konkrete Möglichkeiten.

Doch der Weg ist mühsam. Kirchenentwicklung ist immer beides, Chance und Last. Dieses Buch bietet keine Rezepte, aber es ermutigt, trotz aller Widrigkeiten die Suche nach vitalen Formen von Kirche nicht aufzugeben. Regiolokale Kirchenentwicklung ist nicht die Lösung aller Probleme. Aber sie ist ein Weg, die Kirche von morgen nicht nur zu verwalten, sondern zu gestalten. Wer die Ambivalenzen aushält, wer bereit ist, Mühe und Konflikte nicht zu verdrängen, sondern durchzubuchstabieren, der kann erleben: Kirche blüht auf, wenn sie sich vernetzt, wenn sie sich neu versteht und auch kleine Anfänge ernst nimmt.«

Prof. Dr. Michael Domsgen

Professor für Evangelische Religionspädagogik sowie Direktor des Forschungszentrums CES an der Martin-Luther-Universität Halle-Wittenberg; Mitglied im Rat der EKD

Vorwort

Idee und Absicht des Buches

Sequels haben es bekanntlich schwer.

Wer den Film »Zurück in die Zukunft« (1985) vor nun 40 Jahren gesehen hatte, war von Teil 2 (1989) weniger und von Teil 3 (1990) vielleicht noch weniger überrascht. Das könnte man für viele Klassiker behaupten. Ob es der Film »Stirb langsam« (1988, 1990, 1995, 2007, 2013) oder »Kevin – Allein zu Haus« (1990, 1992, 1997, 2002, 2012) ist, egal welches Genre: Sequels haben es nicht leicht. Sie leben vom Ruhm und Erfolg des ersten Teils und sind in einer gewissen Pfadabhängigkeit, denn sie dürfen ja nichts absolut Neues erzählen.

Mit immer neuen Wendungen und mit der Zeit neu entwickelten Spezialeffekten wird versucht, im Prinzip die gleiche Geschichte mit neuen Herausforderungen zu erzählen.

Ist nun dieses Buch auch dazu bestimmt, ein Sequel-Dasein zu fristen und im Prinzip nichts Neues zu sagen, aber eben mit mehr Spezialeffekten, mit einer neuen Filmcrew und Besetzung – wenngleich es durchaus den Wiedererkennungseffekt bei Hauptprotagonisten braucht? Lebt auch dieses Buch im Prinzip vom Vorgänger-Ruhm, d.h. vom Original – in unserem Fall aus dem Jahr 2017 (und 2023) – und hat nichts wesentlich Neues zu sagen?

Wir meinen Nein.

Die Ausgangslage unterscheidet sich heute deutlich von der im Jahr 2017, als das erste Buch zu regiolokaler Kirchenentwicklung veröffentlicht wurde. Umbrüche, Abbrüche, aber auch Aufbrüche vollziehen sich mit hoher Geschwindigkeit. Einige Herausforderungen haben sich verschärft, und es sind neue Aufgaben hinzugekommen. Anstelle von Reform wird nun häufig von Disruption, komplexen Situationen und unwegsamem Gelände gesprochen.

In diesem Kontext gilt es zu definieren, wie regiolokale Kirchenentwicklung (ab hier: RLKE) aussehen kann.

Darüber hinaus ist RLKE inzwischen ein häufig und gerne verwendetes Wort. Wie wir weiter unten noch ausführen, ist es jedoch kein einfaches Programm zur Kirchenrettung. Mit diesem Buch möchten wir darlegen, was wir darunter verstehen und was für uns unaufgebbar ist, wenn von RLKE gesprochen wird.

So haben wir auch unseren Titel gewählt. Inmitten von lähmenden Strukturdebatten, inmitten von gefühltem Relevanzverlust und realer Überforderung sind wir überzeugt, dass Kirche aufblühen kann. Wir sind überzeugt, dass sie gedeihen und zusammen-wachsen kann. Dazu möchten wir ermutigen und Hoffnung geben.

Das Buch ist in drei Teile gegliedert.

Im ersten Abschnitt werden *Grundlagen* behandelt. Michael Herbst und Patrick Todjeras stellen sich die Fragen: Was ist der Ausgangspunkt für RLKE? Wo beginnt unser Nachdenken über Kirchenentwicklung und wieso ist »langsames Denken« (Daniel Kahneman) dafür nötig? Zugleich wird das Thema mit einem neuen Forschungsschwerpunkt am Institut zur Erforschung von Mission und Kirche (Attersee, Österreich) verknüpft, das sich mit der Frage beschäftigt, wann und unter welchen Bedingungen Gemeinden ›aufblühen‹. Diese Forschung steht im Zusammenhang mit der internationalen Forschung über ›Human Flourishing‹. Was bedeutet das in regiolokaler Perspektive?

Im zweiten Abschnitt betrachten wir *Haltungen* in diesem Prozess. Welche Einstellungen und Praktiken sind hilfreich, welche unabdingbar – und wovon sollten wir uns verabschieden? Welche zentralen Veränderungen sind nötig? Wie gelingt der Wandel von einer versorgten zu einer sorgenden Gemeinde? Wie steht es um das ›Empowerment‹, also die Ertüchtigung und Ermächtigung von Ehrenamtlichen? Wie kann eine regiolokal gestaltete Gottesdienstlandschaft aussehen? Wie werden unvermeidliche Rückbauprozesse gestaltet und wie geht man mit Egoismen um?

Hier sind die Erfahrungen der Autoren aus vielzähligen Beratungen in Gemeinden, Regionen, Diözesen und Kirchenkreisen sowie aus Debatten im akademischen und kirchenleitenden Kontext eingeflossen. Gleichzeitig steht uns als Herausgeber auch unsere Positionalität vor Augen. In den *Grundlagen* und *Haltungen* kommt die Perspektive von männlichen Autoren zum Ausdruck, die Pfarrer ihrer jeweiligen evangelischen Landeskirche sind. Das prägt unsere Wahrnehmungen.

Im Spagat zwischen Geschlechtergerechtigkeit und Lesefluss haben wir uns entschieden, alternierend männliche und weibliche Formen zu verwenden. Wir hoffen damit allen Leserinnen und Nutzern dieses Buches gerecht zu werden.

Im dritten Teil geht es dann um *Anwendungen.* Hier haben wir den Blick erweitert und eine größere Anzahl von Beitragenden eingeladen, uns an ihren Erfahrungen teilhaben zu lassen. Es werden konkrete Fragen beleuchtet, die sich im Rahmen einer regiolokalen Kirchenentwicklung stellen. Die Bitte an die Autorinnen war, eine kleine exemplarische Geschichte - eine Anwendung - zu erzählen, nicht umfassend, aber hoffentlich lehrreich. Es entsteht eine Collage von Perspektiven und Debatten.

Die ersten drei Beiträge von Kolja Koeniger und Patrick Todjeras zielen auf Paradigmen, die hinter dem Handeln stehen. Welche Pfadabhängigkeiten gibt es? Welche Aufgaben sind zu lösen, bevor man tatsächlich entwickeln kann?

Von verschiedenen Umsetzungen aus einer ähnlichen Haltung heraus berichten dann die nächsten drei Beiträge aus der Evangelischen Kirche in Mitteldeutschland (Stefanie Schwalbe, Sven Thriemer, Hendrik Mattenklodt sowie Elke Rosenthal, Tobias Steinke und Felix Eiffler) und der röm.-kath. Diözese in Linz (Bernhard Schröder). Hier werden Herangehensweisen für eine veränderte Struktur aufgezeigt. Professionsspezifischen Fragen widmen sich dann die Beiträge von Alexandra Battenberg und Benjamin Stahl. Mit einer Gemeindemanagerin und der ›Schwester Agnes 2.0‹ werden neue Berufe vorgestellt.

Kirche Kunterbunt ist einer der wachsenden Bereiche in den evangelischen Landeskirchen. Wie fügt sich Kirche Kunterbunt in RKLE ein, wie kann sie vielleicht sogar zum Motor von RLKE werden? Davon erzählen Katharina Freudenberg und Göran John. Und spätestens mit den Stichworten Digitale Kirche (Josef John) und neumonastische Gemeinschaften (Wolf Kammerer) wird der gewohnte parochiale Denkrahmen verlassen und Versuche beschrieben, Kirche gänzlich außerhalb vertrauter Formen zu denken und zu erproben. Solche Ansätze werden nur selten von einer Gemeinde alleine entwickelt. Aber im Zusammenwachsen blüht etwas auf, ein neuer geistlicher Ort entsteht, der Menschen Zugang zum Evangelium ermöglichen kann. Und dennoch - es bleibt anstrengend, hält Patrick Todjeras in einem abschließenden Beitrag fest. In diesem Abschnitt haben wir als Herausgeber redaktionell nur wenig in die Beiträge eingegriffen. Denn so wird die Vielfalt der Umsetzung aus einer ähnlichen Grundhaltung heraus sichtbar.

In diesem Buch werden Erprobungen und praktisch-theologische Vertiefungen geboten - keine fertige Kirchentheorie. Die Einordnung in den akademischen Diskurs muss an anderer Stelle geführt werden.[1]

Wunsch und Vision der Herausgeber

Der Bischof der (ehemaligen) Evangelischen Kirchenprovinz Sachsen, Axel Noack, sprach einmal vom »Gespenst der Regionalisierung«[2]. Er wollte damit auf die ausgesprochen schlechte ›Presse‹ der langjährigen Strukturreformprozesse in der Evangelischen Kirche hinweisen. Was von den Leitungsebenen der Kirche als alternativlos dargestellt und als Weg zur Entlastung angepriesen wird, wird auf der Ebene der beteiligten (oder sollte man sagen: betroffenen) Gemeinden ganz anders empfunden. Die langwierigen Reformprozesse binden Kräfte, muten Verzicht und Abschiede von Vertrautem zu, und erfüllen zuweilen nicht einmal bescheidene Erwartungen, dass es danach besser wird – oder man auch nur vor weiteren Kürzungsschritten bewahrt bleibt. Unfair geurteilt? Mag sein! Aber so wird es von vielen empfunden, die mitten in solchen Prozessen stecken oder zwischen Pfarrplan C und Pfarrplan D kurz durchschnaufen.

Wir versprechen also nicht weniger als die Lösung aller Probleme? Den Ausweg? Die Alternativroute um all die mühsamen Regionalisierungs-Baustellen herum? Die Bewahrung von allem, was uns lieb und teuer ist? Wäre es so, müsste man den werten Leserinnen und Lesern gleich empfehlen, das Buch dynamisch und entschlossen in den Papierkorb zu befördern.

Daran, dass wir unsere kirchlichen Strukturen an die veränderten Verhältnisse, vor allem an die diversen Schrumpfungen anpassen müssen, führt kein Weg vorbei. Dass wir uns in den kirchlichen Regionen aufeinander zubewegen und miteinander mindestens ›ins Benehmen‹ kommen müssen, ist tatsächlich alternativlos. Dass es nicht so weiter geht wie bisher und auch nicht wieder so wird wie früher, müssen wir akzeptieren – je eher desto besser! Allerdings könnte so proklamierte Nüchternheit unserem Buch auch eine rasche Beförderung ins Altpapier bescheren.

Was denn dann? Wir hoffen, dass wir aus einem etwas anderen Blickwinkel auf die fraglos vorhandenen Voraussetzungen schauen können:

- Wir hoffen, dass wir plausibel machen können, dass regionale Kooperation, verbindliche Zusammenarbeit, ja sogar rechtliche Vereinigung von Gemeinden nicht das Ende der lokalen christlichen Gemeinde sein müssen.
- Wir hoffen zeigen zu können, dass ein anderer Blick auf unsere kirchlichen Nachbarn das Miteinander in eine neue Richtung lenken kann, so dass unser Verhältnis zueinander von weniger Vorbehalten, Konkurrenz, Neid oder Stolz bestimmt wird – und unsere Kooperation kein Nullsummenspiel wird (»Dein Gewinn kann nur mein Verlust sein!«).

- Wir hoffen, zeigen zu können, dass es sich lohnt, mitten in (und nicht neben) den Strukturdebatten nach Gott zu fragen, stille zu werden, zu hören und zu beten – gemeinsam. Und dass wir umgekehrt betrachtet unter unseren (sonntäglich gepredigten) Möglichkeiten bleiben, wenn wir »wie alle anderen« den Strukturfragen erlauben, unserem Glauben das Wort zu entziehen.
- Wir hoffen, Mut machen zu können, dass auch eine deutlich kleinere Kirche vital, also gesund sein kann, so dass Christen vor Ort und in der Region miteinander vor Gott leben und Zeugnis des Evangeliums in ihrer Lebenswelt sein können, so dass Menschen aufs Neue erkennen, dass es sich gut leben lässt im Glauben an Christus.

Unsere Hoffnung ist also, dass Sie unsere Gedanken weiter mitverfolgen und unser Buch für eine Weile seinen Platz auf Ihrem Schreibtisch (oder Nachttisch) behalten darf, und dass unsere Überlegungen in Ihre Gespräche in der Gemeinde und darüber hinaus einfließen – und dass Sie am Ende von der einen oder anderen Idee sagen: »Das macht mir Mut; so könnte es klappen!«

Das Gespenst können wir vielleicht nicht verscheuchen. Aber wir sind überzeugt: Es geht nicht gespenstisch zu, wenn Gemeinden sich in ihrer Region miteinander regiolokal neu erfinden.

Unser Dank gilt Samuel Bauer und Susan Langbein für die Korrekturarbeiten, Elisabeth Jungreithmayr für das Erstellen der Grafiken sowie Frau Dr. Annette Weidhas und Marit Bolduan von der Evangelischen Verlagsanstalt für die wohlwollende und konstruktive Begleitung des Projektes.

Patrick Todjeras, Michael Herbst und Bernhard Schröder
Erntedank 2025

ANMERKUNGEN

1 Auch wenn es gar nicht das primäre Thema ihrer Dissertation ist, finden sich aktuell bei Mirjam Best dazu weitergehende Ausführungen. Sie diskutiert in ihrem Buch »Kirche neu erleben!?« den Begriff der *mixed economy* und seine Rezeption in Deutschland und gibt Einblick in die kirchentheoretischen Debatten rund um RLKE. BEST, *Kirche*.

2 NOACK, *Geleitwort*.

Inhalt

Grundlegung

Haltungen

ANWENDUNG

Grundlegung

Ansatzpunkt: Schnelle und langsame Kirchenentwicklung

Patrick Todjeras/Michael Herbst

1 Wo beginnen wir unsere Überlegungen?

1.1 Warum der Startpunkt und daraus resultierendes Verhalten so wichtig ist

Der Usedomer Maler Otto Niemeyer-Holstein (1896–1984) hat in eindrücklicher Weise sinngemäß gesagt: »Im ersten Pinselstrich bist du ein Herr, im zweiten ein Sklave.«[1]

> »Im ersten Pinselstrich bist du ein Herr, im zweiten ein Sklave.«
> Otto Niemeyer-Holstein

Wer eine weiße Leinwand vor sich hat, kann noch *alles* malen. Doch sobald der erste Pinselstrich getan ist, ist der Maler der Sklave der ersten Entscheidung. Der erste Pinselstrich ist eine Entscheidung, von der alle weiteren Pinselstriche abhängig sind.

Das gilt in gewissem Sinn auch für Kirchen- und Gemeindeentwicklung. Das gilt ebenso für regiolokale Kirchen- und Gemeindeentwicklung (RLKE).

Es lohnt sich, über die Art und Weise, wie der erste Pinselstrich überhaupt gesetzt wird, nachzudenken. Es lohnt sich, über den Startpunkt für Überlegungen zu RLKE grundsätzlicher und prinzipieller nachzudenken. Denn das bestimmt alle weiteren Entscheidungen. Das ist die Aufgabe dieses ersten grundlegenden Teils.

Das mag etwas abstrakt und wissenstheoretisch anmuten und dem Konzept der RLKE, das ja als praktisches und konkretes Anwendungsinstrument entwickelt wurde, zu widersprechen.

Wir sind der Meinung, dass es diesen prinzipiellen Zugang benötigt, um die Voraussetzungen und Bedingungen der Entscheidungen in RLKE zu verstehen und ebenso die falsche und missbräuchliche Anwendung von RLKE-Elementen zu durchschauen.

Überlegungen von Daniel Kahneman helfen uns, die Bedingungen des »ersten Pinselstrichs« zu bedenken und dann den ersten Pinselstrich und damit den Ausgangspunkt für alle weiteren Entscheidungen in der RLKE zu sortieren.

1.2 Was vor dem ersten Pinselstrich passiert. Was prägt unsere Entscheidungen und unser Verhalten?

Der israelisch-amerikanische Wirtschaftswissenschaftler, Psychologe und Nobelpreisträger (2002) Daniel Kahneman hat Erkenntnisse über Entscheidungsfindung in »Thinking, Fast and Slow« (2011) (»Langsames Denken, Schnelles Denken«, 2012) zusammengefasst. Sie sollen hier aufgegriffen werden. In seinem Ansatz geht es um Entscheidungstheorien aus sozialpsychologischer Perspektive. In diesem Feld der Verhaltensökonomie geht man der Frage nach, warum der Mensch in Entscheidungsmomenten nicht immer nur nach rein nutzenmaximierenden Prinzipien handelt.[2]

Zentral ist auch für uns seine besondere Herangehensweise, die – kurz gefasst – besagt: Wenn wir das System verstehen wollen, müssen wir den Menschen verstehen.

So erkundete er sein Forschungsleben lang Heuristiken in der Entscheidungsfindung und die damit verbundenen Verzerrungen. Bei einer Heuristik handelt es sich um sogenannte »Abkürzungen fürs Denken«. Seine Überlegungen legen den Grundstein zum Verständnis für das menschliche Urteilsvermögen unter der Bedingung von Unsicherheit.

Das menschliche Denken und Entscheiden ist nicht aus einem Guss. Ein Großteil des Denkens ist weder bewusst noch rational. Meistens denken und entscheiden Menschen intuitiv.

Kahneman unterscheidet ein System 1- und ein System 2-Denken:

- System 1 meint ein intuitives, plötzliches (in einer evolutionären Vergangenheit begründetes), automatisches, müheloses und unwillkürliches Denken. In diesem System folgen rasche Urteile und schnelles Handeln, wie bei einem Autopiloten. System 1-Denken hat eine hohe Systemgeschwindigkeit und ›erledigt‹ Aufgaben, darum *schnelles Denken*. Meistens denken und entscheiden Menschen in diesem System 1. Problematisch an diesem System ist, dass es kausale Zusammenhänge vortäuscht, wo es keine gibt, da es das sorgfältige Durchdringen der Komponenten und der Lösungsmöglichkeiten nicht erlaubt.

Ein plakatives Beispiel hierfür ist das Berechnen von 2 + 2 oder das Lesen eines Wortes in der eigenen Muttersprache oder das Fahren auf einer leeren Straße. System 1 ruft intuitiv Fähigkeiten ab, die Menschen im Laufe der Zeit aufgebaut haben.

- System 2 meint ein analytisches, rationales und bewusstes Denken, aus diesem Grund von Kahneman *langsames Denken* genannt. Es blendet Störfaktoren aus und hilft zu fokussieren. Es lenkt die Aufmerksamkeit auf die anstrengenden Aktivitäten.

  Während System 1 einen Automatismus bedient (vor einem Bären weglaufen), löst System 2 komplexe Probleme.

Nach Kahneman ergibt sich das menschliche Verhalten aus dem Wechselspiel von System 1- und System 2-Denken. Beide Systeme sind wichtig, aber System 2 wird ständig ausgetrickst.

> »Die hauptsächliche Funktion von System 1 besteht darin, ein Modell unserer persönlichen Welt, in dem das repräsentiert ist, was normal in unserer Welt ist, aufrechtzuerhalten und zu aktualisieren. Das Modell ist aufgebaut auf Assoziationen, die Vorstellungen mit Situationen, Ereignissen, Handlungen und Ergebnissen verknüpfen, die mit einer gewissen Regelmäßigkeit gemeinsam auftreten, entweder gleichzeitig oder innerhalb einer relativ kurzen Zeitspanne. In dem Maße, wie sich diese Verknüpfungen bilden und verstärken, entsteht ein Netzwerk assoziativer Vorstellungen, das die Struktur von Ereignissen in unserem Leben repräsentiert, und es bestimmt unsere Interpretation der Gegenwart sowie unserer Zukunftserwartungen.«[3]

System 1 liefert also durchgängig eine Interpretation der Wirklichkeit, und durch System 1 nehmen wir unsere Umwelt wahr.

Ein weiteres Charakteristikum von System 1 ist, dass es uns in die Lage versetzt, auf Grundlage unvollständiger und widersprüchlicher Informationen schnell und mühelos zu einem Urteil zu gelangen. Diese Fähigkeit hat sich im Laufe der Evolution herausgebildet und hat insbesondere zu Beginn der menschlichen Entwicklung zum Überleben unserer Spezies beigetragen.

> Der willentliche Rückgriff auf System 2-Denken kann notwendig werden, wenn System 1 keine intuitive Lösung für ein Problem bereithält.

Damit System 2 aktiviert wird, müssen wir uns willentlich dazu entscheiden. In Abgrenzung zu System 1-Denken, das als passive Erfahrung wahrgenommen wird, erzeugt System 2-Denken daher auch den Eindruck eines aktiven Vorgangs.

Der willentliche Rückgriff auf System 2-Denken kann notwendig werden, wenn System 1 keine intuitive Lösung für ein Problem bereithält. Beispielsweise wenn wir aufgefordert werden, 17 × 24 im Kopf zu berechnen.[4] Wird dann dieses Denken aktiviert, wenden wir mentale Ressourcen auf, um eine schwierige Aufgabe zu lösen. Das ist anstrengend und deshalb kann diese Aktivität auch nur eine begrenzte Zeit ausgeführt werden. Und obwohl dieses bewusste Denken, das Kahneman unter System 2 versteht, von den meisten Menschen als ihr bewusstes Ich wahrgenommen wird, ist es tatsächlich nur einen Bruchteil des Tages aktiv.

System 1 ist nicht nur die Quelle der meisten Dinge, die wir richtig machen, es ist oftmals auch die Quelle systematischer Fehler in unseren Intuitionen, und System 2 ist nicht immer zur Stelle, um Fehler von System 1 zu bemerken und zu korrigieren.[5]

Kahneman sagt dazu:

> »Es wäre unerträglich mühsam, ständig sein eigenes Denken zu hinterfragen, und System 2 ist viel zu langsam und ineffizient, um bei Routine-Entscheidungen als Ersatz für System 1 zu fungieren.«[6]

Im Folgenden beschreiben wir einige der systematischen Fehler, für die System 1 verantwortlich ist.

System 1 neigt dazu, voreilige Schlüsse zu ziehen. Hierzu schreibt Kahneman:

> »Voreilige Schlussfolgerungen sind dann effizient, wenn sie mit hoher Wahrscheinlichkeit zutreffen, wenn die Kosten eines gelegentlichen Fehlers akzeptabel sind und sie viel Zeit und Mühe sparen. Dagegen sind voreilige Schlüsse riskant, wenn die Situation unbekannt ist, viel auf dem Spiel steht und man keine Zeit hat, weitere Informationen zu sammeln. Unter solchen Umständen sind intuitive Fehler wahrscheinlich, die allerdings durch eine gezielte Intervention von System 2 verhindert werden können.«[7]

Kahneman arbeitet mit diversen Beispielen, um unterschiedliche systematische Fehler zu illustrieren. Das folgende Beispiel ist voreiligen Schlussfolgerungen gewidmet:

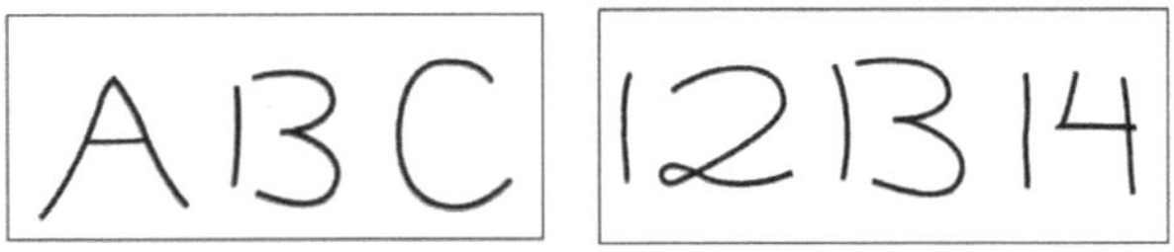

Quelle: Daniel Kahneman – Thinking Fast and Slow

Die wichtigste Eigenschaft der vorstehenden Grafik ist, dass ihre Aussage mehrdeutig ist. In beiden Reihen ist das mittlere Symbol gleich. Allerdings wird es im Kontext der ersten Reihe als B identifiziert und im Kontext der zweiten Reihe als 13.

Interessant ist nun, dass den wenigsten Lesern diese Mehrdeutigkeit des Symbols überhaupt bewusst wird. Kahneman führt hierzu aus, dass Kontextualisierung eine System 1-Funktion ist. System 1 hat eine klare Entscheidung getroffen, was das mittlere Symbol im jeweiligen Kontext bedeutet. Von dieser Wahl, von den verworfenen Alternativen und von der inhärenten Mehrdeutigkeit bekommt der Leser nichts mit:

> »System 1 protokolliert nicht die Alternativen, die es verwirft, oder auch nur die Tatsache, dass es Alternativen gab. Bewusste Zweifel gehören nicht zum Repertoire von System 1; dazu wäre es erforderlich, gleichzeitig an miteinander unvereinbare Interpretationen zu denken, wozu es mentaler Anstrengung bedürfte. Ungewissheit und Zweifel sind die Domäne von System 2.«[8]

Die große Stärke von System 1 ist jedoch das Erzeugen kohärenter Geschichten.

Diese sind Ausfluss aktivierter Vorstellungen in unserem assoziativen Gedächtnis. Und nur mit diesen aktivierten Vorstellungen arbeitet System 1 überhaupt. Es merkt nicht, dass Informationen fehlen könnten, sondern arbeitet ausschließlich mit dem, was im Hier und Jetzt verfügbar ist. Kahneman prägte für diesen Umstand eine gesonderte Regel, die WYSIATI-Regel (»What you see is all there is«). Interessant ist, dass je weniger Informationen verfügbar sind, desto leichter fällt es System 1, eine ›gute‹, weil kohärente Geschichte zu erzeugen. Mehr Informationen und vor allem widersprüchliche Informationen senken die Kohärenz der Geschichte. Kognitive Leichtigkeit stellt sich also vor allem dann ein, wenn nur kohärente Vorstellungen in unserem assoziativen Gedächtnis aktiviert werden und wir (beziehungsweise System 2) zulassen, dass System 1 uns aus diesen Vorstellungen eine gute Geschichte erzählt.[9]

Hinzu kommen bei Daniel Kahneman nun Beispiele für ›Bias‹ und ›Heuristik‹.

Kognitive Verzerrungen, also Bias und Heuristiken, sind knapp gesagt mentale Abkürzungen, die aus den begrenzten Kapazitäten von System 1 entspringen und uns in die Lage versetzen, trotz unvollständiger oder widersprüchlicher Informationen Urteile zu fällen und Schlüsse zu ziehen.

Biases verzerren grundsätzlich die Wahrnehmung, sodass ein zutreffendes Verstehen der Realität erschwert wird. Demgegenüber ist eine Heuristik, und hier ist vor allem die Urteilsheuristik gemeint, technisch definiert, ein einfaches Verfahren, das uns hilft, adäquate, wenn auch oftmals unvollkommene Antworten auf schwierige Fragen zu finden.[10]

Urteils-Heuristiken stellen eine Form von System 1-Denken dar und werden folglich unbewusst genutzt. Sie können uns dabei helfen, zu näherungsweise guten Schlüssen zu gelangen, in Situationen, in denen wir

- zu wenig Informationen für ein rational ausgewogenes Urteil zur Verfügung haben,
- aus Motivationsgründen nicht willens sind, zu einem rational ausgewogenen Urteil zu gelangen,
- aus Schlafmangel oder wegen Konzentrations- und Ressourcenproblemen nicht in der Lage sind, zu einem ausgewogenen Urteil zu gelangen.

Heuristiken sind in ihrem Ursprung daher durchaus sinnvoll, da sie uns ermöglichen, in Situationen, in denen ein rational-ausgewogenes Urteil nicht möglich ist, trotzdem urteilsfähig zu bleiben.

Für Heuristiken im Speziellen gilt aus unserer Sicht das Gleiche wie für voreilige Schlussfolgerungen grundsätzlich. Wenn auf Heuristiken basierende Urteile, Schlüsse und Entscheidungen mit hoher Wahrscheinlichkeit zutreffen und sporadische Irrtümer verkraftbar sind, ist der (unbewusste) Rückgriff auf Heuristiken effizient. Wenn Fehler jedoch zu hohen Kosten führten, dann wäre der Rückgriff auf Heuristiken riskant und sollte vermieden werden. In entsprechenden Situationen sollte also wann immer möglich versucht werden, mit System 2 zu arbeiten, um den (unbewussten) Rückgriff auf Heuristiken (als System 1-Funktionen) zu vermeiden.

Ein weiterer potentieller Nachteil von Heuristiken ist ihr konservativer Charakter. Robert S. Sinclair beschreibt diesen folgendermaßen:

> »Heuristics are inherently conservative; they follow the tried-and-true method of building on what has already happened. When the approach is confronted with the oddball situation or when someone asks what is out there in the rest of the problemspace, heuristics begin to flounder. Yet we resist using other approaches, partly because we simply find them much less congenial, partly because the record allows plausible argument about their effectiveness when dealing with an indefinitely large set of possibilities.«[11]

Wie in dem Absatz über Bias und Heuristiken deutlich wurde, existieren eine ganze Reihe unterschiedlicher kognitiver Fallstricke, die den Prozess und das Ergebnis von Analysen negativ beeinflussen können. Es ist deutlich geworden, dass diese Fallstricke Ergebnisse von System 1 sind. Die Frage ist nun, wie der Einzelne und wie Organisationen diesen kognitiven Herausforderungen am besten begegnen können. Für Organisationen merkt Kahneman Folgendes an:

> »Organisationen können Fehler besser vermeiden als Individuen, weil sie naturgemäß langsamer denken und die Macht haben, geordnete Abläufe durchzusetzen. Organisationen können nützliche Prüflisten erstellen und ihre Einhaltung vorschreiben, [...]. Organisationen können zumindest teilweise auch dadurch, dass sie ein ganz bestimmtes Vokabular verwenden, eine Kultur fördern, in der Menschen aufeinander aufpassen, wenn sie sich [kognitiven] Minenfeldern nähern.«[12]

1.3 Übertrag: Die Bedingungen für den ersten Pinselstrich in regiolokaler Kirchenentwicklung

Der mögliche Gewinn dieser Überlegungen ist dem aufmerksamen Leser und der aufmerksamen Leserin sicherlich an der einen oder anderen Stelle schon deutlich geworden. Der Gewinn soll nun gebündelt werden.

Für kirchliche Transformationsprozesse, wie sie durch RLKE gestaltet werden sollen, gilt auch hier: Wenn wir das System verstehen wollen, müssen wir den Menschen verstehen.

Dabei ist es zentral, die sogenannten Heuristiken (›Abkürzungen fürs Denken‹) zu verstehen und für sie sensibilisiert zu werden, denn sie begründen das Urteilsvermögen (und den ersten Pinselstrich) in Zeiten der Unsicherheit.

Es ist sicherlich nicht entgangen, dass das von Kahneman entwickelte Zwei-System-Denken für die Bedingungen von RLKE ertragreich sein können.

Die sich aufdrängende Frage ist, ob nicht viele Akteure in gegenwärtigen Transformationsprozessen in den Kirchen im System 1-Denken agieren und ein System 2-Denken eher vermieden wird – auch wenn es organisierte und gesteuerte kirchlichen Transformationsprozesse sind. Denn, wenn dies zutrifft, dann ist auch »der Einsatz von RLKE« – nämlich unter System 1-Bedingungen – eine Farce, oder um es unfreundlicher zu formulieren: eine weitere ›Sau, die durchs Dorf getrieben wird‹. Kann es sein, dass gegenwärtige Transformationsschritte – und darunter auch gegenwärtige Anwendungen von RLKE – in einer Art Automatismus, also im Rückgriff auf intuitive und erlernte Fähigkeiten geschehen? Was, wenn viel stärker ein fokussiertes, aufmerksames und *langsames Denken* notwendig wäre?

Kann es sein, dass ein System 1-Denken dazu verleitet, trotz unvollständiger Informationen ein scheinbar kohärentes Ganzes darzustellen und somit ein schnelles Denken zu forcieren?

Eine paradigmatische System 1-Beschreibung könnte nun sinngemäß auf kirchliche Transformationsbemühungen so übertragen werden – und deshalb die wiederholte Zitierung:

> »Die hauptsächliche Funktion von System 1 besteht darin, ein Modell unserer persönlichen Welt [unser Kirchen- und Gemeindebild], in dem das repräsentiert ist, was normal in unserer Welt ist, aufrechtzuerhalten und zu aktualisieren. Das Modell ist aufgebaut auf Assoziationen, die Vorstellungen mit Situationen, Ereignissen, Handlungen und Ergebnissen verknüpfen, die mit einer gewissen Regelmäßigkeit gemeinsam auftreten, entweder gleichzeitig oder innerhalb einer relativ kurzen Zeitspanne. In dem Maße, wie sich diese Verknüpfungen bilden und verstärken, entsteht ein Netzwerk assoziativer Vorstellungen, das die Struktur von Ereignissen in unserem Leben repräsentiert, und es bestimmt unsere Interpretation der Gegenwart sowie unsere Zukunftserwartungen.«[13]

Das hier angeführte Zitat liest sich fast wie eine kirchentheoretische Überlegung – und ja, wir meinen, das ist es auch.[14] Kann es sein, dass unser Modell von Kirche und Gemeinde der letzten Jahrzehnte und Jahrhunderte so stark ist, dass auch kirchliche Transformationsentscheidungen an dieses innere Modell anknüpfen? Dies betrifft beispielsweise Fragen nach dem Hauptamt, nach Vorstellungen über das Ehrenamt, Vorstellungen zum »Normalfall einer Gemeinde«, parochiale Zuständigkeiten oder rechtliche wie auch organisationale Ausformungen.

1.4 SYSTEM 2-KIRCHENENTWICKLUNG

Was heißt System 2-Denken für die Bedingungen gelingender kirchlicher Transformation, wie sie mit RLKE gestaltet werden?

Knapp zusammengefasst, lassen sich folgende Bedingungen benennen, die eine System 2-Kirchenentwicklung hervorbringen will:

- Mehrdeutigkeit aushalten und gestalten
- Eindeutigkeit und kohärentes System nicht erzwingen
- Die Herangehensweise »What you see is all there is« ist ambivalent, weil ich die Wirklichkeit nicht hinreichend wahrnehme und es damit nur bestimmte Entscheidungen zulässt
- Kohärenzen in Entscheidungen und das Löschen von Alternativen als Problem benennen
- Zweifel oder einem Erprobungsmodus einen Platz geben

- Heuristiken sind konservativ – und nicht innovativ. Sie entscheiden nur auf Grund dessen, was sie bisher erfahren haben. Das würde erfordern, Innovationen strategisch zu installieren, um dem System prinzipiell Alternativen anzubieten.

Diese sechs Punkte sind als Markierungen zu verstehen, an die erinnert werden muss, um einem *schnellen Denken* nicht zu verfallen. Konkret können diese Punkte etwa in Gesprächen und Beratungsprozessen eingebracht werden.

Aber wie nun Entscheidungen treffen, wenn das eben Geforderte und Gewünschte nun auf dem Tisch liegt? Hilfreich kann das Konsent-Prinzip sein, das in dem Organisationsmodell der Soziokratie ihren festen Platz hat.[15] Zentral dabei ist, dass jede teilnehmende Stimme in dem Prozess der Entscheidung Gewicht hat: Alle Beteiligten sind gleichwertig.

Ein ›Konsent‹ kann damit leben, dass nicht alle dafür sind, solange nicht jemand dezidiert dagegen ist.[16] Es ist also kein Veto-Recht, sondern die Verbindlichkeit, eine Entscheidung auf Basis nachvollziehbarer Argumente so lange auszuhandeln, wie es nötig erscheint und sie dann in einen Vorschlag zu integrieren. Konsens ist nicht Konsent. Konsent meint: Wenn es keine weiteren schwerwiegenden Einwände gibt, dann ist eine Entscheidung für alle gültig. Ein Konsens hingegen erfordert die Zustimmung aller Beteiligten, was oft zu langen Diskussionen und Kompromissen führen kann. Das ist nicht nur eine rhetorische Finesse, sondern eine Verbindlichkeit, die ungehörten Stimmen, den Zweifel und/oder die Inkohärenzen zu adressieren und so einzubeziehen, dass jeder und jede das Ergebnis mitträgt. Eine solch starke partizipativ-kommunikative Herangehensweise will Akteure und Akteurinnen herausfordern, ihre Stimme geltend zu machen.

Ein weiterer Weg zu einer System 2-Kirchenentwicklung besteht darin, die Abkürzungen, die im System 1-Denken aufgrund von äußeren Rahmenbedingungen zustande kommen, zu adressieren.

Zu den wichtigsten äußeren Rahmenbedingungen gehört, wenn Teilnehmende/n

(1) zu *wenig Informationen* für ein ausgewogenes Urteil zur Verfügung stehen,
(2) aus *Motivationsgründen* nicht willens sind, zu einem ausgewogenen Urteil zu gelangen,
(3) aus *Schlafmangel oder wegen Konzentrations- und Ressourcenproblemen* nicht in der Lage sind, zu einem ausgewogenen Urteil zu gelangen.

Vereinfacht gesprochen hieße das, in Veränderungsprozessen in besonderem Maß darauf zu achten, ob allen Beteiligten alle notwendigen Informationen zur Verfügung stehen (z.B. die Informationsdichte, -zugänglichkeit, -aufarbeitung erhöhen), die Motivationsgründe zu thematisieren und die (allzu) menschlichen Ressourcenprobleme zu adressieren.

Wie nun Organisationen – besonders in Zeiten der Unsicherheit – langsames Denken verstärken können (nach Kahneman), liegt einerseits in ihrer Organisationsförmigkeit begründet (weil sie größer sind, denken sie langsamer; sie können mit Macht geordnete und reflektierte Abläufe durchsetzen). Andererseits können Organisationen Methoden entwickeln, wie sie alternative Outcomes und Lösungen ins Gespräch bringen und anbieten, und sie können ein Vokabular einführen, das eine Kultur fördert, das auf Schnelles-Denken-Fallen hinweist. Über Methoden gibt das nächste Kapitel Auskunft.

1.5 Bias und Heuristiken für die Bedingungen gelingender regiolokaler Kirchenentwicklung

Im Folgenden möchten wir auf einige Bias und Heuristiken eingehen, die sich aus unserer Sicht auf die Kirchen- und Gemeindeentwicklung am Beispiel von RLKE auswirken können.[17]

(1) *Anker-Effekt*: Menschen neigen dazu, sich stark auf die erste Information zu beziehen, die sie erhalten. Damit *verankern* sie das erste Urteil zu einer Sache und die dazugehörigen Entscheidungen. Deshalb stehen die teuersten Autos in Verkaufshallen immer vorne. Die weiter hinten aufgestellten Autos sind billiger, und man hat das Gefühl zu sparen. Weil wir etwas zeitlich eher wahrnehmen, wird es zu unserem Referenzpunkt.
Bezogen auf RLKE: Wie lassen sich Verankerungen in RLKE-Prozessen aufweichen, etwa durch beispielhafte Handlungen, durch Interventionen, durch überraschende Outcomes oder Ähnliches? Ein Beispiel für eine Verankerung ist, wenn Prozesse von Stellenprozenten einer hauptamtlichen Person her gedacht werden. Eine landeskirchlich zugeteilte Ressource verankert somit Möglichkeiten oder Unmöglichkeiten gedeihlichen gemeindlichen Lebens. Oder: Wer von der Synode den Auftrag bekommt, Stellen zu streichen, wird kaum auf die Idee kommen, zusätzliche Stellen für Innovation zu bewilligen.

(2) *Affekt-Heuristik* beschreibt den Umstand, dass Urteile und Entscheidungen aufgrund von Emotionen zum jeweiligen Gegenstand getroffen werden. Vorlieben und Abneigungen bestimmen somit Entscheidungen. Im Kontext von System 1 und System 2 verhält es sich so, dass System 1 Eindrücke, Gefühle und Neigungen erzeugt. Übernimmt System 2 diese, werden sie zu Überzeugungen und Einstellungen. Diese Übernahme durch System 2 stellt den Regelfall dar.[18]

Bezogen auf RLKE: Wie werden die emotionalen Vorlieben oder Abneigungen der Beteiligten, der Verantwortlichen und der Betroffenen in regionalen Prozessen transparent und thematisiert? Ein Beispiel für eine Affekt-Heuristik kann etwa die Vorliebe für Gebäude sein, mit denen man eine persönliche Geschichte verbindet.

(3) *Priming* – wir füllen das aus, was wir kennen. Fehlende Buchstaben werden von unserem Gehirn ergänzt, wenn wir es in einem bestimmten Kontext hören. (Als Beispiel: ›Sei.e‹ – im Kontext von ›duschen‹ → Seife). Priming-Prozesse erfassen uns, ohne dass wir es wollen – wir haben nicht die vollständige Kontrolle über unsere Gedanken und Handlungen. Sie sind durch soziale und kulturelle Faktoren bestimmt. Interessant ist, dass solche Entscheidungen in System 1 ablaufen, obwohl der Mensch glaubt, dass es System 2 ist. Solche Effekte gibt es auch bezüglich des Primings von Gefühlen. Kahneman führt z. B. vor, dass man egoistischer handelt, wenn man an Geld denkt. Oder: Wenn in einem Getränkegeschäft französische Musik läuft, kaufen die Kunden mehr *französischen* Wein. Wenn dann am nächsten Tag deutsche Musik abgespielt wird, kaufen Kunden mehr *deutschen* Wein.
Bezogen auf RLKE: Wie bestimmt der Kontext (Parochiemodell, Pfarrbild, das Bild von Ehrenamtlichen, das Versorgungsparadigma etc.) die Entscheidungen betreffend der Leerstellen im System? Ein Beispiel für Priming ist, dass Versorgung von Kasualien etwa noch immer stark mit Pfarrpersonen in Verbindung gebracht wird (die Leerstelle wird so gefüllt), und nicht mit mündigen Nachbarn, die eine Trauerfeier gestalten könnten.

(4) *Verlustaversion*: Der Platz für negative Emotionen ist dreimal so groß wie der für positive Gefühle. Negative Gefühle, die durch einen Verlust ausgelöst werden, sind viel stärker als Gefühle des Gewinnens. Menschen hassen es zu verlieren. Kahneman wird damit zu einem wesentlichen Protagonisten der Prospect-Theorie. Sie wird auch Verlustaversionstheorie genannt. Die Begründer Daniel Kahneman und Amos Tversky argumentieren, dass Menschen Entscheidungen auf der Grundlage potenzieller Gewinne und Verluste im Vergleich zu einem Referenzpunkt (z. B. dem aktuellen Kontostand oder der aktuellen Erwartung) treffen. Die Prospect-Theorie beschreibt ein psychologisches Modell, wie Menschen Entscheidungen unter Unsicherheit treffen – und zwar nicht rational, wie es ökonomische Theorien annehmen, sondern mit einer gewissen Verlustaversion, d. h. die Angst vor Verlusten wiegt stärker als Gewinne.

Bezogen auf RLKE: Wie sehr wird die Angst zu verlieren (in einem dreimal größeren Ausmaß) adressiert und bearbeitet, weil sie Entscheidungen hindert?

(5) Wir investieren oft weiter, weil wir in der *Vergangenheit* investiert haben – eben aus dem Gefühl, dass wir schon so viel investiert haben. Warum haben wir die Kleidungsstücke noch, die wir nie tragen? Weil wir vor Zeiten viel Geld dafür bezahlt haben! Sind sie jetzt etwas wert oder waren sie in der Vergangenheit wertvoll? Um diese Entscheidungen zu treffen, muss System 2 anspringen.

Bezogen auf RLKE: Wie gehen wir mit in der Vergangenheit getroffenen Entscheidungen und den damit verbundenen Investitionen um? Halten sie einer Kosten-Nutzen-Rechnung stand oder wiegt ›das Erbe der Vergangenheit‹ so schwer, dass es nicht hinterfragbar ist? Ein Beispiel hier ist, dass etwa vor kurzem getroffene Investitionen in Kirchgebäude, Pfarrhäuser, Tagungshäuser, andere Gebäude (oder Orgeln) den Entscheidungsfreiraum für gemeindliches Flourishing erheblich beeinflussen können.

(6) Das Gehirn neigt zu schnellen Urteilen, weil es faul ist. Unser Gehirn liebt Abkürzungen durch *Substitution*. Wenn wir mit einer Frage konfrontiert sind, die wir mit unserem Wissensstand nicht beantworten können, ersetzen wir die ursprüngliche Frage durch eine Frage, die wir beantworten könnten.

Bezogen auf RLKE: Bearbeiten wir eigentlich die richtigen Themen in der RLKE oder sind es ›Scheinthemen‹, auf die wir jetzt einfach eine Antwort geben können? Ist ein Gemeindebus, der Menschen für einen Gottesdienst ›aufsammelt‹, wirklich das richtige Thema oder scheut man sich davor zu hinterfragen, in welcher Form es eigentlich einen Gottesdienst geben kann?

(7) Es kommt auf die *Formulierung* an. Unsere Risikoeinschätzung ändert sich, je nachdem wie sie formuliert ist. Legt man ein Bild in einen roten Rahmen, wird das Rot betont, legt man es in einen blauen Rahmen, wird das Blau betont.

Bezogen auf RLKE: Welche Sprache prägt RLKE? Was soll denn eigentlich ›betont‹ werden? Das hängt stark mit dem Grundgedanken von RLKE zusammen, in dem es um gedeihliches, lokales geistliches Leben geht. Reden wir beispielsweise von der versorgten Gemeinde oder von der mündigen Gemeinde?

(8) *Besitzumfangseffekt – Endowment-Effect.* Je länger wir mit einer Sache interagieren, umso stärker wird das Gefühl des Besitzes und die Bin-

dung. Aus diesem Grund ist die kostenlose Probephase bei Softwareabonnements ein Effekt, um den Kauf zu beschleunigen. Wenn etwa IKEA-Möbel von Kunden und Kundinnen selbst aufgebaut werden, wird eine Bindung zu dem Möbelstück aufgebaut.

Bezogen auf RLKE: Je länger Personen mit einem Gemeindemodell interagieren, desto stärker ist das Gefühl der Bindung. Dies gilt für Haupt- wie auch Ehrenamtliche. Hauptgemeinden, die zu einer Filialgemeinde ›herabgestuft wurden‹, ringen mit dem Gefühl einer »Degradierung« und beeinflussen so ihren Entscheidungsfreiraum.

(9) *Confirmation BIAS*: Menschen interpretieren Sachverhalte so, dass unsere bisherigen Überzeugungen und Schlussfolgerungen intakt bleiben. Bestätigungsvoreingenommenheit betrifft alle.

Bezogen auf RLKE: Wie kann Diversität von Meinungen, von Lösungen und Ideen in RLKE-Prozessen einbezogen werden? Wer vertritt eine gegenteilige Idee und wie kann diese zur Sprache kommen?

(10) *Peak-End-Regel*: Kahnemans Forschung zur Peak-End-Regel zeigt, dass Menschen ihre Erfahrungen hauptsächlich basierend auf dem Höhepunkt (dem intensivsten Punkt) und dem Ende einer Erfahrung bewerten, nicht auf deren Gesamtdauer. Für das Customer Experience Management bedeutet das, dass besonders positive Erfahrungen am Höhepunkt und am Ende der Kundeninteraktion geschaffen werden sollten, um eine insgesamt positive Erinnerung zu hinterlassen.

Bezogen auf RLKE: Kann es sein, dass die Hemmnisse einer Veränderung auf Peak-Erfahrungen beruhen, die schon längere Zeit zurückliegen (›früher‹)?

Diese zehn ausgewählten Punkte ließen sich leicht erweitern. Hier geht es zunächst einmal grundsätzlich darum, eine Sensibilität für ›die Entscheidungen vor einer Entscheidung‹ zu schaffen – oder besser: die Bedingungen einer Entscheidung zu erkennen und sie zu adressieren.

Das Ziel von RLKE unter gedeihlichen Bedingungen ist es, dies unter den Bedingungen eines System 2-Denkens zu gestalten. Erst dann ist es sinnvoll, den ersten Pinselstrich von RLKE zu thematisieren, nämlich die Gemeinde.

2. Der erste Pinselstrich: die Gemeinde

Über die Bedingungen vor dem ersten Pinselstrich kreisten die vorherigen Ausführungen. Dabei geht es darum, für oft unsichtbare und unbewusste

Faktoren sensibilisiert zu werden, die auf Entscheidungen Einfluss nehmen. Erst dann ergibt regiolokale Kirchentwicklung Sinn.

Nun sind wir ›mitten im Thema‹ und können konkret anfangen, über RLKE nachzudenken. Es wäre eine naheliegende Versuchung, die bisherige Vierfelder-Typologie (freiwillige Kooperation, Profile ausbilden, ergänzen statt Vollprogramm, Solidarität)[19] an den Anfang zu setzen – sozusagen mit der Lösung anzufangen. Das würde jedoch den Fokus von RLKE verwischen und RLKE als Methodensammlung vorstellen. Das ist sie aber nicht. RLKE ermöglicht eine eigene Art und Weise, über die Gemeinde nachzudenken, oder besser: über lokale, geistliche Gemeinschaft in ihrer regionalen Verantwortung.

> RLKE ermöglicht eine eigene Art und Weise, über die Gemeinde nachzudenken, oder besser: über lokale, geistliche Gemeinschaft in ihrer regionalen Verantwortung.

RLKE will Gemeinden in einer Region anregen, über ihr Gemeindesein nachzudenken und dieses vor Ort *und* in der Region zu gestalten. Und das unter der zusätzlich sehr anspruchsvollen Frage: Was braucht geistliche Gemeinschaft (Gemeinde) vor Ort, damit sie blühen kann?

Der erste Pinselstrich wird bewusst an dieser Stelle gesetzt.

2.1 Eine andere Perspektive auf die Kirche: Flourishing

Manchmal hilft es ja, den Standort zu wechseln und aus anderen Perspektiven auf die Dinge zu schauen. Dieser Versuch soll hier unternommen werden. Wir fragen nach der ›Kirche‹ in der regiolokalen *Kirchen*entwicklung. Was ist das? Und wie kann kirchliches Leben unter den Bedingungen der Knappheit verstanden und gestaltet werden, so dass es gelingt, z. B. in einer neuen *regiolokalen* Praxis?

> Wie kann kirchliches Leben unter den Bedingungen der Knappheit verstanden und gestaltet werden, so dass es gelingt?

Unser Versuch, das Phänomen Kirche zu verstehen und einzuordnen, schließt an sozialwissenschaftliche (und auch theologische) Forschungen zum Thema ›Flourishing‹ an. Unsere Frage lautet dann: Unter welchen Bedingungen ›gedeiht‹ Kirche, ja, blüht Kirche auf?

2.2 Was ist Flourishing?

Wie diese Fragestellung in der Theologie rezipiert werden kann, zeigt z. B. der in Yale lehrende Systematische Theologe Miroslav Volf. Was also ist Flourishing? Seine Antwort:

»Flourishing [...] stands for the life that is lived well, the life that goes well, and the life that feels good – all three together, inextricably intertwined. I use the term interchangeably with ›the good life‹ and ›life worth living‹. It evokes an image of a living thing, thriving in its proper environment: a tree ›planted by streams of water, which yields its fruit in its season‹ and whose leaves ›do not wither‹ (Psalms 1:3), a sheep lying ›down in green pastures‹ and walking ›beside still waters‹ (Psalms 23:2), an ›eagle, with great wings and long pinions, rich in plumage of many colors‹ (Ezekiel 17:3)«[20].

> Flourishing hat mit dem guten Leben zu tun: »Flourishing itself might be understood as a state in which all aspects of a person's life are good.« Tyler VanderWeele

Flourishing hat also mit dem guten Leben zu tun: Es geht um das gut gelebte Leben, das Leben, in dem es gut läuft, und das Leben, das sich gut anfühlt (in dem also so etwas wie Glück erfahrbar wird). Es ist das Leben, das wir so führen, wie es richtig ist, das sich als fruchtbar erweist und obendrein gut anfühlt.

Das ist – wie man rasch merkt – zunächst vor allem auf Individuen bezogen. Es ist zum anderen ein komplexes Konstrukt: Es geht um mehr als persönliches Gelingen und Zufriedenheit, mehr als ein *angenehmes* Leben. Es geht auch um Tugenden und Pflichten, um das Leben, das auf eine ethisch und religiös angemessene Weise geführt wird. In philosophischer Diktion kommen beim Flourishing hedonistische und eudämonistische Aspekte zusammen. Mehr noch geht es nicht einfach um ein *erfolgreiches* Leben. Auch der Umgang mit Leid und Minderung gehört zu einem Leben, das gut gedeiht.

Tyler VanderWeele, der in Harvard zum Thema Flourishing forscht, definiert den Begriff so:

> »Flourishing itself might be understood as a state in which all aspects of a person's life are good«[21].

Dabei benennt er fünf Aspekte, wie sich Flourishing zeigt:

1. Glück/Lebenszufriedenheit,
2. mentale und physische Gesundheit,
3. Sinn und Bestimmung/Ziele,
4. Charakter und Tugend sowie
5. enge menschliche Beziehungen.

Tyler VanderWeele ergänzt diese Liste, indem er auch die materiellen Lebensgrundlagen einerseits für religiöse Menschen, andererseits die Gemeinschaft mit Gott in Anschlag bringt. Insgesamt ist damit ein umfassendes Konzept von Human Flourishing auf dem Plan, das weit über hedonistische Aspekte (die sich auf ›pleasure‹ fokussieren) hinausgeht und auch religiös-spirituelle Dimensionen des Lebens berücksichtigt.

Eigens untersucht hat VanderWeele weiterhin den Einfluss von religiösen Gemeinschaften auf individuelles Human Flourishing.[22] Im Ergebnis kommt VanderWeele zu dem Schluss, dass religiöse Orientierung erheblich zum Human Flourishing beiträgt: »Religious community is a major contributor to human flourishing«[23].

2.3 Was ist gemeinschaftliches Flourishing?

Wesentlich für unseren Zusammenhang ist schließlich, dass VanderWeele und sein Team das Thema Human Flourishing auch über den individuellen Bereich hinaus erforschen und nach dem Flourishing von Gemeinschaften fragen. In Verlängerung der o.a. Definition können sie nun sagen:

> »A community's flourishing might be understood as a state in which all aspects of the community's life are good«[24].

Oft meinte man damit die Zufriedenheit mit der Gemeinschaft. Das sei zwar auch wichtig, aber nicht ausreichend. Zufriedenheit kann bedeuten, dass jemand bekommt, was er will, nicht aber, dass die Gemeinschaft gut funktioniert. Zufriedenheit sagt noch nicht, was eine gute Gemeinschaft konstituiert. Lee u.a. sehen sechs ›Domains‹, in denen sich das Flourishing einer *Gemeinschaft* zeige:[25]

(1) Zuerst geht es um die enge Verbindung von individuellem und gemeinschaftlichem Flourishing: »Good community is constituted in part by flourishing individuals«.[26]

(2) Noch wichtiger sind gute Beziehungen, die jeder in der Gemeinschaft genießen sollte. Jeder wird respektiert, und jeder trägt etwas bei.

(3) Gute Leitungspersonen sollten entsprechende Fähigkeiten und einen gefestigten Charakter mitbringen und sich um Einzelne wie um die Gemeinschaft kümmern.

Kahneman: Eine dieser Fähigkeiten wäre die Förderung von System 2-Denken und der Versuch, Fallen der Heuristik und der Bias zu meiden – bei sich selbst und bei anderen.

(4) Strukturen und Praktiken sollten die Beziehungen und das gemeinsame Tun fördern. Auch sollten Konflikte schnell und gut behandelt werden. Die Ziele der Gemeinschaft sollen durch Strukturen und Praktiken unterstützt werden.

(5) Die Menschen sollten zufrieden mit der Gemeinschaft sein und sich willkommen fühlen.

(6) Eine gute Gemeinschaft erfüllt einen höheren Zweck oder eine Funktion. Sie trägt etwas dazu bei, dass die Welt ein besserer Ort wird. Die starke ›Mission‹ sollte jedem klar sein, die Gemeinschaft sollte zusammen mehr bewirken als die Summe der Einzelnen und jeder Einzelne sollte gebraucht werden.

»The six domains that the measure will attempt to assess are thus flourishing individuals, good relationships, proficient leadership, healthy practices, satisfying community, and strong mission«[27].

Die sechs Bereiche des Flourishing einer Gemeinschaft: »Flourishing individuals, good relationships, proficient leadership, healthy practices, satisfying community, and strong mission.« Tyler VanderWeele

2.4 Was folgt daraus für gemeindliches Flourishing?

Aus sozialwissenschaftlicher Perspektive würde es demnach auch einer christlichen Gemeinde gut gehen, in der einzelne Menschen aufblühen (Zuversicht gewinnen, Gaben entdecken, Überzeugungen aufbauen, beziehungsfähig werden, gute Maßstäbe annehmen). In ihr würden sich gute Beziehungen unter den Beteiligten aufbauen (Gemeinschaft, Überwindung von Einsamkeit, wechselseitige Hilfsbereitschaft, Gastfreundschaft), sodass das Zusammensein als überaus zufriedenstellend erlebt wird. Zugleich wäre diese Gemeinde nicht selbstbezüglich, sondern auf eine gemeinsame Aufgabe ausgerichtet (hätte also eine ›Mission‹). Führungskräfte dienten dem Gemeindeleben auf eine integre und kompetente Weise und Strukturen wie gemeinsame Praktiken wären gesund (also funktionell und zweckmäßig).

In unserem Zusammenhang bedeutet das zweierlei:

(1) Wir nehmen diese Auskunft als *erste Annäherung* an die Frage auf, wie eine Gemeinde aufblühen und gedeihlich existieren kann. Es ist eine *erste*, darum auch *vorläufige* Auskunft, denn wir sprechen hier noch nicht unter Beachtung theologischer Aspekte von der Kirche. Es ist zugleich eine *ernst zu nehmende* Auskunft, weil auch die christliche Gemeinschaft eine menschliche, irdische Gemeinschaft ist. Sie hat Anteil an dem, was sie wie alle anderen irdischen Gemeinschaften vital sein lässt. Vielleicht (oder ziemlich gewiss!) werden wir theologisch *mehr* von der Gemeinde sagen müssen. Zugleich zeigt schon ein erster Blick auf das, was hier als allgemein-gültig erkannt wird, dass theologische Bestimmungen nicht allzu weit von dem hier Erkannten zu finden sind, mehr noch, dass schon jetzt die inhaltliche Nähe aufleuchtet: persönliches Wachstum, gedeihliche Beziehungen, eine starke Gemeinschaft und eine klare Mission sind Merkmale, die wir auch in theologischer Sprache und Gestalt nennen könnten. Gute Führung und zweckmäßige Praktiken werden wir auch noch theologisch einordnen, aber etwas anders.

(2) Wir nehmen diese Auskunft auch als guten Ratschlag für leitendes und gestaltendes Handeln in der Kirche:
   - Woraufhin sollten wir Gemeinden entwickeln? Welches ›Zielfoto‹ haben wir vor Augen, wenn wir unser Tun in der Kirche planen und durchführen?
   - Oder – im kritischen Prüfen und Rückblick: Wie werden wir beurteilen, was aus unseren Entscheidungen wurde?

Sagen wir es direkt: Wenn diese sechs (und weitere, folgende, theologische) Aspekte zu vitalen Gemeinschaften gehören, also auch zu gesunden Weisen, Kirche zu sein, dann können wir auch die Struktur- und Reformprozesse in der Kirche daraufhin prüfen, also auch die Maßnahmen zum Umgang mit Knappheit, die schmerzhaften und notwendigen Umstrukturierungen, ob sie dazu beitragen, dass kirchliches Leben sich in Richtung Flourishing entwickelt, dass also die bestehenden und die neu entstehenden Formen kirchlicher Vergemeinschaftung gedeihlich, vital, vielleicht sogar fruchtbar sein oder doch werden können. Alle Maßnahmen sind kritisch zu prüfen, ob ihre Neben- und Folgewirkungen – nach der erhofften Entlastung und Druckminderung – eher die Vitalität oder eher das Verwelken und Erschlaffen kirchlichen Lebens fördern. Wiederum müsste sich auch die hier engagiert vorgetragene und den kirchlichen Entscheidungsträgern empfohlene Idee einer regiolokalen Kirchenentwicklung kritisch befragen lassen, ob sie *diese* oder *jene* Wirkung auf Dauer mit sich bringt. Diese oder jene oder vielleicht diese *und* jene, aber mehr von dieser als von jener.

Man kann jetzt schon sagen, dass mit Blick auf die genannten sechs Aspekte eine gewisse Dichte der Interaktionen, ein gewisses Maß an verlässlichen Beziehungen und eine größere Nähe zueinander (wie auch immer diese Nähe ›hergestellt‹ wird) unverzichtbar erscheint. Auch in anderen Zusammenhängen sind regelmäßige Interaktion, verlässliche Beziehungen und Nähe Grundbedingungen dafür, dass ein mehr als oberflächliches Verhältnis entsteht, dass also menschliche Assoziationen nicht nur zu Kundschaft, Publikum oder Leistungsempfängern werden.

Aufschlussreich ist in unserem Zusammenhang, dass die Aspekte florierender Gemeinschaften *qualitativer* Art sind: Sie beschreiben gute Beziehungen und ein gemeinsames Handeln. Sie beschreiben keine quantitativen Marker: Größe, Finanzkraft. Sie beschäftigen sich auch nicht mit Wachstums- oder Schrumpfungsdynamiken: zunehmende oder abnehmende Mitglieder- oder Gottesdienstbesucher-Zahlen. Das bedeutet: Florierende Gemeinden (und ihr Gegenteil) finden wir bei großen, gut ausgestatteten und wachsenden Gemeinden ebenso wie bei kleinen, eher armen und z. B. alternden Gemeinden. Das bedeutet nicht, dass Wachstum keine »interessante« Kategorie für gemeindliches Flourishing wäre oder auch kein sinnvolles Ziel leitenden und gestaltenden Handelns. Vielmehr folgen wir hier einem Ansatz, den Robert Warren schon im Blick auf englische Gemeinden vorgestellt hat: Von vitalen Gemeinden sagt er, »dass diese Gemeinden sich nicht auf Wachstum konzentrierten, sondern einfach nur darauf, gute Arbeit dabei zu leisten, Gemeinde zu sein«[28]. Der Akzent liegt auf der Pflege dessen, was zur Gesundheit einer Gemeinde beiträgt:

> »Wenn man vom Leben einer Gemeinde spricht, wird unter ›wachsen‹ und ›Wachstum‹ üblicherweise das zahlenmäßige Wachstum verstanden. Wo wir aber von der Entwicklung ›vitaler‹ Gemeinden sprechen, ist eher das ›Hegen und Pflegen‹ des Gemeindelebens gemeint, so wie wir uns z. B. um einen Rosenstock in unserem Garten kümmern.«[29]

Dann kann Wachstum durchaus im Interesse der Gemeinde sein, aber es wird als ›Frucht‹ verstanden und ist nicht permanent im Fokus der Überlegungen und Aktivitäten. Gemeinden wollen, wenn sie gesund sind, auch wachsen, sie sehen sich immer zu mehr Menschen gerufen als jetzt schon da sind. Sie wünschen sich, dass auch die, die noch nicht da sind, die Zuversicht und Lebenskraft aus dem Evangelium kennenlernen, die sie im Glauben erfahren. Sie sind an zahlenmäßigem Wachstum *interessiert*, aber nicht von Zahlen *besessen.*

Gemeinden wollen, wenn sie gesund sind, auch wachsen. Sie sind an zahlenmäßigem Wachstum *interessiert*, aber nicht von Zahlen *besessen.*

Ein letzter Gedanke: VanderWeele und sein Team haben also den Einzelnen im Blick wie auch die Gemeinschaften, zu denen Einzelne zählen. Der Harvard-Ansatz will darüber hinaus aber Human Flourishing auf die größeren Lebensräume, sozialen Welten, ja die ganze Gesellschaft beziehen. Von Flourishing sollte man also reden, wenn es nicht nur dem Einzelnen und der Gemeinschaft (z.B. der Gemeinde) gut geht, sondern auch dem Sozialraum, in den beide gestellt sind (was wiederum auch Gestaltungs- und Prüfkriterium für jede Form der Kirchen- und Gemeindeentwicklung sein muss!):

»We might thus define flourishing as the relative attainment of a state in which all aspects of a person's life are good, including the contexts in which that person lives.«[30]

2.5 Welche ›Aggregatzustände‹ von gemeindlichem Flourishing können wir uns vorstellen?

In diesem Zusammenhang bieten Tim Lomas u.a. eine Matrix an, in die unterschiedliche Zustände des Gedeihens eingetragen werden können, die für uns interessant sein könnte.[31]

Lomas und seine Kollegen verstehen Flourishing als den übergreifenden und umfassenden Begriff, während (eher objektive) Gesundheit (Health) und (eher subjektives) Wohlergehen, auch Glück (Well-Being, Happiness), Unterkategorien bilden. Zusätzlich gibt es Health, Well-Being oder Happiness immer auf einem Kontinuum: Man ist z.B. nicht krank oder gesund, sondern im Spektrum von vollkommen gesund und völlig krank unterwegs.

So lässt sich für menschliche Gemeinschaften eine Vierfelder-Grafik bilden, die Gesundheit und Wohlergehen als Kategorien von Flourishing in ein Verhältnis zueinander setzt und auf diese Weise vier ›Zustände‹ von Gemeinschaften beschreiben kann. Um das Gemeinte abbilden zu können, gebrauchen wir als Gegenüber von Wohlergehen den (zugegeben: wenig eleganten) Neologismus ›Schlechtergehen‹.

	Gesundheit/Wohlergehen		
Krankheit/ ›Schlecht-ergehen‹	Gemeinde ringt um das Überleben	Gemeinde gedeiht gut und blüht auf	Keine Krankheit/ kein ›Schlecht-ergehen‹
	Gemeinde leidet Not und siecht dahin	Gemeinde ist unruhig, auf der Suche	
	Keine Gesundheit/ Kein Wohlergehen		

Wenn diese Kategorien auf christliche Gemeinden zutreffen: Was muss dann regiolokale Kirchenentwicklung leisten? Worauf kann eine Gemeinde setzen, wenn sie sich zu einer florierenden Gemeinde entwickeln möchte (weil sie unruhig und auf der Suche ist), oder wenn sie merkt, dass sie eher ›abnimmt‹ als wächst (und ums Überleben ringt)? Was sollte sie beachten, wenn sie auch in Zukunft aufblühen möchte (und nicht nur momentan)? Und gibt es noch Aussicht auf Besserung, wenn eine Gemeinde dahinsiecht? Und welche Tendenzen fördern unsere innerkirchlichen Reformprozesse und Maßnahmen zum Strukturumbau?

Kahneman: Welches ›Priming‹ herrscht in unserem Gemeinden vor? Können wir uns überhaupt noch vorstellen, dass aufblühen möglich ist? Ist nicht Abbau und Rückbau so geläufig, dass die Sprache von Aufblühen und Zusammenwachsen keine Chance mehr hat?

2.6 Ein theologisches Modell von Flourishing

Dazu haben wir ein theologisches Modell gut gedeihender Gemeinden entwickelt. Es beschreibt die theologischen Grundlagen einer regiolokalen Kirchen- und Gemeindeentwicklung. Wenn man also dieser Idee folgt, dann mit der Absicht, in diesem, nun zu beschreibenden Sinn Gemeinden weiterzuentwickeln. Es ist der Blick auf das Zielfoto und die Kriterien für sinnvolle Entwicklungen in der Kirche.

Dabei folgen wir den systematisch-theologischen Überlegungen von Martin Abraham im Blick auf das Werden und Sein christlicher Kirchen.[32] Abraham geht von der Einsicht aus, dass man in der evangelischen Theologie meist ›zweistellig‹ über die Kirche sprach. Demnach unterschied man das, was das Kirchesein von Kirche möglich macht und darum unabdingbar ist (nämlich nach dem Augsburgischen Bekenntnis von 1530, Artikel VII: Wort und Sakrament), von dem, was je nach Kontext und Zweckmäßigkeit in der Kirche zu ordnen ist, durchaus ähnlich wie in anderen menschlichen Gesellschaften, die sogenannten Adiaphora oder ›Mitteldinge‹, die nicht heilsnotwendig sind und deren Gestaltung nicht nach strengen biblischen oder theologischen Grundsätzen feststeht. Abraham nennt das erste die ›Konstitutiva‹ und das zweite (mit der theologischen Tradition) die ›Adiaphora‹. Auffällig ist, wie knapp beschrieben werden kann, was in der Kirche konstitutiv ist. Die evangelische Idee von der Kirche ist ausgesprochen ›schlank‹!

> »Es wird auch gelehrt, dass allezeit eine heilige, christliche Kirche sein und bleiben muss, die die Versammlung aller Gläubigen ist, bei denen das Evangelium rein gepredigt und die heiligen Sakramente laut dem Evangelium gereicht werden. Denn das genügt zur wahren Einheit der christlichen Kirche, dass das Evangelium einträchtig im reinen Verständnis gepredigt und die Sakramente dem göttlichen Wort gemäß gereicht werden. Und es ist nicht zur wahren Einheit der christlichen Kirche nötig, dass überall die gleichen, von den Menschen eingesetzten Zeremonien eingehalten werden, wie Paulus sagt: ›Ein Leib und ein Geist, wie ihr berufen seid zu einer Hoffnung eurer Berufung; ein Herr, ein Glaube, eine Taufe‹ (Eph 4,4.5).«

Die Unterscheidung von Konstitutiva und Adiaphora ist auch im Sinne von Artikel VII des Augsburgischen Bekenntnisses folgenreich: Die Kirche wird damit einerseits *verpflichtet*, andererseits *befreit*.

- Sie wird *verpflichtet*, das Wort zu verkünden und die Sakramente (Taufe und Abendmahl) zugänglich zu machen – und zwar nicht irgendwie, sondern so wie es dem Evangelium Jesu Christi entspricht, das zuvor in Artikel IV entfaltet wurde als Evangelium der Rechtfertigung des Gottlosen allein aus Gnade im Glauben um Christi willen.
- Sie wird *befreit* hinsichtlich fast aller anderen Aspekte ihres Daseins. Es sei nicht nötig, zur Einheit unter den Gemeinden/Kirchen überall dieselben ›Zeremonien‹ zu haben. Die können hier anders als dort und morgen anders als heute sein – freilich wiederum so, dass sie dazu beitragen,

Kahneman: Wenn wir in der Vergangenheit so viel in eine bestimmte Form investiert haben, wenn wir sie mit viel Aufwand gepflegt haben, fällt es schwer, sie jetzt aufzugeben.

das Evangelium den Menschen zugänglich zu machen. ›Zeremonien‹ darf man nun getrost weit fassen: Das sind unsere Liturgien und Lieder, das sind unsere Gebäude und Versammlungsformen, das sind Uhrzeiten und Rhythmen, aber auch kirchliche Strukturen und Leitungsstile.

Wann und wo Gottesdienst gefeiert wird, wer zur Leitung des Gottesdiensts beauftragt wird, nach welcher liturgischen Logik gefeiert wird, ist – eben! – ›Zeremonie‹.

Wann und wo Gottesdienst gefeiert wird, wer zur Leitung des Gottesdiensts beauftragt wird, nach welcher liturgischen Logik gefeiert wird, ist ›Zeremonie‹.

Dass wir also zurzeit Umbaumaßnahmen am ›Gebäude‹ der Kirche vornehmen, ist an sich kein Grund zur Aufregung. Wenn sich die Zeiten ändern, dann dürfen, ja müssen wir die ›Zeremonien‹ (als Adiaphora) anpassen. Sie sind zeitlich und kontingent, nicht an sich heilig und sakrosankt. Nur muss das Neue dann auch dem Evangelium dienen und d.h.: der Ermöglichung von Glauben, Gemeinschaft, Zeugnis und Dienst.

So weit, so gut! Martin Abraham weist aber auf eine Lücke im evangelischen Denken über Kirche hin. Konkret weist er darauf hin, dass bei diesem *zweistelligen* Modell das Leben der Kirche, das konkrete Dasein in den Gemeinden gar nicht in den Blick kommt. Wort und Sakrament werden dann ohne ihre erhofften Wirkungen in den Blick genommen. Sie sind die Zeichen, an denen man die Kirche erkennen kann (die ›notae ecclesiae‹), aber ihre Folgen, Früchte und Wirkungen scheinen belanglos zu sein. Darum schlägt Martin Abraham eine dreistellige Rede von der Kirche vor: Zwischen die Konstitutiva (Wort und Sakrament) und die Adiaphora (also Fragen der Ordnung und Organisation) schiebt er die *Vitalia* der Kirche, die Zeichen ihrer Lebendigkeit als ›notae *vitae* ecclesiae‹, wir könnten nun im Duktus unserer Überlegungen sagen: als Zeichen des Flourishing einer Gemeinde oder Kirche.

Martin Abraham schiebt zwischen die Konstitutiva (Wort und Sakrament) und die Adiaphora (Fragen der Ordnung und Organisation) die Vitalia der Kirche: ›notae vitae ecclesiae‹. Wir könnten nun im Duktus unserer Überlegungen sagen: Zeichen des Flourishing einer Gemeinde oder Kirche.

Martin Abraham beschreibt diese Vitalia als die »Extremitäten«[33] der Kirche. Die Vitalia können von Ort zu Ort sehr verschieden aussehen, sie werden sich aber in irgendeiner Weise an jedem Ort finden lassen. Sie sind die ›Glaubensantwort‹ derer, die zusammenfanden, um das Evangelium zu hören: Glaube, Gemeinschaft und Dienst. Abraham erwähnt hier neben anderem die häufig zitierten Merkmale der sogenannten Jerusalemer Urgemeinde, ihre Beständigkeit im Hören der apostolischen Lehre, in der Gemeinschaft, im Brotbrechen und im Gebet (nach Apg 2,42).

Ein anderes, etwas weiter ausgreifendes Modell der Vitalia hat Michael Moynagh in die anglikanische Kirchenreform-Debatte eingebracht. Seither ist immer wieder von den vier grundlegenden Beziehungen die Rede, von und in denen die Kirche lebt. Sie sind die Merkmale vitaler Kirchlichkeit, sozusagen die gemeinschaftliche Frucht des Evangeliums. Dafür wählt Michael Moynagh (gemeinsam mit George Lings) den Begriff der gemeindlichen Reife: »If church comprises four interlocking sets of relationships, growth into maturity will involve growth in each of these relationships – with God, the wider church, the world and within the fellowship.«[34]

»If church comprises four interlocking sets of relationships, growth into maturity will involve growth in each of these relationships – with God, the wider church, the world and within the fellowship.«
Michael Moynagh

Das kommt unserer Frage nach dem Flourishing von Gemeinden schon sehr nah. Konkret haben Moynagh und Lings diese ›Beziehungen‹ im Sinn, in denen Gemeinden (und damit auch individuell ihre Glieder) reifen sollen:

- Die Beziehung ›nach oben‹: Die Gemeinde braucht adäquate Formen des gemeinsamen Gebets, der Anbetung, des Gottesdienstes, des Hörens auf Gottes Wort. Sie fördert das ›geistliche Leben‹ ihrer Mitglieder und Gäste, also das lebendige, mündige Christsein in der Nachfolge Christi.[35] Hier könnte man natürlich auch nach ›Wirkungen‹ fragen, z. B. nach Freude, Gewissheit, Hoffnung, Orientierung, Herausforderung oder Korrektur.
- Die Beziehung ›nach innen‹: In der Gemeinde haben Beteiligte unterschiedliche und für ihre Lebenslage ›passende‹ Möglichkeiten, Gemeinschaft zu erleben: Austausch über den Glauben und das Leben, Ertragen von Differenzen, Versöhnung und Vergebung, Hilfe im Alltag, gemeinsame Freizeit, Förderung der Gaben usw. Die Gemeinschaft ist auch Trägerin des gemeindlichen Lebens. Es entwickelt sich ein austariertes Verhältnis von

Haupt- und Ehrenamtlichen, ein Bestreben, dass die charismatisch begabte Gemeinde zur Akteurin ihres eigenen Lebens und Dienstes wird (und nicht zum ›betreuten Wohnen‹) und dass professionelle Kräfte wie auch die ordnungsgemäß Berufenen dem Gedeihen ehrenamtlicher Arbeit dienen. Ebenso gehört hierher die Seelsorge untereinander als Paränese, als Tröstung und Ermahnung, sowie das Ertragen des anderen in einer fragilen Gemeinschaftlichkeit.

- Die Beziehung ›nach außen‹: Die Gemeinde ist stark auf ihr Umfeld und ihre Lebenswelt bezogen. Sie kommuniziert ihre Anliegen. Sie ist im Kontakt mit anderen Organisationen, Religionsgemeinschaften, kommunaler Verwaltung, Trägern der sozialen und kulturellen Arbeit. Sie zeigt Interesse an und Einsatz für soziale Bedarfe in ihrem Umfeld. Sie hat offene Türen für Gäste. Sie bezeugt ihren Glauben einladend an Menschen, die bisher keinen Bezug zu Glauben und Kirche haben. Hier im Außenverhältnis kann der für das Flourishing so wichtige Aspekt mitbedacht werden: Auch die ›Community‹ profitiert von der ›Church‹. Umgekehrt kann der gute Ruf in der und die Unterstützung durch die ›Community‹ zum Gedeihen der ›Church‹ beitragen. Dieses ›nach außen‹ kann auch durch die »Five Marks of Mission«[36] illustriert werden: Verkündigung, Hilfe zum/im Glauben, diakonisch-seelsorgliches Handeln, Einsatz für Gerechtigkeit in der Gesellschaft und Bewahrung der Schöpfung.
- Die Beziehung ›nach unten‹: Die Gemeinde ist mit anderen Gemeinden vernetzt und engagiert sich im Miteinander der Gemeinden in der Region. Sie hat eine konfessionelle Identität. Sie hat ein vertrauensvolles, dialogisches Verhältnis zu den Leitungsebenen ihrer Kirche. Hier wird sozusagen die Verankerung der regiolokalen Kirchenentwicklung in der dreistelligen Sicht der christlichen Kirche angesprochen. Es ist ein Zeichen von Vitalität, nicht nur den berühmten ›eigenen Kirchturm‹ zu sehen, sondern vernetzt und verknüpft mit anderen Gemeinden in der Region das Evangelium zu feiern und zugänglich zu machen. Dann ist regiolokale Kirchenentwicklung ein Zeichen einer vitalen Kirche!

2.7 Die Gemeinde und RLKE

Für das Flourishing von Gemeinden können wir diesem dreistelligen Ansatz sehr gut folgen und finden so hinsichtlich der regiolokalen Kirchenentwicklung zu einer anschlussfähigen Idee vom Leben vitaler Gemeinden:

- Wir achten vor allem darauf, dass die *Konstitutiva* der Kirche im Zentrum stehen. Bei aller Vielfalt gemeindlichen Lebens wäre es undenkbar (oder für das Gedeihen christlicher Gemeinschaft fatal), auf das Evangelium zu verzichten, *nicht mehr* zusammenzukommen, um zu hören, was Gott verheißt und gebietet, *nicht mehr* den Sieg des Gekreuzigten und Auferstandenen zu feiern, *nicht mehr* zu taufen und die Getauften an ihre Taufe zu erinnern, *nicht mehr* am Tisch des Herrn den Leib Christi zu empfangen, um so zum Leib Christi zu werden. Auf sehr vieles kann Kirche verzichten, darauf nicht! Es genügt allerdings nicht, dass irgendwie, irgendwann und irgendwo ›Gottesdienst‹ gefeiert wird. »Vielmehr ist ihrer verantwortlichen Gestaltung kein anderes Kriterium vorgegeben als die Sorge um die inhaltliche Klarheit und die kommunikative Zugänglichkeit desjenigen Wortes, durch das Gott, den Glauben – und damit die Gemeinschaft des Glaubens – schafft.«[37] Darum ist auf die inhaltliche Klarheit und die weitestmögliche Zugänglichkeit von Wort und Sakrament zu achten.

Darum ist auf die inhaltliche Klarheit und die weitestmögliche Zugänglichkeit von Wort und Sakrament zu achten.

Also kommt es für das Flourishing von Gemeinde darauf an: Sind Wort und Sakrament zugänglich in einer Versammlung, deren Türen für alle offen stehen, in einer Sprache, die allen verständlich ist? Auf vielfältige Weise, die der Vielfalt der Menschen entspricht, zu denen gerade diese Gemeinde sich gewiesen weiß? Sind Wort und Sakrament zentral für das Leben der Gemeinde? Wird ihrer ›Pflege‹ erkennbar Aufmerksamkeit und Liebe gewidmet? Werden Wort und Sakrament dem Evangelium gemäß dargeboten, also auf Christus zentriert, als Zusage der Gnade und Einladung zum Leben in Glauben, Liebe und Hoffnung, in rechter Unterscheidung von Gesetz und Evangelium? Um es gleich deutlich zu machen: Wenn Strukturreformen die Zugänglichkeit von Wort und Sakrament erschweren und auf weiter Strecke das Evangelium nur noch in homöopathischen Dosierungen zu Gehör gebracht wird, dann ist das als schwere Beeinträchtigung erhoffter Vitalität zu markieren. Dann ist die Medizin unter Umständen schlimmer als die Krankheit. Darum liegt hier, in der Zugänglichkeit der Christus-Botschaft, ein zentrales Interesse der regiolokalen Kirchenentwicklung. Unsere Überlegungen zum Gottesdienst (siehe unten) werden das illustrieren.

- Freilich ist hier noch einmal konkreter zu sagen, worum es geht. Den Konstitutiva ist nicht Genüge getan, wenn es nur einigermaßen regelmäßig Gottesdienste gibt. Angesichts der nachlassenden geistlichen Bildung und persönlichen Bindung der Menschen an Glauben und Kirche bedarf es hier besonderer Anstrengungen, das Konstitutive auch konstitutiv sein zu lassen. Glaube ist für unsere Zeitgenossen nicht mehr ›Tradition‹, sondern zunächst unbekanntes Terrain und dann höchstens ›Option‹. Das Konstitutive der Kirche ruft nach einer gemeinsamen Initiative: »Wir stellen das Glaubensthema in die Mitte und investieren in das Bemühen, Menschen für den Glauben an Christus (zuerst) und dann auch für Gemeinschaft und Dienst der Gemeinde zu gewinnen.« Wolfgang Huber formulierte diesen Bedarf schon vor längerer Zeit, aber sein Aufruf hat nichts an Wichtigkeit und Dringlichkeit verloren: »Es ist die erste Aufgabe der Kirche, das Glaubensthema wieder ins Zentrum zu rücken. Sie hat den Menschen die Botschaft von der unverdienten Gnade Gottes auf neue Weise verständlich zu machen, um ihnen so den Zugang zu Gott zu erschließen.«[38]

»Es ist die erste Aufgabe der Kirche, das Glaubensthema wieder ins Zentrum zu rücken. Sie hat den Menschen die Botschaft von der unverdienten Gnade Gottes auf neue Weise verständlich zu machen, um ihnen so den Zugang zu Gott zu erschließen.«
Wolfgang Huber

Wir brauchen Begegnungen und Gesprächsräume, um Interessierten den christlichen Glauben vorzustellen und vorzuschlagen.

- Wir pflegen die vier Beziehungen. Die sind nun eine Art Kompass. Sie markieren, was als Resonanz auf das Evangelium in der Gemeinde angeregt und durch entsprechende Gestaltung des Gemeindelebens gefördert werden soll. Florierende Gemeinden werden in allen vier Beziehungen aufblühen! Die vier Beziehungen sind also zum einen Anregung, was in jeder Gemeinde in irgendeiner Weise Gestalt gewinnen sollte. Sie sind zum anderen ein Instrument zur Überprüfung, was wichtig und zentral ist, was fehlt oder nach Verstärkung ruft, was überflüssig ist oder sich nur wichtig macht. Regiolokale Kirchenentwicklung ist hier mehrfach gefordert: In den lokalen Gemeinschaften stellt sich die Frage, was in jeder örtlichen ›Versammlung‹ nicht fehlen darf:[39] Gebet/Anbetung (in irgendeiner Form), Gemeinschaft (dto.!), Dienst (dto.!), Verbundenheit mit dem Netzwerk der Gemeinden (dto.!). Wenn es also schmerzhafte Entscheidungen zu treffen gilt, kann die Matrix der vier Beziehungen (den Konstitutiva nachgeordnet) helfen, zu priorisieren und zu posteriorisieren, neu anzufangen oder aufzugeben, weiter zu betreiben oder zu vereinfachen. Sie weist auch auf das hin, was vor Ort fehlt oder zu stark und einseitig ausgeprägt ist (z.B. Dienst zu Lasten von Gebet – oder umgekehrt). Und auf der regionalen Ebene gilt dasselbe. Im Miteinander darf keine der vier Beziehungen fehlen, wenn die regionale Kirche vital sein will.

Schließlich gilt es, einen Blick auf die Adiaphora zu werfen. Die lange und kontroverse Debatte über diesen Aspekt von Kirche kann und soll hier nicht dargestellt werden. Wichtig ist: Adiaphora haben nicht dieselbe geistliche Dignität wie Konstitutiva und Vitalia. Das soll aber nicht bedeuten, dass es völlig gleichgültig ist, wie wir die Dinge ordnen, z.B. welches Leitungsmodell wir in der Kirche haben. Das kann auch gar nicht gleichgültig sein, wenn die Organisation der Kirche, ihre Leitung und ihre Strukturen, ihre Rechtsordnungen und ihre Finanzierungssysteme dem Evangelium und den ›notae vitae ecclesiae‹ dienen sollen, ihnen auch entsprechen und zuarbeiten, ihnen aber keineswegs widersprechen oder gar im Wege stehen sollen. Sind die ›Beziehung nach innen‹, die Geschwisterlichkeit untereinander, die Wertschätzung der Charismen jedes und jeder Getauften Merkmale vitaler Kirchlichkeit, dann darf die Art, wie in der Kirche geleitet wird, dem nicht im Wege stehen. Ein ›Führerprinzip‹ kann dann nur ein schrecklicher Irrtum gewesen sein.

> »Kirchliche Sozialformen und Strukturen sind nicht beliebig, aber variabel. Stabil und stetig ist der Auftrag der Kirche. Wandelt sich die Welt, in die Kirche und Gemeinden gewiesen sind, müssen sich auch ihre Sozialformen und Strukturen wandeln, wenn sie ihrem Auftrag treu bleiben wollen. Die Treue gilt nicht den Sozialformen und Strukturen, sondern dem Auftrag und der Bestimmung der Kirche.«[40]

In unserem Zusammenhang ist es aber auch wichtig, sich vor Augen zu halten, dass die Adiaphora veränderlich, reformbereit, zeitlich sind. Auch was uns so altehrwürdig erscheint wie z.B. die parochiale Organisation oder die Rolle von Pfarrpersonen – sind Adiaphora. Es kann, vor allem wenn der Wandel erzwungen ist, sehr schmerzhaft sein, von diesem oder jenem Abschied zu nehmen. Es mag hinderlich sein für die Aufgaben der Kirche. Es mag Menschen sogar enttäuschen. Es kann Trauer auslösen, wenn das Kirchengebäude aufgegeben werden muss.

Kahneman: Hier ist an die Verlustaversion zu erinnern: Die Angst vor Verlusten wiegt dreimal schwerer als die Freude auf mögliche Gewinne.

Mit all dem müssen und werden wir respektvoll umgehen. Wir machen uns keine Illusionen, dass manches unter veränderten (also: schlechteren) Ausgangsbedingungen schwieriger und mühsamer wird. Auch regiolokale Kirchenentwicklung ist unter Umständen anstrengender als die frühere parochiale Unabhängigkeit. Die Veränderungen sind ja im Wesentlichen Verkleinerungen. Auch daran ändert RLKE nicht *grundsätzlich* etwas (obwohl zu unserer Idee immer die Frage gehört, was neben dem Abbau mit frei werdenden Kräften neu investiert und in der Hoffnung auf Belebung gestartet werden kann). Manches darf aber auch neu geordnet werden. Mancher Ballast darf abgeworfen werden. Es kann ja auch befreiend sein, manches nicht mehr tun zu müssen, was lange schon seinen Zenit überschritten hatte und kaum noch Resonanz fand. Beides wird es geben: schmerzhafte Abschiede und befreiendes Loslassen.

Und dann: Wir sortieren uns neu, wir schaffen Platz für die Konstitutiva, wir pflegen die Vitalia und ordnen die Adiaphora, sozusagen mit ›leichterem Gepäck‹. Das Zusammenrücken in der Region verlangt uns manches ab, aber es ist nicht der Untergang der Kirche. Allerdings kommt einiges darauf an, dass die Konstitutiva zugänglich bleiben und die Vitalia gepflegt werden. Das ist das kritische Maß für die Kirchenreform in jeder Gestalt, auch als regiolokale Kirchenentwicklung.

Eine Zwischenbemerkung: Die sechs ›domains‹ florierender Gemeinschaften, denen wir oben in der Begegnung mit der säkularen Forschung zum Thema Flourishing begegnet sind, fügen sich problemlos in unsere kirchentheoretischen Überlegungen: Die Konstitutiva der Kirche befördern ja auch das. Man kann in den sechs ›Domains‹ auch Vitalia entdecken: eine tragfähige Gemeinschaft, eine starke Mission. Und man kann wohlgeordnete Adiaphora entdecken: kompetente Leitung und zweckmäßige Praxen und Strukturen. Die Schnittmenge des Kirchenmodells und der Forschung zum Thema Flourishing ist groß. In der Summe bekommt regiolokale Kirchenentwicklung auf diese Weise eine solide kirchentheoretische Grundlage, die zugleich zu der Forschung über Flourishing anschlussfähig ist.

Wir sind also mit dem Umbau (nicht: dem Abbau!) der Kirche beschäftigt. Wir tun das alles in der Erwartung, dass Christus seine Kirche baut und erhält (Mt 16,18). Wir tun das und gestehen uns ein, dass keine konkrete Gestalt von Kirche ein ›Ewigkeitsversprechen‹ mit sich führt, auch im Wissen darum, dass es schon jetzt an anderen Orten der weltweiten Kirche anders zugeht, und dass die Kirche im Laufe ihrer Geschichte nicht selten unter widerspenstigen Verhältnissen besonders gedieh.

Wir tun es im Vertrauen darauf, dass der Leib Christi – anders als unsere Kirchengestalten – nicht untergehen wird. Er findet immer wieder neue Gestalt, in der er sich verbirgt und zeigt. Weil das alles aber nur äußerst bedingt in unserer Hand liegt, geschieht alles, was hier getan (und gelassen) wird, im Gebet, in der demütigen und zuversichtlichen Bitte, dass Christus durch den Heiligen Geist unsere Gemeinden erneuert und sendet. Dein Name werde geheiligt. Dein Reich komme. Dein Wille geschehe, wie im Himmel, so auf Erden. Und auch die Bitte um das tägliche Brot gehört hierher: dass wir das für die Adiaphora Nötige täglich empfangen.

Flourishing Churches

2.8 FAZIT

Dieses Kapitel reflektiert die Idee der regiolokalen Kirchenentwicklung theologisch. Sie unternimmt dabei den ersten Pinselstrich bei der Gemeinde, und was darunter zu verstehen ist. Was ist denn diese Kirche, die da entwickelt werden soll? Wie und wovon lebt sie? Dabei sollte zugleich mit dem Blick auf den Herrn der Kirche die drohende ›Problemtrance‹ überwunden werden: Ja, es gibt schmerzhafte Übergänge, Rückbau, Verzicht, Schrumpfung und Abschiede. Dennoch gibt es keinen Grund zu verzweifeln. Am »Nachmittag des Christentums«[41] wartet eine neue, noch weitgehend verborgene Gestalt der Kirche Jesu Christi auf uns.

Regiolokale Kirchenentwicklung soll dem Flourishing der vitalen Gemeinde Jesu dienen – in Zeiten massiver Umbrüche. Unser Kirchenbild ist dreistellig: Wir haben es mit Konstitutiva (Wort und Sakrament – zugänglich und dem Evangelium entsprechend), Vitalia (den vier vitalen Beziehungen nach oben, unten, innen und außen) und Adiaphora (›Zeremonien‹, Organisation und Ordnung) zu tun. Die Abstimmung von Lokalem und Regionalem geschieht auf jeder dieser drei ›Stellen‹. Die Orientierung an dem, was damit inhaltlich der Kirche mitgegeben ist, normiert, formt und prüft, was nun konkret in regiolokalem Leiten und Handeln geschieht.

Die Orientierung an dem, was damit inhaltlich der Kirche mitgegeben ist, normiert, formt und prüft, was nun konkret in regiolokalem Leiten und Handeln geschieht.

Anmerkungen

1 Siehe zu diesem Zitat: https://www.atelier-otto-niemeyer-holstein.de (Stand 18.4.2025).

2 Mit seinen Forschungen stellt er sich gegen eine rational-choice begründete Theorie (Gewinn- und Verlustentscheidungssituationen). Siehe für weitere Forschung zu Daniel Kahneman: Seiffert-Brockmann/Kahneman, 389–399.

3 Kahneman, Denken, 96.

4 Vgl. die Ausführungen von Daniel Kahneman in: Kahneman, Daniel: »Thinking, Fast and Slow« | Talks at Google, Online: https://www.youtube.com/watch?v=CjVQJdIrDJ0&t=905s (Stand 22.4.2025).

5 Kahneman, Denken, 79.

6 A. a. O., 42.

7 A. a. O., 105.

8 A. a. O., 106.

9 A. a. O., 112ff.

10 A. a. O., 127.

11 Sinclair, Thinking, 9.

12 Kahneman, Denken, 517.

13 A. a. O., 96.

14 Es zeigt sich, dass es ein Desiderat ist, Kahnemans Überlegungen mit der Praktischen Theologie zu verbinden.

15 Vgl. zu grundlegender Literatur: Beck, Economics.

16 Vgl. https://soziokratiezentrum.org/ueber-soziokratie/grundlagen-der-soziokratie-4-basisprinzipien/konsent/ (Stand 22.4.2025).

17 Eine interessante Sammlung von Bias und Heuristiken, die über Kahneman hinausführen, findet sich bei: https://strukturierte-analyse.de/mentale-abkuerzungen-biases-und-heuristiken/#_ftn1 (Stand 11.4.2025). Siehe ebenfalls: Beck, Economics.

18 Kahneman, Denken, 133ff.

[19] Vgl. HERBST/POMPE (Hrsg.), Vertrauen, 18.

[20] VOLF, Flourishing, Preface.

[21] VANDERWEELE, Promotion, 8149.

[22] VANDERWEELE, Measures.

[23] VANDERWEELE, Communities, 476.

[24] VANDERWEELE, Measures, 410.

[25] Vgl. VANDERWEELE, Measures, 411–413.

[26] A.a.O., 412.

[27] A.a.O., 413.

[28] WARREN, Gemeinde, 95.

[29] A.a.O., 29.

[30] A.a.O., 18.

[31] LOMAS et al., Map.

[32] ABRAHAM, Evangelium.

[33] A.a.O., 82.

[34] MOYNAGH, Church, 115.

[35] LIMBACH, Nachfolge.

[36] Vgl. ROSS, Exposition.

[37] HERMELINK, Organisation, 38.

[38] HUBER, Kirche, 12.

[39] Hier stützen wir uns auf den lokalen und kontextuellen Bezug, der in der Diaspora-Theologie in der Folge von Wilhelm Dantine u.a. ausgearbeitet wurde. Wir verstehen die lokale Sendung als »Platzanweisung Gottes«, die sich im Beziehungsnetzwerk der Gemeinschaft zeigt. Vgl. dazu: FISCHER/ROSE (Hrsg.), Theologie.

[40] SCHRAMM/HOFFMANN, Gemeinde, 18.

[41] HALÍK, Nachmittag.

Regiolokale Kirchenentwicklung – Die Idee ›reloaded‹

Michael Herbst

Die *Idee* der regiolokalen Kirchenentwicklung (RLKE) haben wir ja bereits in zwei Broschüren dargestellt.[1] Hier sollen die wichtigsten Aspekte noch einmal zusammengefasst werden. Vorab aber ist eines wichtig: RLKE ist kein ›Modell‹, das man ›anwenden‹ könnte, keine Blaupause für gelungene Reformen in kirchlichen Regionen, die alle Beteiligten glücklich machen. RLKE ist auch kein Methodenset, dem man einfach Schritt für Schritt folgt. Schließlich betreiben wir mit regiolokaler Kirchenentwicklung auch kein ›Church-Washing‹. Anders gesagt, ist RLKE kein freundlicheres oder sympathischeres Wort für typische Regionalisierungs-Prozesse, die unter dem Strich vorübergehende Stressentlastung mit immer stärker gedehnten kirchlichen Wirkungsräumen und immer schwächerer Präsenz vor Ort erkaufen. Wir hoffen, zeigen zu können: Es geht auch anders.

Regiolokale Kirchenentwicklung ist vor allem *ein anderer Blick* auf die Herausforderungen, vor denen Gemeinden und kirchliche Regionen stehen. Es geht darum, nicht dem ›confirmation bias‹ zu verfallen und die Antworten zu wiederholen, die immer schon auf herausfordernde Fragen gegeben wurden. Zum Beispiel: »Volkskirche ist Pfarrerskirche und kann auch gar nichts anderes sein!« Oder: »Mehr regionale Zusammenarbeit ist zwangsläufig weniger Gemeinde vor Ort.« Oder: »Ein Gottesdienst ohne (unsere) Pfarrperson ist unvorstellbar; das könnte gar nicht klappen.« Es geht auch darum, die ›Verlustangst‹ zu überwinden und den Gedanken zu wagen, dass es auch anders und *mit weniger* gut gehen kann. Es geht um den Mut, sich die angebliche Quadratur des Kreises (Kirche regional *und* lokal) mit neuem ›Möglichkeitssinn‹ (Robert Musil) vorzustellen – und dann (um einen Slogan aus dem bundesdeutschen Wahlkampf Anfang 2025 aufzunehmen): »Einfach mal machen!«

Die folgenden acht Aspekte der regiolokalen Kirchenentwicklung sind demnach keine Schrittfolge. Sie beleuchten viel mehr, was Gemeinden in einer Region durchdenken sollten, wenn sie sich fragen, ob es nicht doch gehen könnte: unter diesen schwierigen Bedingungen gemeinsam Kirche vor Ort und in der Region zu sein:

(1) Das Konstitutive: Wie kommt das Evangelium zu uns?
(2) Das Vitale: Wie gestalten wir Gebet, Gemeinschaft, Dienst und Verbundenheit mit der ganzen, z. B. regionalen Kirche?
(3) Unsere Passion und unser Profil: Was hat uns Gott für unseren Ort in dieser Zeit aufs Herz gelegt?
(4) Mut zum Abschied vom Vollprogramm
(5) Abschied von Gemeinde als ›betreutes Wohnen für Getaufte‹, Förderung der selbsttätigen Gemeinde der Begabten
(6) Verabredungen in der gemeinsam verantworteten Region: Kooperation und Delegation
(7) Die regionale Mitgliedschaft und der kirchliche Schengenraum
(8) Die bunte, etwas ›unordentliche‹ regiolokale Kirchenlandschaft

Wir haben nach einem Bild für diese acht Aspekte gesucht. Mit dem Begriff ›flourishing‹ bewegen wir uns sprachlich im Bereich der Botanik. Vielleicht ist es mit der Kirche, ihren Regionen und lokalen Gemeinschaften wie mit dem Ökosystem Wald und seinen Bäumen. Dieser Vergleich ist schon häufiger genutzt worden, beispielsweise auch in der Übertragung des Begriffs ›mixed economy/ecology‹ mit ›Mischwald‹[2], bei der Tagung »Von toten Borken und leeren Bänken«[3] oder in einem Podcast mit Dr. Thomas Schlegel[4] zu den Parallelen von Waldumbau und Kirchenentwicklung.

Im Ökosystem Wald gibt es viele einzelne Arten, die doch zusammengehören, zusammen wachsen, aufblühen und auch wieder vergehen. Die Idee der Bäume und ihrer Vernetzung lässt sich mit etwas Augenzwinkern auf die Kirche und auf RLKE übertragen. Ein Baum kann nicht für sich allein Wald sein – kann die Gemeinde da für sich allein Kirche sein? Es besteht eine spannungsvolle Zusammengehörigkeit zwischen Partikularem und Universellem im Wald.[5] Heute kann die Botanik nachweisen, dass es zu einer Kommunikation zwischen den Bäumen im Wald kommt. Der Begriff ›Wood Wide Web‹ beschreibt, wie im Wurzelbereich Bäume miteinander Informationen austauschen und verbunden sind. Sogar im Blattbereich werden Botenstoffe ausgestoßen, die vermutlich sogar auf ihre Umwelt Einfluss nehmen können. Mit Joachim Hamberger kann der Wald bezeichnet werden als »Wandlungskontinuum, etwas das ewig bleibt und sich doch dauernd verändert.«[6]

In einer Grafik kann das so dargestellt werden:

Wenn man nun versucht, die einzelnen Aspekte ins Bild zu setzen, könnte man sagen:

Die Wurzeln sind das Konstitutive (Punkt 1), der erste Aspekt, der Stamm stellt die Vitalia dar (Punkt 2). Die Punkte 3 bis 6 können als Äste, Blätter, Früchte, Krone angesehen werden. Und die Aspekte 7 und 8 schließlich weiten den Blick auf das gesamte Ökosystem Wald.

Wie also können Gemeinden aufblühen und zusammenwachsen?

(1) Gemeinden klären für sich, wie sie auf ihre Weise das Evangelium hören und feiern können. Hier geht es um das für jede ›Kirche‹ und jede Ortsgemeinde Konstitutive. Als Evangelische bekennen wir: Christlicher Glaube kommt nicht aus dem ›Nichts‹ und Kirche entsteht nicht, weil Menschen religiöse Interessen haben. Christlicher Glaube entsteht, wenn Menschen – erstmals, immer wieder oder nach langer Zeit wieder neu – vom Evangelium angesprochen, berührt, überzeugt und bewegt werden. Und dann finden die, die es erlebt haben oder doch danach suchen, auch zueinander, und in dieser Gemeinschaft geschieht es immer wieder. Klassisch formuliert: Glaube und Kirche leben von ›Wort und Sakrament‹. Es ist nicht recht vorstellbar, dass es eine Gemeinde gäbe, in der nicht auf irgendeine Weise regelmäßig auf Gottes Wort gehört und geantwortet würde. Und in der nicht über den Kreis derer, die schon jetzt daran teilhaben, Wort und Sakrament *allen öffentlich* zugänglich gemacht würden. Muss das an jedem Sonntag der agendarische Gottesdienst unter der Leitung einer Pfarrperson sein? Nein. Darf es das sein, wo es noch geht? Sicher! Reicht es, wenn alle paar Wochen irgendwo ein Gottesdienst gefeiert wird? Nein. Vielleicht sind es bescheidene Formate, einfache Liturgien, schlichte Versammlungen – aber es ist regelmäßig, gerne durchaus *häufig*, am liebsten *sonntäglich* das Treffen derer vor Ort, die das Evangelium hören und feiern möchten. Soll es auch bei starker Einbindung in die Region Gemeinde vor Ort geben, ist das die ›conditio sine qua non‹: irgendeine regelmäßige Versammlung, in der Wort und Sakrament empfangen werden können.[7]

(2) Gemeinden überlegen, wie sich die *notae vitae ecclesiae* bei ihnen darstellen. Wir sprachen ja schon von den Konstitutiva und den Vitalia. Fragt man, was denn vor Ort außer dem gerade Genannten noch sein sollte, präziser: an jedem Ort sein sollte, dann ist die Erinnerung an die vier grundlegenden Beziehungen einer gesunden Gemeinde hilfreich. In ihr wird die Beziehung ›nach oben‹ gepflegt: Irgendwie antwortet die Gemeinschaft derer, die das Evangelium gehört haben, auf Gottes Anrede, im Gebet, in Liedern, in der Stille, in der Kontemplation. Zum anderen werden die Beziehungen »nach innen« und »nach außen« belebt. Nach innen, weil das Evangelium uns miteinander verbindet. In der johanneischen Passionsgeschichte stiftet der Gekreuzigte Gemeinschaft zwischen Maria und dem Jünger, den er lieb hatte (Joh 19,26f.). Das ist nicht nur seiner Fürsorge geschuldet, sondern paradigmatisch: Unter dem Kreuz entstehen enge Bande. Es erwächst ein Miteinander, in dem sehr

unterschiedliche Menschen einander verbunden und verpflichtet sind. Die Wirkung des Evangeliums ist nicht das isolierte religiöse Subjekt, sondern das – manchmal schöne, oftmals anstrengende – Miteinander von Schwestern und Brüdern. Diese aber werden sofort ›nach außen‹ orientiert, also losgesandt in Gottes Mission. Sie sollen ein Segen in ihrer Lebenswelt sein. Sie werden in Wort und Tat Gottes Liebe bezeugen. Zurück zur Ortsgemeinde: In irgendeiner Weise entsteht hier Gemeinschaft. Und in irgendeiner Weise tut diese Gemeinschaft ihren Dienst an dem und für den Ort, an den sie gestellt ist. Wiederum: vielleicht bescheiden, geradezu unscheinbar, aber doch verlässlich. Und schließlich ist da noch die Beziehung ›nach unten‹; gemeint ist die Verwurzelung jeder Gemeinde in der größeren Gestalt von Kirche, die Verbundenheit mit den Nachbargemeinden, den evangelischen wie den anderen, die Loyalität und Solidarität mit den anderen Gemeinden in der Region. Undenkbar zu sagen: »Uns interessiert nur unser Kirchturm, die anderen sind uns egal!« Das wäre das Ende der Regiolokalität und der Triumph des Kirchturm-Egoismus. Kurzum: Auch das fragt sich jede Ortsgemeinde: Wie tun wir das bei uns? Wie gestalten wir Beziehungen nach oben, unten, innen und außen?

(3) Gemeinden gehen auf die Suche nach *ihrer* Passion: Was liegt uns besonders am Herzen – und liegt uns darum so gut? Das präzisiert die eben gestellte Frage nach den Beziehungen noch einmal, ist aber viel konzentrierter auf *weniges*, vielleicht nur *eines* ausgerichtet. Natürlich erkennt man die Verwandtschaft evangelischer Kirchengemeinden untereinander. Es findet sich viel Ähnliches zwischen Flensburg und Garmisch. Aber jetzt gilt es zu fragen: Warum gibt es *gerade uns*? Wenn wir also unsere Region betrachten, gilt jetzt unsere Frage dem Besonderen, das uns auszeichnet. Man darf auch sagen: unserem ›Profil‹. Was hat Gott uns aufs Herz gelegt? Was ist im großen allgemeinen Auftrag Gottes an seine Kirche (der ›Missio Dei‹) unser kleiner Spezialauftrag?

> Was hat Gott uns aufs Herz gelegt? Was ist im großen Auftrag Gottes an seine Kirche (der ›Missio Dei‹) unser kleiner Spezialauftrag?

Und damit: das, was wir auch in unsere Region einbringen. Robuster formuliert: das, was wir auf keinen Fall aufgeben können. Strategisch gedacht: das, weshalb es uns auch morgen geben sollte, damit unserer Region nicht etwas Wichtiges fehlt. Vielleicht ist es unsere Gabe, Menschen mit Musik zu erfreuen und zum Glauben zu verlocken. Vielleicht ist es unser Einsatz für Geflüchtete. Vielleicht ist es unsere lange Erfahrung mit Kursen zum Glauben. Vielleicht ist es unsere Leidenschaft für das Gebet. Vielleicht ist es unsere Liebe zu Kindern und Jugendlichen oder zu den älteren Mitmenschen. Das jedenfalls markiert unsere Passion – das wollen wir weiterhin tun und gut sichtbar als unseren Beitrag für alle in der Region leisten.

(4) Gemeinden verabschieden sich tapfer von der Idee des ›Vollprogramms‹. Das ist die Kehrseite der Medaille. Die ersten drei Aspekte könnten – läse man sie isoliert – den Eindruck erwecken: »Wir sollen künftig weiterhin alles und eigentlich noch mehr machen!« Da wurde ja munter addiert: gottesdienstliches Leben, vier Beziehungen, ein Profil aus Passion!

Zwischenruf: Man müsste die Stirn runzeln und fragen: »Ernsthaft? Wir sind doch gerade dabei, unter den Bedingungen *der Knappheit* über das Weiterleben der Ortsgemeinde nachzudenken – und Du legst uns da ein Paket nach dem anderen auf den Tisch!« Naja, da sei erinnert, dass all das ja einfach und bescheiden ausgestaltet werden kann, und dass sich da manches überlappt: Da treffen sich die zehn im Dorf zu einem einfachen Gottesdienst und sitzen danach noch lange beim Kaffee zusammen. Da wird ihnen deutlich, dass es gerade irgendwo im Dorf Not gibt und Hilfe gesucht wird. Und sie beraten, wie sie helfen können. Außerdem denken sie nach, wann und wie sie wieder ihrer Leidenschaft Raum geben und wieder zur ›Kirche Kunterbunt‹ einladen können. Am Ende beten sie für alles, was sie beredet haben. Und schon ist (fast) alles da: das Konstitutive (ein einfacher Gottesdienst) und das Vitale (Gebet, Gemeinschaft, Dienst).

Dennoch ahnen wir ja: Vor Ort werden wir nicht mehr alles leisten können, was es noch so gibt. Die alte Idee der volkskirchlichen Kirchengemeinde war ja: »Bei uns bekommen Sie alles aus einer Hand.« Bis vor gut 100 Jahren war aber »alles« durchaus bescheidener: ein Gottesdienst, die kirchlichen Kasualien, der Unterricht der Konfirmanden, vielleicht Seelsorge, wo sie nötig war. Erst seit 100 Jahren baute sich ein – im Wesentlichen von der Pfarrperson zu betreuendes – Vereinsleben um diesen Kern herum auf: Kinder- und Jugendarbeit, Bibelkreise, Dienstgruppen, Chöre, Erwachsenenbildung, Feste, Seniorenarbeit ... usw.! Und das an jedem Ort: alles für alle und fast dasselbe überall. Die Pfarrperson als Predigerin und Seelsorger wird nun zum Organisator und zur Entertainerin, zum Gemeindepädagogen und zur Musiklehrerin. Am Versuch, dieses ›Vereinsprogramm‹ an jedem Ort, für alle, in vollem Umfang aufrecht zu erhalten, würden wir ersticken. Zudem ist die Resonanz auf das Angebotene vor Ort oft – freundlich gesagt – bescheiden. Der Chor ist nicht selten viel zu klein, im Dorf gibt es nicht einmal eine Handvoll Konfirmanden und der Bibelkreis ist über die Jahre doch alt und müde geworden. Wenn es gut geht, liegt die Verantwortung bei Ehrenamtlichen – aber auch die sind damit häufig überfordert, und die kleinen Zahlen rauben die Freude an diesen Diensten. Damit kommt hier zum ersten Mal die Region ins Spiel – und nach der Addition auch zum ersten Mal die Subtraktion. Gemeinden müssen sich jetzt Rechenschaft geben, was sie künftig lassen, weil es seine Zeit hatte und nicht leben noch sterben kann, weil die Kräfte dazu nicht mehr reichen, oder weil es das übersteigt, was vor Ort mit Freude und Kraft gestemmt werden kann.

Gemeinden müssen sich jetzt Rechenschaft geben, was sie künftig lassen, weil es seine Zeit hatte und nicht leben noch sterben kann, weil die Kräfte dazu nicht mehr reichen, oder weil es das übersteigt, was vor Ort mit Freude und Kraft gestemmt werden kann.

Was also geben wir auf, reduzieren wir oder fangen es gar nicht erst an? Was tun längst andere in der Region mit der Kraft und Freude, die uns fehlen? Wohin können wir die, denen das dann bei uns fehlt, verweisen – in zumutbaren Distanzen? Vielleicht gibt es Widerstand, vielleicht ist mancher von ›seiner Kirche‹ enttäuscht. Klar, es soll gut kommuniziert werden! Aber ohne etwas Reibung wird es nicht gehen. Dafür entsteht, wenn es überstanden ist, etwas, das auch Skeptiker überzeugen kann. So könnte aus mehreren Chören, die viel zu klein wurden, wieder einer werden, an dem alle Freude haben. So könnte ein Kreis sein Ende nehmen, zu dem die wenigen nur aus Pflichtgefühl noch kamen. So könnte auch die Pfarrperson aufatmen, weil sich ihr Kalender und ihre Aufgabenliste ›entspannten‹. Was vor Ort noch geschieht, ist nun bescheidener, aber auch profilierter und vitaler. Gemeinde als ›Vollsortimenter‹ aber gehört der Vergangenheit an.

(5) Apropos Abschiede! Wenn wir schon mal dabei sind, können wir gleich noch etwas verabschieden. Jetzt wird es allerdings ungemütlicher. Die evangelische Kirche hat seit den 1970er Jahren in ihrem Dienst einen erheblichen Professionalisierungsschub erlebt. Zum einen wurden immer mehr Hauptamtliche eingestellt, zum anderen hat sich deren Dienst

immer mehr ausdifferenziert. Ein guter Gemeindepfarrer ist eben nicht automatisch auch ein guter Krankenhausseelsorger, denn der Dienst in einem Krankenhaus ist ein hochkomplexer und herausfordernder Auftrag. Geld und Nachwuchs gab es mehr als ausreichend. Was aber ebenso bedeutsam ist: Die Professionalisierung fügte sich aufs Beste in die tief in der Kirche eingewurzelte Überzeugung, dass geistliche Dienste vor allem von gut ausgebildeten, kirchlich berufenen und alimentierten Personen versehen werden sollten. Volkskirche ist Pfarrerskirche, *stellte* Isolde Karle zutreffend *fest* – und *stimmte* bedauerlicherweise auch *zu*.[8] Nun aber gerät das Geschäftsmodell ›Pfarrerskirche‹ durch Finanz- und Nachwuchsmangel unter Druck. Wie in einem Zangengriff ›drückt‹ von der einen Seite der Zwang zum Sparen und von der anderen die geringe Attraktivität des Pfarrberufs beim potenziellen Nachwuchs. Diese Mangellage ist allerdings auch ein Gottesgeschenk. Brandgefährlich wäre nämlich folgender Gedanke: Leider haben wir nicht mehr genug Mittel für die Profis (Pfarrpersonen), also müssen wir es wohl oder übel mal mit den Amateuren (Ehrenamtlichen) versuchen. Das wäre eine peinliche ›Notnagel-Strategie‹ und die so adressierten ›Amateure‹ würden es nicht goutieren. Stattdessen ist ein Abschied überfällig, streng genommen *seit langem* überfällig, nämlich der Abschied von der Idee der Pfarrerskirche. An deren Stelle muss die ermächtigte und selbsttätige Gemeinde der von Gott begabten Getauften treten.

> Ein Abschied ist seit langem überfällig, nämlich der Abschied von der Idee der »Pfarrerskirche«. An deren Stelle tritt die ermächtigte und selbsttätige Gemeinde der von Gott begabten Getauften.

Das komplexe regiolokale Geflecht lässt sich nicht von den ›Profis‹ stemmen. Eine regionale, weiträumige ›Betreuung‹ können die übrig bleibenden hauptamtlichen Kräfte vielleicht irgendwie leisten. Aber vitales und plurales Leben in einem regiolokalen Ensemble vielfältiger, kooperativer Ortsgemeinden ist unter der Voraussetzung, dass Hauptamtliche das Leben der Kirche tragen, unmöglich. Zu ergänzen ist: Es wäre auch nicht richtig. Es war noch nie richtig. Es war ein Gedanke, der hinter der Idee des allgemeinen Priestertums weit zurückblieb und aus der begabten und berufenen Gemeinde Jesu eine Art ›betreutes Wohnen für Getaufte‹ gemacht hat. Regiolokalität braucht mündige Christenmenschen, die nach dem Maß ihrer Gaben und Freiräume das Leben der Gemeinde tragen, bis hin zum Gottesdienst. Regiolokalität braucht darum gut trainierte, ermutigte und ermächtigte, aber auch in die Eigenständigkeit entlassene Gemeinschaften vor Ort. Und damit ist zugleich klar: Das ist nicht die Bankrotterklärung für den Dienst von Pfarrpersonen und anderen Hauptamtlichen. Es ist für regiolokale Kirchenentwicklung ein Segen, wenn es in der Region, vielleicht auch an zentralen kirchlichen Orten Pfarrpersonen gibt, und vielleicht heute noch dringender, multiprofessionelle Teams, in denen theologische, pädagogische, therapeutische, musikalische, administrative und diakonische Kompetenzen zusammenkommen. Aber nicht, um das ›betreute Wohnen‹ auf das nächste Level zu heben, sondern um bestimmte Dienste zentral anzubieten, die nach Professionalität rufen, aber auch, um in den Ortsgemeinden die Bereitwilligen und Begabten zu schulen und zu begleiten, zu ermutigen und herauszufordern. Sie sind dann: wahlweise die Paten und Patinnen der Ehrenamtlichen vor Ort, sie sind die episkopalen Hüter der evangelischen Lehre, sie sind die Besucherinnen der Ortsgemeinde zu festlichen Anlässen und an schwierigen Tagen, sie sind die Trainerinnen und Seelsorger der örtlich Verantwortlichen, sie stärken die Bande zwischen den Ortsgemeinden in der Region – unter dem Strich sind sie eher regionale Netzwerker als lokale Hirten.

(6) Aus den bisherigen Gedanken ergeben sich zwanglos zwei weitere. Und damit verlagert sich der Blick von der Ortsgemeinde noch weiter in die Region. Bisher müsste man ja zusammenfassen und sagen: Alles wie bisher, nur bescheidener und konzentrierter! Aber der Verzicht auf das lokale Vollprogramm lässt nach dem regionalen Puzzle der Dienste und Geselligkeiten schauen. Dass es weiterhin für viele unterschiedliche Interessen und Bedürfnisse etwas in der Kirche geben soll, ist ja nicht falsch. Aber eben nicht alles für jeden vor Ort und überall dasselbe. Schon die Suche nach der Passion zeigt ja: Da differenziert sich etwas in der Region aus. Da gibt es hier dieses und dort jenes. Und weil es in der Region nicht einfach um ein wildes Durcheinander geht, werden wir das auch nun verabreden: Schwerpunkte und Verzichte, Dienste nicht nur für unser Dorf, sondern in der Region. Wir schauen, was wir eher an einzelne Orte *delegieren*. Und wo wir am besten *kooperieren*. Gemeinde A wird dann ihrer Leidenschaft folgen und mit der ›Kirche kunterbunt‹ Familien ansprechen. Gemeinde B wird auch ihrer Leidenschaft folgen und einen starken regionalen Chor starten. Und die Gemeinden C und D wollten immer schon einen Kurs zum Glauben durchführen, fühlten sich allein aber überfordert. Nun tun sie es gemeinsam. Gemeinde A, B, C und D hatten je nur 3 Konfirmanden. Nun tun sie auch das gemeinsam und die Jugendlichen haben deutlich mehr

Spaß. Schließlich nutzen die vier Nachbargemeinden auch ein Angebot der Landeskirche und stellen gemeinsam einen Kurator ein, der sich um die Gebäude und Grundstücke aller vier Gemeinden kümmert! Sachkundig und vollzeitlich – welche Entlastung! Solche Gemeinsamkeit mit Delegation und Kooperation verlangt allen etwas ab: eine gewisse Geschmeidigkeit im Umgang mit Vielfalt. Mit wem kann ich denn kooperieren, wenn manch andere doch etwas ›*arg anders*‹ sind? Wie gehe ich mit theologischen und gemeindekulturellen Unverträglichkeiten um? Was, wenn andere das, was ich früher tat, so ganz anders tun? Geschmeidigkeit bedeutet: Ich glaube dem anderen seinen Glauben. Ich vertrete engagiert, was mir wichtig ist. Ich bin bereit, von jedem anderen zu lernen, weil ich anerkenne, dass jeder andere auch etwas sieht, was ich brauche und verstehen soll. Ich dehne meine Bereitschaft, auch mit anderen zu kooperieren, und sei es in partiellen Bereichen, die meine Sicht der Dinge ›herausfordern‹. Dann aber auch: Solche Kooperation gedeiht in Freiwilligkeit. Und sie leidet unter Zwang. Manches geht dann eben nicht miteinander. Respektieren werden wir einander dennoch. Aber erzwungen funktioniert weder Delegation noch Kooperation. Und: Ja, genau, das ist eine Sollbruchstelle der regiolokale Kirchenentwicklung, wenn wir uns nicht alle (!) ein wenig bewegen.

(7) Zwei Gedanken, sagten wir, ergäben sich aus dem bisher Gesagten, nun vor allem aus dem Verzicht auf das Vollprogramm. Kommt jetzt das Kleingedruckte? Wie man es nimmt! Vorwiegend in städtischen Gemeinden weiß man das schon lange: Die Menschen folgen nicht immer der Zuweisung zu einem ›Kirchturm‹ durch ihren mehr oder weniger zufälligen Wohnsitz in dieser oder jener Straße, falls sie einmal Interesse für ›Kirchliches‹ haben. Die Bindung an das nächste Umfeld ist ja in jeder Hinsicht gelockert: Die Tochter geht auf die Grundschule mit dem besonderen pädagogischen Konzept am Ende der Stadt. ›Unser‹ Bäcker ist im Zentrum und der Sportverein am anderen Ende der Stadt. Und bei ›Kirchens‹? Optionsverwöhnte und entscheidungstrainierte Erwachsene schauen, »wo es für sie passt«. Was soll passen? Die Atmosphäre, der Raum und die Zeiten, die Musik, das Angebot für die Kinder, die Ausrichtung der Predigten. Und dann wählen sie – und sie hätten wenig Verständnis für den Hinweis, dass sie doch gar nicht ›hierher‹, sondern eben ›dorthin‹ gehören. Nun haben wir damit schon lange Erfahrung. Allerdings ist unsere Praxis eine Mischung aus gezielt aufgestellten Hindernissen und widerwilligem Gewährenlassen. Das mag übertrieben sein, aber der Anspruch, dass Menschen, die in ›unserer‹ Parochie leben, auch uns ›gehören‹, ist nicht nur von gestern.

Und die Hindernisse sind uns nur zu bekannt: das Dimissoriale für die Taufe bei den ›anderen‹ und der Antrag auf Umgemeindung, der gleich an beide Kirchengemeinden zu richten ist. Aus der Mischung dreier eng verbundener Ideen ergibt sich nun ein frecher Vorschlag aus regiolokaler Gesinnung. Idee Nr. 1: Wir haben ein Profil und das pflegen wir. Wir müssen nicht so sein wie andere und andere nicht wie wir. Und wir merken: Das zieht an und stößt ab. Es schließt ein – und aus. Idee Nr. 2: Wir haben kein Vollprogramm und darum nicht für jeden etwas!

Menschen, die in ›unserer‹ Parochie leben, ›gehören‹ uns nicht.

Idee Nr. 3: Miteinander haben wir in der Region vieles, was Menschen gut tut und dient. Wie schön, wenn sie an irgendeinem Ort in der Region finden, was sie brauchen – selbst wenn das beim Nachbarn und nicht bei uns ist. Der freche Vorschlag: Wir installieren in unserer Region einen kirchlichen ›Schengen-Raum‹. Man darf hin und her reisen, ohne die Ausweispapiere parochialer Zugehörigkeit oder das Visum zum kurzfristigen Besuch im gemeindlichen Ausland vorweisen zu müssen. Ohne Bild: Mitglied sind Menschen in der regionalen Kirche. Und dann wählen sie, wo es für sie passt. Und wir freuen uns, wenn es *irgendwo* für sie passt.

Mitglied sind Menschen in der regionalen Kirche. Und dann wählen sie, wo sie andocken. Und wir freuen uns, wenn es irgendwo für sie passt.

Ja, unsere Vielfalt ist eine Chance, dass es für mehr Menschen passt, weil Vielfalt die Chance vervielfältigt, sich zu beheimaten. Manche wandern auch ein bisschen hin und her – das ist in Ordnung. Andere werden heimisch, in ihrer Parochie oder woanders. Wir haben verstanden: Niemand in der Parochie ist unser Besitz. Aber in der Region können wir, so verschieden wir sind, so unterschiedlich fromm, so charakteristisch in unseren Diensten und Geselligkeiten, eben mehr Menschen einen Ort für ihren geistlichen Weg bieten, als wenn wir uns gegeneinander abschotten und damit abmühen, für alle alles und letztlich für alle dasselbe zu tun.

(8) Schauen wir ein letztes Mal auf die Region. Sozusagen ›mit der Drohne‹ von oben. Wir sehen jetzt eine kirchliche Region. Ihr Ausgangspunkt sind die historisch gewachsenen Kirchengemeinden: viele älter, manche aber

auch erst durch Neubaugebiete und Filialgründungen im letzten Jahrhundert entstanden, manche früher einmal geteilt, andere bereits fusioniert. Es gab immer schon zentrale Gebäude und kirchliche Orte mit starker Attraktion für die Menschen in der Region. Es gab immer schon Gemeinden mit besonderen Schwerpunkten und theologischen Profilen. Was passiert durch regiolokale Kirchenentwicklung? Unter dem Strich: Es wird bunter, komplizierter, geradezu ›unordentlicher‹. Idealtypisch könnte es so aussehen:

- Da ist die zentrale ländliche oder städtische Kirche. Auf sie ist in der Mitte des Sozialraums vieles ausgerichtet. Hier gibt es ein multiprofessionelles Team. Hier finden die großen Konzerte statt. Hier gibt es ein lebhaftes liturgisches Programm. Neu ist, dass diese Kirchengemeinde in der Mitte sich als ›Quellgemeinde‹ versteht (Markus Weimer). Sie ist nicht nur für sich selbst stark. Sie sieht in der guten Ausstattung und zentralen Lage eine Verantwortung für die umliegenden Gemeinden bis hin zur Peripherie. Sie übernimmt Schulungen für Ehrenamtliche. Sie unterstützt lokale Gemeinden in ihren Entwicklungsprozessen. Sie nutzt ihre ›Sichtbarkeit‹ und Zugänglichkeit für öffentliche ›Events‹ und versucht so, die Reichweite kirchlicher Verkündigung zu vergrößern.
- Da sind sehr unterschiedliche Ortsgemeinden. Einige haben noch (Stellenanteile von) Pfarrstellen. Meistens werden sie mit anderen Gemeinden regional kooperieren. Die oben beschriebenen Prozesse sind in ihnen sehr unterschiedlich weit gediehen. Einige haben sich der Idee verweigert. Sie nehmen die ausgedünnten Dienste in Kauf und versuchen dennoch über die Runden zu kommen. Andere sind mutig gestartet und spüren doch, wie anspruchsvoll der Umbau der betreuten zur selbsttätigen Gemeinde ist. Andere staunen, wie gut es geht – und von außen betrachtet überraschen diese Gemeinden auch die Betrachter, dass es so gut gehen kann. Manche sehen recht traditionell aus, andere haben sich in hohem Maß spezialisiert. Man sieht das Konstitutive (Wort und Sakrament), aber dann auch eine vitale Konzentration auf ein bestimmtes Thema oder eine spezielle Aufgabe. Manche, gerade periphere Orte, waren zahlenmäßig so abgemagert, dass hier im Wesentlichen der kirchliche Minimalanspruch erfüllt ist: Die Menschen wissen, wer zuständig ist, falls eine Pfarrperson gebraucht wird, und sie wissen, wo am nächsten Sonntag in der Nähe ein Gottesdienst ist. Das eine oder andere Kirchgebäude ist als Kirche weitgehend aufgegeben, dient aber als Dorf-Gemeinschafts-

haus, für Konzerte, Ausstellungen und Lesungen, als interessante Wohn-Immobilie oder als Restaurant, als Poststelle und Beratungszentrum – wobei ein liturgischer Raum erhalten blieb, so dass hier auch wieder gebetet, gesungen, gepredigt werden kann. Einige Gemeinden feiern Gottesdienst, regelmäßig und ohne Pfarrperson, manche mit Prädikantinnen, andere mit Kirchenvorstehern, die sich die Gemeindeagende angeeignet haben, wieder andere mit Gebetsandachten und Taizé-Gesängen.

- Und da sind ein paar Orte, an denen neues kirchliches Leben erprobt wird. Kirche, die ihre Zukunft sucht, wird ja nicht nur abbauen, sondern auch investieren und experimentieren. In zwei Gemeinden gibt es z.B. ehrenamtliche Führungskräfte, die eine Weiterbildung in kirchlicher Leitung mitgemacht haben und nun ehrenamtlich oder teilzeitlich eine Ortsgemeinde leiten. Aber es gibt auch neue Formen kirchlichen Lebens: eine Jugendkirche und eine Digitalgemeinde, einen Projektchor als ›Gemeinde auf Zeit‹, eine christliche Lebensgemeinschaft in einem verlassenen Pfarrhaus, ein diakonisches Projekt, dessen Akteure und ›Kunden‹ zur Gemeinde zusammenwachsen, ein diakonisches Team, das geistliches Leben teilt und zugleich Besuchsdienste und häusliche Pflege in der Region übernommen hat.

Wir sprachen im Blick auf die regiolokale Kirchenentwicklung von den Konstitutiva und den Vitalia von Kirche. Neben Konstitutiva und Vitalia gibt es noch die Adiaphora (›Mitteldinge‹), die Gestaltung von Leitung, Finanzierung, Personaleinsatz, Gebäudenutzung. All diese Fragen sind alles andere als nebensächlich und sie sind auch nicht einfach ›irgendwie‹ nach säkularen Vorbildern zu formen. Aber aus dem Glauben sind ihre Strukturen auch nicht direkt abzuleiten. Es ist die ›weltliche‹ Seite der Kirche, die aber dem Evangelium und der Gemeinschaft der Menschen dienen soll. Sie ist nie sakrosankt. Alle Strukturen dürfen sich ändern, wenn die Zeiten es verlangen. Sie müssen sich ändern, wenn sie die Kirche in ihrer Mission hindern und hemmen. Sie haben aber die Neigung, sich ›breit‹ zu machen, alle Aufmerksamkeit auf sich zu ziehen und ihrer Veränderung munter im Wege zu stehen.

Kahneman: Welches ›Priming‹ bewirken die bisherigen Strukturen? Was ergänzen wir, ohne darüber nachzudenken und verhindern so nötige Veränderungen?

Bei unserer Idee von RLKE haben wir diesen Fragen bis hierher wenig Aufmerksamkeit gewidmet. Das liegt auch daran, dass wir nicht annehmen, RLKE funktioniere nur in *einer* ganz bestimmten Struktur, etwa mit rechtlich unabhängigen Kirchengemeinden *oder* mit verbindlichen Kooperationen und kontinuierlich abnehmender rechtlicher Selbstständigkeit. Wir sind überzeugt, dass die zentralen Haltungen der RLKE in sehr unterschiedlichen strukturellen Konstruktionen ›funktionieren‹. Dabei sollen nur einige Grundsätze beachtet werden:

- »Structure follows Strategy!« Die Strukturen dienen dem langfristigen, globalen Verhaltensplan, also der Strategie. Einfacher gesagt: Wir diskutieren nicht länger über Kirchengebäude und Stellenpläne, als wären sie ein Zweck in sich selbst, sondern klären zuerst, zu welchem Zweck diese Mittel dienen sollen. Was wollen wir als Gemeinde, als kirchliche Region sein, tun und werden – und was bzw. welche Strukturen brauchen wir dafür (nicht)?
- Strukturen sind zeitliche Größen. Weil etwas bei uns ›immer schon‹ war, ist es nicht für alle Zeit unantastbar. Wenn die Zeiten es verlangen bzw. unsere Mission es nötig macht, passen wir Strukturen an.

> Kahneman: Es muss bewertet werden, welche Entscheidungen der Vergangenheit noch prägend sein dürfen – und welchen man sich entgegenstellen muss.

- Kirchliche Ordnungen sollen ermöglichen und nicht hindern. Wir fügen in das Recht der Kirche gezielt die Ermöglichung von Erprobungsräumen, Testphasen, Pilotprojekten und Sonderregelungen ein, um als Kirche für die Zukunft aus der Erprobung Neues zu lernen, das vielleicht einmal für die ganze Kirche Modell sein kann. Das Kirchenrecht stellt sich dabei als ein unterstützendes, großzügig Raum gebendes und innovationsfreundliches Instrument dar.
- Strukturen dürfen plural sein. Wir müssen nicht kirchliches Leben an allen Orten und in allen Regionen gleich gestalten.

Anmerkungen

1 Herbst/Pompe, Kirchenentwicklung sowie Herbst/Pompe (Hrsg.), Vertrauen.

2 Vgl. Best, Kirche, 432–434.

3 https://ces-halle.de/2024/02/03/impulstag-kirchenentwicklung/ (Stand 16.06.2025).

4 https://praktisch-theologisch-kirche.de Folge 6.10 »Kann man Kirche aufforsten?«.

5 Vgl. zum Folgenden: https://www.nationalgeographic.de/umwelt/2022/05/wood-wide-web-koennen-baeume-miteinander-sprechen (Stand 16.06.2025).

6 Hamberger, Wald.

7 Siehe hierzu auch das Kapitel zu Gottesdienst feiern in diesem Buch.

8 Karle, Volkskirche.

Haltungen

DNA regiolokaler Kirchenentwicklung

Hans-Hermann Pompe/Georg Ottmar

Regiolokale Kirchenentwicklung (RLKE) ist eine gemeinsam gesuchte und geschenkte Perspektive für den Auftrag der Kirche in der Region. Sie ...

- lebt auf unter einer Haltung wechselseitigen Vertrauens und gemeinsamen Aufbruchs von Gemeinden.
- will das Miteinander unterschiedlicher Formen und Typen von Gemeinde zur Kommunikation des Evangeliums in der Region fördern.
- stärkt Kooperationen, Profile, Ergänzungen und Solidarität, um möglichst vielen Menschen einen Kontakt mit dem Evangelium zu ermöglichen.
- ist kein gebrauchsfertiges Konzept, sondern eine Verlockung zum Aufbruch. Aus ihr können regionale Konzepte wachsen, die notwendige Veränderungen unter den Verheißungen Gottes wagen.

Deshalb ist RLKE nicht brauchbar als ...

- Trostpflaster, um die schmerzhaften Einbrüche der letzten Jahre notdürftig zu verarzten. Sie bietet einen Weg an, um notwendige Strukturanpassungen nicht ohne inhaltliche Klärungen über den Auftrag der Kirche und nicht ohne ein bewusst gestaltetes, von Vertrauen getragenes Miteinander anzugehen.
- Synonym für Regionalisierung, Fusionen oder überparochiales Großflächendenken. Sie will eine geistlich verantwortete und gesellschaftlich relevante Regionalentwicklung fördern, die regionale Weite im Zusammenspiel mit lokaler Nähe für eine Stärke der Kirche hält. Regionalisierung oder Fusion *können,* aber *müssen nicht* ihre Werkzeuge sein.
- Mangelverwaltung, die möglichst viel vom Bestehenden zu bewahren sucht. Sie hört erneut auf die Verheißungen des Evangeliums als

Zukunftsperspektiven einer Kirche, die Überholtes zurücklassen und Neues wagen darf. Sie lehrt: Veränderung ist ohne Risiken nicht zu haben.

RLKE wird viele herkömmliche Felder, Formate und Gewohnheiten verändern, weil der gesellschaftliche Umbruch andere Reaktionen und neue Wege erfordert. Sie führt zu zentralen Veränderungen wie z. B. diesen:

- Parochien sind wichtige kirchliche Orte – aber sie sind es nicht allein, nicht für alle und nicht durch ihre Grenzen, sondern durch ihre Nähe und ihr Profil.
- Pfarrpersonen sind wichtige kirchliche Akteure, aber nicht allein, nicht unbedingt vor Ort, nicht für alles, sondern als Dienende am Wort, als TrainerInnen für die mündige Gemeinde.
- Gottesdienste sind Quellorte von Gemeinde und Glauben, nicht in *einer* einzigen agendarischen Form, pfarramtlich begleitet, aber nicht unbedingt pfarramtlich geleitet, sondern als Feiern der versammelten mündigen Gemeinde.

In ihre Erbinformationen (DNA) als Verschränkung von Ort und Region sind eingeschrieben: eine gemeinsame geistliche Orientierung, eine Kultur des Miteinanders, eine Haltung wechselseitiger Liebe und Wertschätzung, eine Grammatik für Kirchenentwicklung, unterschiedliche Zugänge zu einem gemeinsamen Raum und Offenheit für eine sich verändernde Gesellschaft.

Mit Knappheit und Überfluss umgehen

Michael Herbst

Haltungsfragen, Teil 1: Groß versus klein?

Das ist sozusagen das Herzstück der regiolokalen Kirchenentwicklung: Groß und klein müssen nicht sich gegenseitig ausschließende Alternativen sein.

Regionalisierungsprozesse sehen ja häufig so aus, dass kleinere Einheiten in größeren aufgehen. Das geschieht, weil die kleineren Einheiten nicht mehr nachhaltig mit Ressourcen ausgestattet werden können. Oder es wird erwogen, weil die Zahlen vor Ort eine eigenständige Gemeindearbeit nicht länger rechtfertigen. Größere Einheiten versprechen dann Entlastung und arbeitsfähige Verhältnisse.

So kommt es zu stufenweisen oder auch abrupten Zusammenlegungen. Stufenweise geschieht es z. B. in Sachsen, wo Kirchengemeinden erst als Schwesterkirchen verbindlich kooperieren, dann zu Kirchspielen zusammengeführt werden und schließlich zu großen Kirchengemeinden fusionieren. Die Kooperation nimmt dann schrittweise zu, die lokale Selbstständigkeit schrittweise ab. Abruptere Lösungen hat die Braunschweigische Kirche im Sinn, die diskutiert[1], im Laufe weniger Jahre flächendeckend zu Kirchengemeinden mit etwa je 40.000 Gemeindegliedern zu kommen, sowohl in Großstädten wie Braunschweig als auch in ländlichen Räumen wie dem Harz. Ähnliches geschieht in Düsseldorf[2], wo die 17 Kirchengemeinden bis 2028 in einer einzigen Körperschaft zusammenkommen.

In jedem Fall bedeutet Regionalisierung dann eine *Dehnung* der Räume und (z. B. pastoralen) Zuständigkeiten bei einer *Schrumpfung* der Mittel. Und: eine Reduzierung lokaler Präsenzen kirchlichen Lebens.

Und da fangen die Probleme an, die man sich bei diesem Versuch der Lösung der Probleme knapperer Ressourcen und kleinerer Zahlen einhandelt. Der Dienst z.B. der Pfarrpersonen, Kirchenmusikerinnen und Gemeindepädagogen wird *gedehnt*. Sie müssen weitaus größere Gebiete ›bespielen‹ (und in ländlichen Räumen bereisen!). Aus Sicht der meisten örtlichen Gemeinden wird das kirchliche Leben hingegen *geschrumpft*. An komplexen Gottesdienstplänen kann man es sehen. Der regelmäßige sonntägliche Gottesdienst ›bei uns‹ kann kaum durchgehalten werden. An zentralen Orten mag es noch gehen, in der Peripherie dünnt das gottesdienstliche Leben aus. Die Angebote, doch am zentralen Ort oder im Nachbardorf mitzufeiern, werden nur zögerlich angenommen. Die Bindung an das eigene Kirchgebäude ist stark, die Neigung, am anderen Ort (wo man sonst auch einkauft, Sport treibt oder die Kinder zum Reiten hinfährt) Gottesdienst zu feiern, gering. Auch Fahrdienste und andere Lösungsideen haben daran wenig geändert. Das ist das Dilemma: Die kleinteiligen kirchlichen Strukturen, die wir geerbt haben, können wir uns nicht mehr leisten. Die regionalen Großstrukturen drohen aber das kirchliche Leben aus der Nähe der Menschen zu entfernen.

Die kleinteiligen kirchlichen Strukturen, die wir geerbt haben, können wir uns nicht mehr leisten. Die regionalen Großstrukturen drohen aber das kirchliche Leben aus der Nähe der Menschen zu entfernen.

So zeigt es auch die 6. Kirchenmitgliedschaftsuntersuchung: »Der Aussage ›Bei einem attraktiven kirchlichen Angebot wäre ich bereit, auch in eine weiter entfernte Gemeinde oder eine weiter entfernte kirchliche Einrichtung zu kommen‹ pflichten nur noch 34 % der katholischen bzw. 33 % der evangelischen Kirchenmitglieder bei, in der Teilgruppe der kirchlich-religiösen Kirchenmitglieder sind es etwa 50 %. Daraus mag man die Schlussfolgerung ziehen: Eine ›Organisation im größeren regionalen Rahmen‹ wird zwar mit großen Mehrheiten befürwortet, zu weiter entfernten kirchlichen Angeboten selbst zu kommen, sind aber deutlich weniger bereit. Deshalb wird man das gewohnte kirchliche Leben innerhalb einer Ortsgemeinde wohl nur bedingt 1:1 auf einen ›größeren regionalen Rahmen‹ übertragen können«[3].

Man kann das auch mit einem Blick nach außen, in ein ganz anderes gesellschaftliches Umfeld, belegen. Der Greifswalder Gesundheitsökonom Steffen Fleßa erforscht seit langem die Krankenhauslandschaft, z.B. im dünn besiedelten Flächenland Mecklenburg-Vorpommern.[4] Es gibt ja auch in der Gesundheitspolitik die Neigung, kleinere Einheiten aufzulösen, die wirtschaftlich große Probleme haben, um leistungsstärkere große Einheiten zu schaffen. Viele Krankenhäuser in ländlichen Räumen müssten dann schließen oder auf eine minimale Notfallversorgung reduziert werden. Steffen Fleßa verweist zunächst auf die Vorteile: Größere Einheiten sind günstiger, können eher ihre Fixkosten decken, haben Verbundvorteile (gemeinsam genutzte Labore, Apotheken usw.) und bieten Übungseffekte (Operationen werden z. B. öfter und damit sicherer und besser durchgeführt). So weit, so gut.

Auf der anderen Seite steht ein Phänomen, das der Ökonom ›Distanzreibung‹ nennt. Für den Patienten im ländlichen Raum ist Distanzreibung die bittere Erfahrung, dass die Entfernung für die Geburtshilfe, die Vorsorge oder auch die erste Hilfe beim Herzinfarkt stark anwächst. Das habe, so Steffen Fleßa, auch den Effekt, dass bei steigender Entfernung die Zahl der Transaktionen sinkt: Was nicht unabdingbar ist, wird nicht mehr wahrgenommen (z. B. Vorsorge). Der Aufwand wird größer (Zeit, Kosten, Mühe) und reduziert die Bereitschaft, Dienstleistungen in Anspruch zu nehmen. Ein ausgedünnter ÖPNV in ländlichen Regionen verstärkt diesen Effekt. Im Ergebnis bedeutet das: Manche Lösungen von heute (wirtschaftliche Entlastung) sind die Probleme von morgen (neue Belastungen durch schlechtere Versorgung). Fleßa macht darauf aufmerksam, dass man immer mehrere Faktoren im Sinn haben muss, wenn man Organisationen umbaut: die Kosten und die Qualität der medizinischen Versorgung, aber eben auch die Erreichbarkeit. Er schlägt vor, technische Innovationen wie die Telemedizin zu nutzen, aber sich auch gedanklich von alten Mustern zu lösen und neue Ideen zu entwickeln. Eine solche Idee sind z. B. ›Gesundheitskioske‹: In Nordrhein-Westfalen wurden z. B. in Stadtteilen mit wenig ärztlicher Versorgung und hoher sozialer Belastung solche ›Gesundheitskioske‹ eingerichtet – niedrigschwellige Anlaufstellen zur Beratung bei Gesundheitsthemen und basale medizinische Grundversorgung. Auch mobile Praxen, erleichterter Zugang zu Krankentransporten und die Förderung von Landarztpraxen können helfen, sprich: eine Vielzahl von Maßnahmen in Kombination.

Was leistet nun dieser Blick nach außen für unser Thema? Zuerst sensibilisiert das Stichwort ›Distanzreibung‹ für die unerwünschten Nebenwirkungen der Regionalisierung. Es leuchtet unmittelbar ein, dass die Sichtbarkeit und die Zugänglichkeit des kirchlichen Lebens leiden, wenn die kirchliche Praxis vor Ort nicht mehr in gewohnter Weise vorhanden ist. Und es überzeugt auch, dass dadurch auf Dauer Bindungen gelockert werden und Erstkontakte unwahrscheinlicher werden. Entfremdung von Kirche und Glauben wird dadurch weiter gefördert. Diese Effekte können aber auf keinen Fall hingenommen werden, wenn die Kirche nicht den Anspruch aufgeben will,

»allem Volk« die Botschaft von Gottes Gnade zugänglich zu machen (Barmer Theologische Erklärung von 1934, These 6).

Ebenso wenig taugt aber die Strategie, die Probleme zu negieren und die Unantastbarkeit der vertrauten parochialen Verhältnisse (»jedenfalls bei uns!«) einzufordern. Die Verknappungen und Schrumpfungen lassen sich höchstens eine kurze Zeit lang leugnen. Auch hier wird es nicht eine Maßnahme sein, die Abhilfe schafft. Und um es deutlich zu sagen: Nicht jede Entscheidung für größere regionale Strukturen ist zu verurteilen. Es hängt viel mehr an der parallel zu treffenden Entscheidung, alles zu tun, um Regionales und Lokales zu verknüpfen, um also die Chancen regionaler Kooperation und die Stärken der Gemeinde ›vor Ort‹ zu verbinden. Was muss also geschehen, um kirchliche Distanzreibung zu verhindern? Unserer Auffassung nach lassen sich Lokalität und Regionalität versöhnen, eben in regiolokaler Kirchenentwicklung. Das aber setzt einige Überzeugungen, Beschlüsse und Maßnahmen voraus:

- Zuerst: Vitale lokale Gemeindekerne sollen erhalten bleiben, zum Weitermachen ermutigt werden und Unterstützung erfahren. Nicht überall, aber an vielen Orten finden sich kleinere oder auch größere Gemeinschaften von Menschen, für die das lokale Gemeindeleben bedeutsam ist, und die sich auch für dieses Leben vor Ort einsetzen.
- Weiterhin: Auch hier sind technische Innovationen vorurteilsfrei zu prüfen. Kann ein zentraler Gottesdienst in der kleinen Dorfkirche als Video-Streaming übertragen werden? Kann man Predigten aufnehmen und vor Ort präsentieren, während die Gemeinde alle anderen Teile des Gottesdienstes selbst gestaltet?
- Vor allem: Was kann getan werden, um der Gemeinschaft vor Ort zu helfen, selbsttätig das Gemeindeleben (zu größeren Anteilen) in die Hand zu nehmen? Wie lernen Christinnen und Christen vor Ort, miteinander Gottesdienst zu feiern – auch ohne Pfarrperson? Wie gestalten sie ein banales Gemeindeleben mit Andachten, Gesprächsrunden und Dienstleistungen in ihrem Sozialraum?
- Dann aber auch: Wie werden lokale Leitungspersonen installiert und ermächtigt, vor Ort Entscheidungen über das Gemeindeleben zu treffen und in der Region bei Leitungsentscheidungen mitzusprechen? Welche Beteiligungsrechte bekommen gerade periphere Teile der kirchlichen Regionen? Wie wird also insgesamt der regiolokale Prozess zu einer Erfahrung von ›Empowerment‹ – und nicht von allmählicher Entmündigung?

Hier geht es um Haltungsfragen. Welche Haltung braucht eine distanzreibungssensible Kirche? Sie braucht zuerst einen entschiedenen und folgenreichen Abschied: den Abschied von der Vorstellung der ›Versorgung‹. Der Begriff der Versorgung findet sich in vielen kirchlichen Texten und Papieren. Kirchliche Verfassungen (wie etwa die der Nordkirche, Artikel 18) schreiben eine flächendeckende Versorgung mit Pfarrstellen fest. Abgesehen davon, dass fortschreitende Dehnungen des parochialen Netzes dieses Vorhaben als illusorisch entlarven, ist schon der Ansatz problematisch – so vertraut die Formulierung auch im kirchlichen Jargon ist. Aber dahinter steht eine Haltung: Die Ortsgemeinde wird vor allem als Betreuungsfall gesehen. Eine Gemeinde wäre dann eine Art von ›betreutem Wohnen‹ für Getaufte. Daran (u. a.!) wird deutlich, wie sehr sich die Kirche als pfarrzentrierte Institution sieht und wie wenig sie der Mündigkeit und Selbsttätigkeit der Gemeinden zutraut.

Isolde Karle prägte 2004 den Begriff der Volkskirche als Pastoren- und Kasualienkirche[5]. Deskriptiv hat sie damit sicher den Nagel auf den Kopf getroffen – aber präskriptiv auch? Ist das das Schicksal der Volkskirche, auch in ihrem gegenwärtigen Wandel? Ist es *nötig* – oder auch nur *richtig*, dass es so ist? Oder wäre es an der Zeit, sich von dieser Idee zu verabschieden und erneut zu durchdenken, was das Allgemeine Priestertum der Getauften bedeutet und wie der charismatische Reichtum des Leibes Christi vor Ort gehoben werden kann? Dann fänden wir zu einer neuen Haltung, die nicht nur die gegenwärtige Not wenden könnte, sondern das immer schon Richtige und Wünschenswerte endlich ernst nähme und in die Tat umsetzte. Dann würden wir alle hauptamtlichen Kräfte, über die wir dankenswerterweise noch verfügen, mit Entschiedenheit darauf konzentrieren, die begabten Getauften vor Ort zum Dienst zuzurüsten.

Dann würde Eph 4,10f. zum Leitwort für professionelles Tun in der Kirche: Wir sind dazu da – würden die Hauptamtlichen dann mit Überzeugung sagen – und dazu von Gott der Gemeinde geschenkt, dass wir die ›Heiligen‹, also die konkreten Menschen hier und jetzt mit ihren Gaben und Grenzen zurüsten, zum Dienst ermutigen, befähigen und freisetzen, damit durch ihren Dienst elementares gemeindliches Leben vor Ort erhalten bleibt und wachsen kann. Das wäre die Innovation ›im Kopf‹, die für unsere Kirche nötig ist. Und die unsere Chancen angesichts der Knappheit der Ressourcen deutlich vergrößerte. Und die zugleich aus unserer Kirche eine wahrhaft evangelische Kirche werden ließe: eine Kirche der vom Evangelium erreichten und bewegten Menschen.

Haltungsfragen, Teil 2: Stolz und Vorurteil?

Regionale Kooperation in jeder Hinsicht, nicht nur im Gefolge der Idee einer regiolokalen Kirchenentwicklung, braucht ein Mindestmaß an Bereitschaft zur Zusammenarbeit, an ›good will‹ gegenüber dem anderen, an Vertrauen und Großzügigkeit. Eine nüchterne Beschreibung von ›Liebe‹ (von Julian Treasure) lautet: »I wish you well«. Dem anderen Gutes gönnen. Wir halten das Klagelied hier kurz, dass man ja ›eigentlich‹ denken sollte, derlei Haltungen seien für kirchliche Akteure selbstverständlich ... eigentlich!

Ebenso kann man daran erinnern, dass – bei allem sportlichen Wettstreit, den es auch zwischen christlichen Gemeinden geben mag – alle Beteiligten an derselben Aufgabe arbeiten. Ob es uns gefällt oder nicht: Das Reich Gottes endet nicht an den Grenzen der eigenen Parochie. Wir sind nicht Konkurrenten auf einem hoch umkämpften Markt. Unser Miteinander ist nicht nach den einfachen Regeln eines Nullsummen-Spiels zu verstehen: Was ich bekomme, muss der andere abgeben. Wenn ich verliere, wird der andere gewinnen. Auch wenn das im Aushandeln von Verzichtsleistungen und Zugeständnissen bei Strukturdebatten schon einmal so aussehen kann. Tatsächlich sind wir aber alle im Team ›Evangelium für unsere Region‹. De facto ist es unsere gemeinsame Aufgabe, den Menschen in *unserem* Landstrich, in *diesem* Tal, in *dieser* Kleinstadt, in *diesem* Dekanat das Evangelium so gut wie möglich zugänglich zu machen und denen, die uns brauchen, so gut wir können beizustehen.

Tatsächlich sind wir aber alle im Team ›Evangelium für unsere Region‹. De facto ist es unsere gemeinsame Aufgabe, den Menschen in unserem Landstrich, in diesem Tal, in dieser Kleinstadt, in diesem Dekanat das Evangelium so gut wie möglich zugänglich zu machen und denen, die uns brauchen, so gut wir können beizustehen.

Selbstverständlich werden wir unsere Gemeinde besonders lieben. Unsere (kleine oder größere) Gemeinde ist ja ›ganz Kirche‹ – freilich nicht die ›ganze Kirche‹. Und darum: nicht auf Kosten unserer gemeinsamen größeren Mission. Wir sind beauftragt, eben *miteinander* Kirche für unsere Region zu sein. Die erste Haltungsänderung, derer es für regiolokale Kirchenentwicklung bedarf, ist das Ja zu dieser größeren Mission. Das bedeutet: Abschied nehmen vom Kirchturmdenken und sich dieser Aufgabe verschreiben: *Miteinander* sind wir als Gemeinden, Mitarbeitende und Gemeindeglieder dafür zuständig, das Evangelium in diesem gemeinsamen Verantwortungsraum zugänglich zu machen. Dafür sollen wir unsere Kräfte bündeln und unsere Mittel und Aufgaben verteilen, uns also so gut es geht organisieren.

Vielleicht muss es dann auch so beginnen: Wir kommen zusammen, feiern das Evangelium gemeinsam und beraten dann, wie wir die uns anvertraute Region sehen: welche Herausforderungen es gibt, welche Schätze zu heben sind, welche Gaben uns anvertraut sind, mit welchen Engpässen wir kämpfen, welche Schwerpunkte wem am Herzen liegen – und wie wir unsere Ressourcen so nutzen und deren Einsatz so ausrichten, dass möglichst vielen Menschen in unserer Region das christliche Zeugnis in Wort und Tat zugute kommt.

Wir sind jedenfalls davon überzeugt, dass dieses gerade beschriebene ›Mindestmaß‹ an Wohlwollen und Gemeinsinn weitgehend über Erfolg und Misserfolg regiolokaler Kirchenentwicklung entscheidet. Schon deshalb ist RLKE eben kein ›blueprint‹. Man kann hier nur bedingt ›anordnen‹, ›organisieren‹ oder ›umbauen‹. Sehr weiche Faktoren kommen hier ins Spiel. Zugleich gehören hartnäckige Einstellungen zwischen »Stolz und Vorurteil« auf den Prüfstand.

Zugleich gehören hartnäckige Einstellungen zwischen »Stolz und Vorurteil« auf den Prüfstand.

Strukturfragen werden nicht einvernehmlich gelöst und in Win-win-Situationen überführt, wenn Menschen einander misstrauen, einander schlicht nicht mögen oder im Anderen nur den Konkurrenten sehen. Wie stehe ich zum Anderen? Ich muss keine enge Freundschaft aufbauen, aber doch eine Haltung von Wohlwollen und Respekt entwickeln. Und bei mir selbst anfangen und kritisch in den Blick nehmen, *was an mir liegt* in diesem schwierigen, belasteten Verhältnis zum anderen. Die paulinischen Paränesen wie z. B. in Röm 12,9–21 können dabei zu schmerzhaften und heilsamen Beichtspiegeln werden: für *mein* und *unser* Verhältnis zu ›denen da‹! Bestimmte Haltungen gehörten dann nicht länger ins Repertoire einer christlichen Gemeinde und ihrer Leitungsgremien.

In unserer Broschüre *Vertrauen und Verantworten*[6] haben wir schon einiges zusammengetragen, von dem wir empfehlen, es in den spirituellen Mülleimer zu werfen. »Bringen wir es [...] hinter uns! Welche Haltungen wären denn kontraproduktiv, ja schädlich, wenn wir es neu miteinander in der Region versuchen wollen?

Wir denken an folgende Haltungen, die Ihnen ›ganz entfernt‹ bekannt vorkommen könnten:

- *Festklammern an ›alten Geschichten‹:* Wer wüsste nicht von irgendeinem Konflikt, den es mit der anderen Gemeinde oder ihren Pfarrpersonen gab, von Konkurrenzkämpfen, vom Ärger über die schlechtere Ausstattung oder die ›gestohlenen Schäfchen‹, die unserer Gemeinde abhanden kamen. Manchmal legen selbst gestandene Christenmenschen innere Schwüre ab: ›Mit denen – nie wieder!‹ Wäre es nicht an der Zeit, diese Last abzulegen, zu verzeihen und neu anzufangen?
- *Überheblichkeit, Stolz und Arroganz:* Natürlich lebt man meistens schon in der besten aller Gemeindewelten. Schließlich hat sich die Gemeinde ja prächtig entwickelt. Schon gar im Vergleich! Mehr Gottesdienstbesucherinnen, größere Chöre – und erst einmal die Jugendarbeit! Dazu auch die klarere (wahlweise: liberale, prophetische, inklusive, pietistische, lutherische, reformierte, umweltbewusste, missionarische) Theologie! Wenn das die anderen mal begriffen! Brauchen wir die anderen? Eher nicht! Würden sie uns bereichern? Kaum. Wirklich? Ist das so? Und selbst wenn wir viel haben, und manches so gut gelingt: »Was hast du, das du nicht empfangen hast?« (1 Kor 4,7). Und weißt du so genau, unter welchen Bedingungen sich die anderen gerade redlich mühen? Muss dein Gelingen das Tun der anderen abwerten? Könnten wir nicht doch etwas voneinander lernen und manches miteinander besser hinkriegen?
- *Neid:*[7] Das ist sozusagen das Gegenstück zum Stolz der einen – der Neid der anderen. Dass Neid die höchste kirchliche Form der Anerkennung ist, hat man schon oft in kirchlichen Kreisen gehört. Interessant ist es, dabei in die Gesichter der Zuhörer zu schauen, wo neben dem Schmunzeln die bittere Erfahrung, der Schmerz, aber auch die Selbsterkenntnis sich ausbreiten. Es ist vielleicht nicht nötig, allzu viele Worte darüber zu verlieren, dass Neid nicht zu den allerfeinsten christlichen Tugenden gehört. »Man muss auch gönnen können!«? Mehr als das: Der Neid unterschätzt, was mir gegeben ist, und er zerfrisst die Beziehung zum anderen. Es ist Zeit, Dankbarkeit, Mitfreude und Großzügigkeit einzuüben. Meist geht es einem selbst dann auch besser.
- *Kirchturmdenken:* Das Wichtigste ist doch, dass *wir* klarkommen, wachsen, bestehen bleiben, aufblühen oder mindestens über die Runde kommen! Was interessiert uns der andere? Hier regiert in der Regel die Sorge, es könnte nicht reichen. Es herrscht die Idee des Nullsummenspiels (s. o.): Unser Gewinn ist der Verlust des anderen (und leider auch umgekehrt!). Ob wir das besser hinkriegen? Für uns wird doch gesorgt! Wenn 5000

von wenigen Broten und Fischen satt wurden, weil das wenige durch die Hand des Herrn ging und dann unter allen geteilt wurde, dann könnte es doch vielleicht auch bei uns für alle genug geben!«

Wie aber entsteht dann Vertrauen? Es ist ja noch nicht sicher, dass nach einigen Akten geistlicher Hygiene (s. o.) künftig alles besser läuft. Wie in unseren anderen zwischenmenschlichen Verhältnissen muss Neues erst eingeübt werden und sich über einen gewissen Zeitraum als verlässlich erweisen. In der Eheberatung gibt es dazu pfiffige Hinweise. Das Verhältnis zweier Menschen kann z. B. mit einem Konto verglichen werden. Aggressives Verhalten, Versäumnisse und Fehler, unfreundliche Worte und zugeschlagene Türen sind dann Abhebungen. Einzahlungen hingegen sind überraschende Freundlichkeiten, unverdiente Geschenke, Verzeihen nach Fehltritten, der Mut hat zum ersten Schritt nach langem Schweigen. In schwierigen Verhältnissen braucht es den einen, der den Mut, wieder ›einzuzahlen‹ – und zwar eine Weile ohne nachzureichen, was der andere seinerseits leistet. Wie entsteht Vertrauen? Zum Beispiel ...

- durch den Mut zum ersten Schritt: das Gespräch wieder suchen, den anderen aufsuchen, nach seinem Ergehen fragen, gegebenenfalls um Entschuldigung bitten, ›good will‹ für ein besseres Miteinander demonstrieren, erkunden, was konkret besser gemacht werden kann;
- durch Großzügigkeit im Umgang miteinander: dem Anderen selbstlos Hilfe und Mittel anbieten, auf einen Vorteil verzichten;
- durch innere Bereitschaft, vom anderen zu lernen, der so anders ›tickt‹ – und dabei dem anderen ›seinen Glauben glauben‹, erkennen, wo er etwas erkannt hat, worin die andere Gemeinde Vorbild sein kann;
- miteinander nach gemeinsamen Interessen suchen und mögliche Kooperationen ausloten, im Kleinen und freiwillig miteinander gute Erfahrungen machen und so das Vertrauen allmählich wachsen lassen;
- im Anderen den regionalen Partner anerkennen, der vieles anders sieht und manches anders tut, wodurch aber in der Region mehr Optionen für unterschiedlich geprägte Menschen entstehen, Kontakt mit christlichem Glauben und christlicher Gemeinschaft zu bekommen.

Haltungsfragen, Teil 3: Knappheit und Überfluss

Zu den theologisch spannendsten Fragen in den gegenwärtigen Umbaumaßnahmen der Kirchen gehört das Verhältnis von Knappheit und Überfluss.

Nun könnte man fragen: »Knappheit verstehe ich, aber wo, bitte, soll der Überfluss sein?« Etwas weniger spitz könnte man auch sagen: »Überfluss war gestern, in den scheinbar ›goldenen‹ 1950er Jahren, aber Knappheit ist heute!«

Es bedarf keiner langen Erläuterungen oder zähen Wiederholungen der Knappheiten, unter denen die Kirchen leiden und die sie zum Umdenken und Umbauen zwingen. Viele Debatten würden wir wahrscheinlich *ohne* die schmerzhaften Knappheiten nicht führen. Die schrumpfenden Mitgliederzahlen, die sich leerenden Kassen der Kirchen, die geringen Werte bei christlichen Überlegungen und Praktiken auch im Kirchenvolk – usw. usw. Knappheit, wohin man schaut.

Fair ist es sicher auch, auf das zu schauen, was nicht so knapp daherkommt. Fair ist es z. B., darauf hinzuweisen, dass unser finanzieller ›Mangel‹ in vielen kirchlichen Regionen in der weiten Welt als *Überfluss* verstanden würde. Es geht uns finanziell schlechter, aber nicht so, dass wir kurz vor dem Bankrott stünden und für nichts Wichtiges mehr Mittel aufbringen könnten. Man darf z. B. auf Entscheidungen verweisen, wie sie z. B. in der Evangelischen Kirche in Mitteldeutschland (EKM) getroffen wurden: Auch angesichts eines zunehmenden Sparzwangs hat die EKM Mut und Weitsicht bewiesen und den Rückbau-Maßnahmen beachtliche *Investitionen* an die Seite gestellt (und das nun schon seit zehn Jahren) für kirchliche Erprobungsräume, also neue Formen kirchlichen Lebens. Und das heißt ja auch: Das ist ein Kraftakt, aber eben einer, den die EKM stemmt.

Fair ist es weiterhin, dass auch die 6. Kirchenmitgliedschaftsstudie (KMU VI) von 2022 Bereiche kirchlichen Lebens markiert, die gewiss nicht als quälende Unterversorgung durchgehen könnten. Zu nennen wäre die immer noch gegebene Präsenz in der Fläche, die starken Potenziale des Ehrenamts in der Kirche, die hohe (wenn auch zurückgehende) Akzeptanz und Wertschätzung der kirchlichen Kasualien (bis in den Bereich der Konfessionslosen hinein) oder die positive Bewertung der Konfirmation als (im Rückblick) prägendes Erlebnis. Das Bild ist also komplexer. Es gibt nicht nur Mangel und Knappheit und der Ausgangspunkt, von dem wir *unseren Mangel* betrachten, ist ein verhältnismäßig komfortabler.

Erstes ›Aber‹: Aber eben nur verhältnismäßig. Wegreden lassen sich die Knappheiten nicht mehr. Das soll hier auch gar nicht versucht werden. Regiolokale Kirchenentwicklung geht mit Knappheit nicht so um, dass wir sie umgehen. Kürzungen werden passieren. Geld wird weniger. Spielräume werden kleiner. Ehemals Gewohntes wird verabschiedet. Kirche wird kleiner. Punkt.

Zweites ›Aber‹: Aber zu den empfohlenen Haltungen derer, die sich auf den Weg zur Regiolokalität machen möchten, gehört es, sich ›second thoughts‹

zu gönnen, also das Verhältnis von Knappheit und Überfluss noch einmal zu durchdenken – und zwar *theologisch*, d.h. hier vor dem Hintergrund der Frage, was es wohl bedeuten könnte, in Knappheit christlich zu *glauben*, also mehr zu deuten als das Augenscheinliche, zu vertrauen und auf Hoffnung hin zu handeln.

Dabei empfiehlt sich auch eine Relektüre biblischer Geschichten. Ein ›Klassiker‹ wäre hier die Geschichte von der Speisung der 5000 (z.B. nach Mk 6,30–44). Es liegt ja fast auf der Hand, gerade mit dieser Geschichte Mut zu machen: Da ist Mangel am Anfang und am Ende eine gewaltige ›Brockensammlung‹. Körbeweise werden schließlich die ›leftovers‹ weggetragen. Dazwischen stehen die überforderten Jünger (»Gebt ihr ihnen zu essen«), die Wertschätzung geringer Gaben unscheinbarer Mithelfer (fünf Brote und zwei Fische) und die wunderbare Vermehrung, nachdem die geringen Mittel erst durch Jesu Hände gehen und dann von den Jüngern großzügig und hinreichend verteilt werden: »Es geht durch unsre Hände, kommt aber her von Gott« (EG 508,2: »Wir pflügen und wir streuen«). Und ist das nicht schon eine Ermutigung: Gebt das Geringe, das ihr habt – und durch das Wirken des Herrn wird es schon reichen! Übrigens: durch das Wirken des Herrn und nicht allein, weil alle großmütig miteinander zu teilen begannen. Zum Teilen ist später noch etwas zu sagen, aber hier ist die Pointe eine andere: Der Herr sorgt für das Auskommen! Also: eine Ermutigung? Doch, schon, und darum lassen wir diese Geschichte hier am Anfang unserer theologischen Meditation von Mangel und Überfluss stehen!

Drittes ›Aber‹: Zugleich könnte uns diese Geschichte auf den Gedanken bringen, dass wir mit einer gewissen Findigkeit hinsichtlich der vorhandenen Brote und Fische am Ende des Tages wieder den Reichtum der Vergangenheit genießen könnten. Es wird dann schon reichen für alles, was wir uns im kirchlichen Haushalt der letzten Jahrzehnte so gegönnt haben. Dafür fehlt denen, die sich hier zum Schreiben zusammengetan haben, das Zutrauen. Knappheit im Finanziellen z.B. wird uns ereilen.

Ähnliches findet sich an anderer Stelle im Neuen Testament, z.B. in der lukanischen Tradition. Dass Gott in schwierigen Zeiten seine Leute versorgt und nicht im Stich lässt, konnten die Jünger Jesu am Ende bezeugen. Ihre Knappheiten waren ja mindestens partiell Teil des Deals: kein Geldbeutel, keine Tasche, keine Schuhe (Lk 10,4). Sie waren abhängig von der Versorgung anderer, die wiederum in den Genuss des göttlichen Friedens kamen (Lk 10,6). Am Ende fragt sie Jesus: »Als ich euch ausgesandt habe ohne Geldbeutel, ohne Tasche und ohne Schuhe, habt ihr je Mangel gehabt?« Und ihre Antwort lautet knapp: »Nein, keinen« (Lk 22,35). Hier bedeutet Knappheit: Die Boten des Reiches kommen nicht mit materiellem Überfluss und überlegener Ausstattung. Sie kommen eher bescheiden, ärmlich, angewiesen auf Zuwendung. Und genau so entspricht es dem Herrn, der in einer Krippe zur Welt kommt. So geschieht Mission, die niemandem Angst machen muss. Zugleich gehen die Gesandten nicht unter. Sie tragen nicht körbeweise ›leftovers‹ davon, aber sie verhungern auch nicht. Es reicht am Ende des Tages. Und auf der anderen Seite hat ihr Dienst ein hohes Maß an Glaubwürdigkeit und ihre Mission bedroht niemanden. Welche Chancen tun sich also einer Kirche auf, die ärmer und dabei demütiger und doch auch tapferer aufträte? So ein Motto der Church of England von der Generalsynode 2023: »simpler, humbler, bolder«. Was hieße es denn, *kirchlich* auf den zu setzen, von dem es heißt: Er »macht schöne rote Wangen auch bei geringem Mahl« (EG 302,5: Du, meine Seele, singe)?

Lukas schildert dasselbe nun nicht allein für den ›Binnenbereich‹, also für die Frage der Versorgung des Jüngerkreises. In Apg 3 wird von einem Gelähmten erzählt, der an der ›schönen Pforte‹ des Tempels bettelt. Er bittet auch die Apostel um ein Almosen. Petrus entgegnet, indem er seine Knappheit und seinen Überfluss gleichzeitig anspricht: »Silber und Gold habe ich nicht; was ich aber habe, das gebe ich dir: Im Namen Jesu Christi von Nazareth steh auf und geh umher« (Apg 3,6). Der Gelähmte erwartete anderes und weniger – er empfing mehr als je erhofft, und zwar von den Aposteln, die ›nicht haben‹ und dann eben doch ›haben‹. Die erste Gemeinde kann keinen bedeutenden Besitz aufweisen und damit auch keinen Einfluss in der Stadt haben – aber in ihrer wirtschaftlichen Armut sind sie ganz auf die Mitte ausgerichtet: Sie haben *den Namen Jesu Christi von Nazareth*. Und in diesem ›Namen‹ können sie Menschen soviel mehr und Heilsames geben. Was hieße es, als Kirche so gnädig zurückgeworfen zu sein auf den ›Namen‹, der ihnen mitgegeben ist, und auf das Heilsame, das von Jesus Christus selbst ausgeht?

Vielleicht dachte der Apostel Paulus an etwas Ähnliches. Im Philipperbrief reflektiert er in mehrfacher Hinsicht das spannungsvolle Verhältnis von Knappheit und Überfluss. Seine persönliche Lage darf man sich wohl angesichts der Versorgungslage in antiken Gefängnissen als extrem ›knapp‹ vorstellen. Dabei gibt es offenbar für ihn Tage, in denen er den Mangel heftig zu

> »Ich sage das nicht, weil ich Mangel leide; denn ich habe gelernt, mir genügen zu lassen, wie's mir auch geht. Ich kann niedrig sein und kann hoch sein; mir ist alles und jedes vertraut: beides, satt sein und hungern, beides, Überfluss haben und Mangel leiden; ich vermag alles durch den, der mich mächtig macht« (Phil 4,11–13).

spüren bekommt, und Tage, an denen es ihm durch die Versorgung durch die Gemeinde in Philippi verhältnismäßig gut geht. Keine stabilen Verhältnisse, aber es reicht zum Überleben. In diesem Zusammenhang schreibt Paulus, während er sich für die Versorgung bedankt: »Ich sage das nicht, weil ich Mangel leide; denn ich habe gelernt mir genügen zu lassen, wie's mir auch geht. Ich kann niedrig sein und kann hoch sein; mir ist alles und jedes vertraut: beides, satt sein und hungern, beides, Überfluss haben und Mangel leiden; ich vermag alles durch den, der mich mächtig macht« (Phil 4,11–13).

Offenbar ist den Zeugen Jesu nicht versprochen, niemals Mangel zu leiden. Offenbar kann es für die Kirche Tage des Überflusses und des Mangels geben. Es gibt hier keinen einfachen Nenner. Aber Paulus verweist darauf, dass man beides erst einmal können (»vermögen«) muss, und dass es an der Seite Christi, der die Seinen mächtig macht, auch möglich ist. Fast überschwänglich ruft er aus, dass er »alles« vermag. Christus füllt hier nicht die Warenbestände auf, aber er gibt ›Macht‹; modern gesprochen sorgt er für eine besondere Resilienz, die aus der Beziehung zu ihm erwächst. So gibt es für ihn Freude »allewege« (Phil 4,4) und »Frieden, der höher ist als alle Vernunft« (4,7), »gute Zuversicht« (1,6) und Stärkung durch die Besuche seiner Freunde (2,19–30). Und gerade hier, in der Knappheit eines Knastes, ist er ein wirksames Zeugnis »im ganzen Prätorium« (1,13).

Versprochen war noch ein Verweis auf das Teilen. An zwei Stellen im Neuen Testament wird es in besonderer Weise wirksam und verändert die Disbalance von Knappheit und Überfluss.

- Zum einen wird von der ersten Gemeinde erzählt, dass hier niemand Mangel litt, weil sich das Verhältnis der Gemeindeglieder zum Eigentum so gewandelt hatte: »Auch nicht einer sagte von seinen Gütern, dass sie sein wären, sondern es war ihnen alles gemeinsam« (Apg 4,32). Die – leider kurzfristige – Wirkung (wie wir wissen) war: »Es war auch keiner unter ihnen, der Mangel hatte; denn wer von ihnen Land oder Häuser hatte, verkaufte sie und brachte das Geld für das Verkaufte und legte es den Aposteln zu Füßen, und man gab einem jeden, was er nötig hatte« (4,34f.).
- Zum anderen wird in 2Kor 8f. berichtet, wie die Gemeinden rund ums Mittelmeer der Gemeinde in Jerusalem zur Hilfe eilten und eine Kollekte sammelten, als das Jerusalemer Modell nicht mehr funktionierte und die Menschen in der Gemeinde in Not gerieten. Offenbar sind diese ›Systeme‹ der Versorgung immer nur zeitlich und kontingent. Aber hier tritt dann eben die Gemeinschaft der Gemeinden ein und gibt, um die Knappheit in Jerusalem zu beheben.

Ohne wohlfeile Kritik an der Kirchensteuer einstreuen zu wollen (oder deren Ende schon herbeizureden), zeigt sich in diesen Geschichten etwas von der Kraft, die im bewussten Geben, ja Opfern für die Gemeinde Jesu und ihren Dienst steckt.

Im Blick auf Knappheit und Überfluss der künftigen Kirche (und am besten jetzt schon in Gemeinden, die rechtzeitig das Neue beginnen) werden solche Geschichten mehr sein als Zeugnisse einer idealen Vergangenheit. Sie werden aufs Neue inspirieren: Gemeinden werden durch freiwillige Gaben der Christinnen und Christen getragen (und organisieren sich zu diesem Zweck in Fördervereinen oder Stiftungen), *und die Gemeinden untereinander pflegen regiolokale Solidarität, bis ins Finanzielle hinein.*

Es bleibt am Ende dennoch eher eine Frage, was wir mit diesen biblischen Reminiszenzen anfangen sollen. Zu ungewohnt sind manche Überlegungen und die ›Finanzer‹ in den Landeskirchenämtern würden gewiss eher die Stirn runzeln und entgegnen, dass ihnen das noch gar nicht hilft, den nächsten Haushalt solide aufzustellen, die Last der Pensionen zu stemmen oder mit dem Problem der vielen Gebäude fertig zu werden. Das stimmt. Der Respekt vor dem Handwerk der Haushälter gebietet es auch, sich hier mit klugen Ratschlägen zurückzuhalten. Und doch ändert der Blick in die Bibel – hoffentlich – zuerst innerlich und dann auch im praktischen Tun etwas: Es wäre dann nicht der Untergang, wenn wir zu einer deutlich ärmeren Kirche würden (auch wenn es weh tut). Es gälte tatsächlich, sowohl die Hände zu falten als auch zum Geben für andere zu öffnen. Es brächte uns in eine gesunde, wenn auch anstrengende Abhängigkeit von Gottes Fürsorge. Es zwänge uns dazu, zu klären, was wir (im Sinne von Apg 3) haben und was wir nicht haben. Diese Zeilen sind nicht der Versuch, sich theologisch ›breitbeinig‹ hinzustellen und zu sagen: »Es ist doch alles ganz einfach!« Es ist vielmehr der Versuch, sich der Provokation der Texte aufs Neue zu stellen – in der stillen Hoffnung, hier tatsächlich Trost und Rat zu finden.

Anmerkungen

1 Siehe https://mit-segen-unterwegs.de (Stand 03.06.2025).

2 Siehe https://evdus.de/kategorie/aktuelles/prozess-eine-gemeinde-2028/ (Stand 03.06.2025).

3 WUNDER et al., Vertrauenskrise, 112ff.

4 FLESSA, Krankenhäuser.

5 KARLE, Volkskirche.

6 HERBST/POMPE (Hrsg.), Vertrauen, 40–42.

7 Siehe hierzu ausführlicher den folgenden Beitrag von Hans-Hermann Pompe.

Einander Raum geben in Beziehungen, Auftrag, Struktur

Hans-Hermann Pompe

Es gibt Situationen, wo wir auf Raum angewiesen sind: in einem überfüllten Zug etwa, oder wenn man im Streitgespräch nicht mehr ausreden darf. Sozialer Raum ist zentral für menschliches Miteinander. Paulus hat mit den Korinthern immer wieder hart und ehrlich gerungen. Im letzten uns erhaltenen Brief wirbt er darum, dass sie einander Raum lassen und Raum schaffen: »O ihr Korinther, unser Mund hat sich euch gegenüber aufgetan, unser Herz ist weit geworden. Eng ist nicht der Raum, den ihr in uns habt; eng aber ist's in euren Herzen. Gebt uns, was wir euch geben – ich rede wie zu meinen Kindern –, und macht auch ihr euer Herz weit.« (2Kor 6,11–13).

Hier sehen wir ein sehr persönliches Werben um das Miteinander in herausfordernden oder schwierigen Situationen: Es geht nicht um den Sitzabstand, nicht um gegenseitiges Aufrechnen der Quadratmeter von Gebäuden oder um Finanzzuteilungen, sondern um einen liebevollen Umgang, den Raum im Herzen, den wir bieten oder erhalten. Paulus benutzt hier das griechische Wort für den Sitz der Emotionen (σπλάγχναι), es geht um Wollen statt Widerwillen, um Sympathie statt Antipathie. Also um einen offenen, freundlichen und liebevollen Geist. Wir fällen wichtige Entscheidungen selten zuerst im Verstand, im Vorderhirn – da werden sie höchstens hinterher begründet, im besten Fall noch einmal durchdacht. Die meisten Entscheidungen fallen zuerst und zentral in unseren Emotionen.[1]

Raum im Herzen geben kann man, wenn andere uns wichtig sind. Freiraum in den Herzen entsteht, wo anderen ihr Recht in unserem Denken und Wollen eingeräumt wird. Kurz danach bittet Paulus noch deutlicher: *Räumt Platz ein, macht euch weit* (7,2, eigene Übersetzung). Es geht also auch zwischen Gemeinden nicht um Verzichten, Zurückstecken, es ist ein Mühen um die anderen: Wir wollen, dass auch die Nachbargemeinde wächst, dass es ihr gut geht, dass sie Menschen erreicht. »Einander zu neuem Glanz verhelfen«, hat dies der Osnabrücker Landessuperintendent Burghard Krause genannt[2]: Hauptamtliche und Ehrenamtliche, Pfarrerin und Diakon, Musikerin und Verwaltung, Jüngere und Ältere schenken sich Achtung, freuen sich über den Erfolg der anderen, unterstützen ihr Tun und Lassen.

Für wen ist nun der Raum des Evangeliums? Für die, die wie gewohnt behalten wollen, was ihnen vertraut und lieb ist? Kirche als Clubhaus der Engagierten? Gemeinde als Reservat für die, die immer noch glauben? Raum im Herzen schaffen ist für die Gemeinde Jesu kein Selbstzweck. Geht hin zu allen Völkern, brecht auf in die Kulturen, Generationen und Lebenswelten, hat Jesus uns aufgetragen. »Die Kirche ist die einzige Organisation, die für diejenigen existiert, die nicht ihre Mitglieder sind«, hat es der englische Erzbischof William Temple zugespitzt.

> »Die Kirche ist die einzige Organisation, die für diejenigen existiert, die nicht ihre Mitglieder sind.«
> William Temple

Es geht um Raum für andere, zu denen Jesus die ihm Nachfolgenden gesandt hat: für Mühselige und Beladene, Gleichgültige und Neugierige, Zweifler und Suchende, Opfer und Täter, Kleine und Große, Junge und Alte, Einheimische und Fremde.

Im Reich Gottes sollte jede Gemeinde Aspekte einer guten Herberge haben: Der göttliche Wirt lädt alle ein, es gibt eine offene Tür, eine schöne Atmosphäre, eine wundervolle Speisekarte, freundliche Mitarbeitende, die den Gästen den Aufenthalt so angenehm wie möglich machen wollen. Nicht zuerst durch Gebäude, sondern durch Raum im Herzen. Und wenn die Gäste bleiben wollen, wird Raum für sie geschaffen – auch wenn die Herberge sich dadurch ständig verändert. Sie wird entworfen, gebaut und neu angepasst durch das Evangelium. Am schönsten wird es, wenn Gäste hinter menschlicher Gastfreundschaft den göttlichen Gastgeber entdecken.

Strukturfragen haben eine ungute Tendenz, sie drängen sich so nach vorne, dass anderes Wichtiges von ihnen an die Wand gedrückt werden kann. Ist etwa in einer Landeskirche wie Württemberg gerade der Pfarrplan einigermaßen geregelt, kommt schon die Verwaltungsreform, danach das Oikos-Konzept der Gebäude, zwischendurch will die Wahl der neuen Gemeindeleitungen bewältigt werden. Und weil das alles sich überlappt, alle Zeit und

Energie frisst, können Betroffene in der Welle von Prozessen untergehen wie Petrus auf dem Meer. Ähnliches gilt für andere Landeskirchen: Wenn Strukturfragen alles dominieren, verlieren zu viele die Lust, sich in der Gemeinde zu investieren. Die Freude an Gott tritt zurück, Beziehungen werden belastet und der große Auftrag Jesu gerät aus dem Blick. Wir nennen das »Strukturfalle«: Die Struktur drängt den Auftrag Jesu und vertrauensvolle Beziehungen nach hinten, es entsteht ein Strukturgefälle.[3]

Herbergen und Gaststätten müssen zumachen, wenn die Gäste ausbleiben. Es nützt nichts, den Speisesaal zu renovieren, wenn das Personal keine Zeit für die Gäste hat. Wenn wir als Kirche uns v.a. mit uns selbst, mit Gebäuden, Stellen und Finanzen beschäftigen, wird die Gesellschaft uns als irrelevant aussortieren. Der holländische Theologe Jan Hendriks sagt: »Ziele können abhandenkommen.« Z.B. wenn die Kirche »selbst von einem Mittel zur Erreichung eines Ziels zum *Ziel an sich* wird.« Oder: »Ziele können auch dann entgleiten, wenn die Erhaltung der Organisation viel Zeit und Energie verlangt, sodass wenig übrig bleibt, um sich den Zielen zu widmen, für die man angetreten ist.« Und wenn sich das Bewusstsein verbreitet, dass das ursprüngliche Ziel nicht zu realisieren ist, geht es plötzlich nur noch um Nebenziele. Hendriks weiß: »Wenn Ziele in den Hintergrund geraten, hat das große Folgen für die Vitalität der Organisation: Die Organisation verliert ihre Dynamik.«[4]

> »Wenn Ziele in den Hintergrund geraten, hat das große Folgen für die Vitalität der Organisation: Die Organisation verliert ihre Dynamik.«
> Jan Hendriks

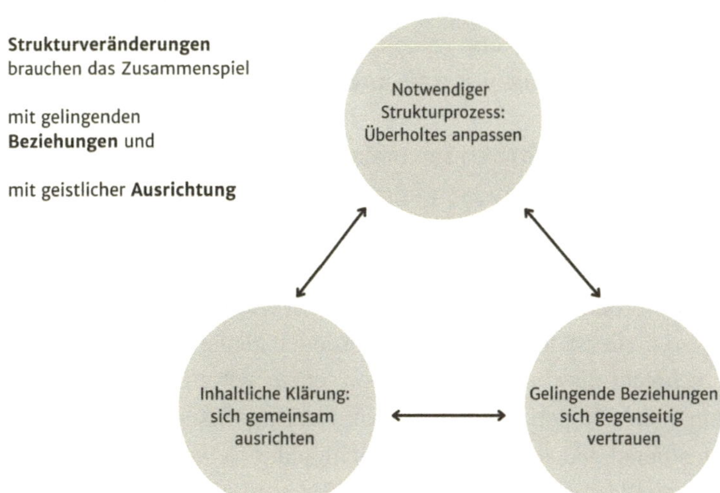

Um das Strukturgefälle zu verhindern, damit **Strukturprozesse** dienen und nicht dominieren, müssen zwei weitere Dimensionen in allen Veränderungsprozessen integriert und gleichwertig bleiben. Jede Strukturveränderung ist angewiesen auf den Aufbau bzw. die Vertiefung gelingender **Beziehungen** zwischen den Beteiligten. Und sie braucht eine parallele inhaltliche Ausrichtung, die neu nach dem gemeinsamen **Auftrag** fragt. Im Detail hängen die drei Faktoren wechselseitig voneinander ab:

Wechselseitige Abhängigkeit im Zusammenspiel

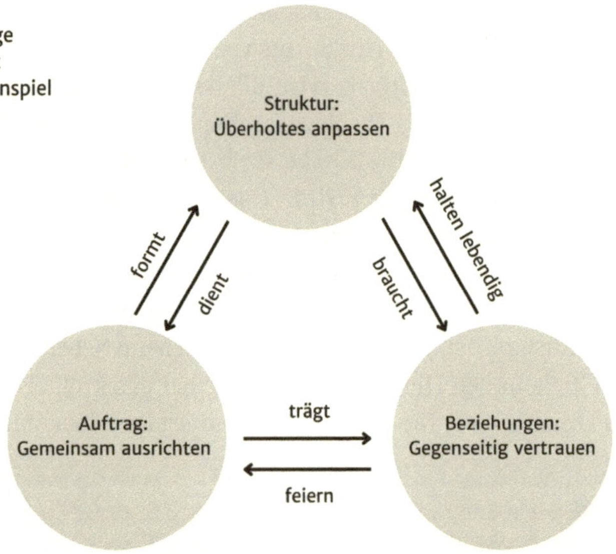

- Der Auftrag formt die **Strukturen**. Was brauchen wir jetzt und hier, was nicht mehr, um das Evangelium zu kommunizieren? Dann **dienen** unsere Strukturen dem Auftrag, wenn sie angepasst werden, weil sich vieles ändert.
- Sinnvolle und nützliche Strukturen brauchen gelingende **Beziehungen**. Menschen ›können‹ miteinander, wenn sie sich verstehen, einigen, wertschätzen. Und gute Beziehungen **halten Arbeitsstrukturen lebendig**: Sie schaffen Freude, Neugier, Motivation.
- Beziehungen werden vom **Auftrag** bestimmt. Er trägt unser Miteinander, nicht nur bzw. zuerst unsere Sympathien oder gemeinsamen Gefühle. Das unterscheidet die Gemeinde Jesu von jedem Verein oder Freundeskreis. Umgekehrt dürfen wir in unserem Auftrag unseren Gott **feiern**: Jeder Gottesdienst, jedes Lied, jede Andacht, jedes Gebet richtet uns neu auf Jesus Christus aus – und damit auch wieder aufeinander.

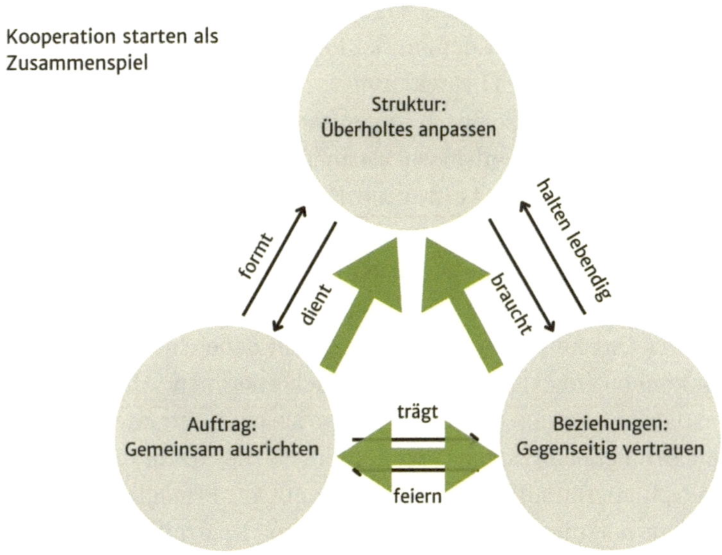

Eine vitale Dynamik entsteht im Wechselspiel zwischen Auftrag (gemeinsame Ausrichtung) und Beziehungen (Vertrauensbildung): Beides ermöglicht dann Raum für veränderte, dienende Strukturen.

Gemeinden und kirchliche Dienste haben eine wunderbare Unterstützung, um als Herberge des Reiches Gottes lebendig zu bleiben: Das Miteinander in der größeren Gemeinschaft der Region. Sie tun einander einen unersetzlichen Dienst: Sie können den Auftrag Jesu, das Ziel der Gemeinde, immer wieder in Erinnerung rufen und nach vorne holen. Häufig gelingt das durch Fragen: Wie habt ihr das gemacht? Was können wir von euch lernen? Dürfen wir euch unterstützen? Da besucht eine Gemeindeleitung eine andere mit drei einfachen Fragen: Was ist euch gelungen? Wo habt ihr eine Sackgasse erlebt? Und was ist eure wichtigste Herausforderung in der nächsten Zeit? Dann tauschen sie sich aus - nach einigen Monaten wiederholen sie es mit gewechselten Rollen.[5]

Alle Gemeinden oder Kirchenbezirke sind frei zu prüfen, ob eine Regel, eine Gewohnheit, eine Vorschrift, ein »Das-war-schon-immer-so« wirklich dem Evangelium dient. Und sie dürfen dann fröhlich etwas anders machen, etwas wagen, ins Risiko gehen. Der große Gärtner Karl Foerster rät: »Fehler des Tuns sind meist heilbringender als Fehler des Lassens.« [6] In vielen Landeskirchen ändert sich das Klima hin zur Fehlerfreundlichkeit, an der Basis und auch bei vielen Kirchenleitungen. Kirchliche Ordnungen sollen nicht ausbremsen, sondern ermöglichen. Rainer Mainusch, leitender Jurist der Landeskirche von Hannover, stellt klar, »dass das Kirchenrecht wie alles Handeln der Kirche dem Zweck dient, die Kommunikation des Evangeliums zu unterstützen. Die Kommunikation des Evangeliums ist kontextbezogen und dialogisch strukturiert. Sie kann also nur gelingen, wenn sie ihr Gegenüber und das jeweilige gesellschaftliche Umfeld von vornherein mit in den Blick nimmt. Und wenn das Kirchenrecht dem Auftrag zur Kommunikation des Evangeliums dient, dann muss für seine Gestaltung dasselbe gelten: Es muss stets die Rahmenbedingungen der Kommunikation des Evangeliums berücksichtigen, und bei Bedarf muss es um der Kommunikation des Evangeliums willen verändert werden.« Die Aufgabe der Landeskirchen dabei sieht er so: »Die Landeskirchen können Innovationen nicht einfach anordnen. Aber sie können dafür günstige Bedingungen schaffen, indem sie ein Kirchenrecht schaffen, das sich als Ermöglichungsrecht versteht. Ein solches Recht fördert eine Kultur der Innovationsfreundlichkeit, die vorrangig auf Ermöglichung, Unterstützung und Vernetzung statt auf Anordnung und Kontrolle setzt.«[7]

Bischof Graham Cray, ehemaliger Leiter der englischen Fresh Expessions of Church – Planungsgruppe, hat schon vor Jahren in Filderstadt den Pionierinnen und Aufbrechenden neuer Formen von Gemeinde eine Erfahrung aus England weitergegeben: »Früher hieß es, der Bischof würde das nie erlauben – heute heißt es: Der Bischof wäre sehr enttäuscht, wenn ihr es nicht versucht hättet«.[8] Wer etwas in Gang bringen will, muss dem Strukturgefälle aktiv widerstehen, um dem Evangelium dienende Strukturen zu ermöglichen.

Anmerkungen

1 Kahneman, Denken. Siehe dazu auch den Beitrag Ansatzpunkt: Schnelle und langsame Kirchenentwicklung in diesem Band.

2 Krause, Gemeinsam.

3 Ausführlicher in Herbst/Pompe, Vertrauen, 48ff.

4 Hendriks, Gemeinde, 135f.

5 Nach einem Vorschlag von Jan Hendriks zur horizontalen Visitation.

6 Dieses Zitat lässt sich leider nicht nachweisen.

7 Mainusch, Kirchenrecht, 93f.

8 Cray, Weg, 69.

Glaubende empowern

Allgemeines Priestertum, transprofessionelle Teams, neue Berufsbilder

Felix Eiffler

Regiolokale Kirchenentwicklung und das allgemeine Priestertum

Die gezielte Verbindung regionaler Strategie mit lokaler Ausgestaltung ist ein integraler Bestandteil regiolokaler Kirchenentwicklung (RLKE). Diese Verknüpfung würdigt die Tatsache, dass kirchliches Leben in vielerlei Hinsicht vor Ort stattfindet, und spielt nicht die regionale gegen die lokale Ebene aus. Um diese Idee von Kirchenentwicklung zu realisieren, bedarf es Menschen, die Verantwortung für die Gestaltung des lokalen gemeindlichen Lebens wahrnehmen – unabhängig davon, ob sie ein (Haupt-)Amt innehaben oder nicht. Angesichts der gegenwärtigen soziodemographischen Entwicklungen dürfte Kirche zukünftig nur dann alltags- und lebensnah zugänglich sein, wenn sie nicht vorrangig hauptamtlich verantwortet und gestaltet wird.

> Angesichts der gegenwärtigen soziodemographischen Entwicklungen dürfte Kirche zukünftig nur dann alltags- und lebensnah zugänglich sein, wenn sie nicht vorrangig hauptamtlich verantwortet und gestaltet wird.

Vielmehr kann dies nur gelingen, wenn Menschen in einer Vielzahl von Funktionen, Rollen und Zugehörigkeiten Verantwortung für die lokalen Ausdrucksformen von Kirche übernehmen. Mit einer Formulierung der Evangelischen Landeskirche Anhalts kann man die Gewinnung, Ausbildung und dauerhafte Unterstützung ›fähiger Ehrenamtlicher‹ als ein zentrales Ziel regiolokaler Kirchenentwicklung beschreiben.[1]

Eine Auseinandersetzung mit RLKE führt also zwangsläufig zu der Frage, wie lokal engagierte Christen für die vor ihnen liegenden Aufgaben befähigt und bevollmächtigt werden können.[2] Diese Fragerichtung korrespondiert mit »der Erwartung von Menschen nach Autonomie und realer Beteiligung im Bereich von Glauben und kirchlichem Leben.«[3] So hat es Friederike Erichsen-Wendt hinsichtlich der Ergebnisse der 6. Kirchenmitgliedschaftsuntersuchung formuliert. Der Wunsch nach realer Beteiligung deckt sich mit der Absicht, den Menschen, die vor Ort leben und sich einbringen, echte Verantwortung zu übertragen – auch strukturell. Diese Perspektive verbindet sich mit dem Begriff Empowerment.[4] Georg Bucher schreibt dazu: »Die Rede von Befähigung und Bevollmächtigung erweist sich insgesamt als Kristallisationspunkt der terminologischen Übertragung [von Empowerment].«[5] Es geht bei Empowerment also um eine doppelte Absicht: Menschen zu befähigen, ihren Glauben und ihr kirchliches Engagement eigenständig zu gestalten und sie zugleich strukturell mit einem robusten Mandat zu realer Beteiligung zu bevollmächtigen.

Es geht bei Empowerment also um eine doppelte Absicht: Menschen zu befähigen, ihren Glauben und ihr kirchliches Engagement eigenständig zu gestalten und sie zugleich strukturell mit einem robusten Mandat zu realer Beteiligung zu bevollmächtigen.

Empowerment bedeutet in dieser Hinsicht also die gezielte fachliche Befähigung (bzw. die Wahrnehmung und Förderung der bereits vorhandenen Fähigkeiten) sowie die strukturelle Bevollmächtigung der Glaubenden am Ort ihres Christseins und ihres kirchlichen Engagements.[6]

Denkt man über die Verantwortung unterschiedlicher Christen für ihren Glauben und ihre Gemeinde nach, so lenkt dies den Blick auf die theologische Figur des allgemeinen Priestertums.[7] Damit wird Christsein in »seiner ekklesiologischen Dimension«[8] beschrieben und meint vorrangig »das Priestertum des einen für den anderen und damit ›gegenseitiges‹ Priestertum«[9] im Kontext von Kirche und Gemeinde.

Laut Hans-Martin Barth ist das allgemeine Priestertum nur dann »voll beschrieben, wenn es auch als das gegenseitige und schließlich als das gemeinsame Priestertum der Glaubenden zur Geltung kommt.«[10] Dahinter steht die Annahme, dass jeder glaubende Mensch zum priesterlichen Dienst des

Gebets und der Zeugenschaft befähigt und bevollmächtigt ist. Dass es sich dabei nicht nur um ein Tun, sondern vor allem ein Sein handelt, unterstreicht die Beschreibung des allgemeinen Priestertums »als Lebensform«[11]. Ein bedeutender biblischer Haftpunkt für diese Figur ist 1Petr 2,1–10. Dort steht:

> »Hört also auf mit aller Bosheit und allem Betrug, mit Heuchelei, Neid und aller üblen Nachrede. Wie neugeborene Kinder nach Milch schreien, sollt ihr nach dem echten Wort verlangen. Dadurch wachst ihr im Glauben heran, sodass ihr gerettet werdet. Denn ihr habt ja bereits schmecken dürfen, wie gut der Herr ist. Kommt her zu ihm! Er ist der lebendige Stein, der von den Menschen verworfen wurde. Aber bei Gott ist er erwählt und kostbar. Lasst euch auch selbst als lebendige Steine zur Gemeinde aufbauen. Sie ist das Haus, in dem Gottes Geist gegenwärtig ist. So werdet ihr zu einer heiligen Priesterschaft und bringt Opfer dar, in denen sein Geist wirkt. Das sind Opfer, die Gott gefallen, denn sie sind durch Jesus Christus vermittelt. Deshalb heißt es in der Heiligen Schrift: ›Seht, ich lege auf dem Berg Zion einen ausgewählten, kostbaren Grundstein. Wer an ihn glaubt, wird nicht zugrunde gehen.‹ Für euch ist er kostbar, weil ihr an ihn glaubt. Aber für diejenigen, die nicht an ihn glauben, gilt: Der Stein, den die Bauleute verworfen haben, ist zum Grundstein geworden. Er ist ein Stein, an dem man Anstoß nimmt, und ein Fels, über den man stolpert. Sie stoßen sich an ihm, weil sie dem Wort keinen Glauben schenken. Doch genau dazu sind sie bestimmt. Aber ihr seid das erwählte Volk: eine königliche Priesterschaft, ein heiliges Volk, eine Gemeinschaft, die in besonderer Weise zu Gott gehört. Denn ihr sollt die großen Taten Gottes verkünden. Er hat euch nämlich aus der Finsternis in sein wunderbares Licht gerufen. Ihr, die ihr früher nicht sein Volk wart, seid jetzt Gottes eigenes Volk. Ihr, die ihr früher kein Erbarmen fandet, erfahrt jetzt seine Barmherzigkeit.« (Basisbibel)

Der Greifswalder Neutestamentler Christfried Böttrich macht mit Blick auf den zitierten biblischen Text einige anregende Beobachtungen, die unserer Fragestellung dienen.[12] Ähnlich wie Barth betont Böttrich, dass ›Priesterschaft‹ »für ein Kollektiv [steht], nicht für ein Amt.«[13] Diese Befähigung und Bevollmächtigung ereignet sich folglich als ein gemeinschaftlicher Vorgang und hat in der Gemeinschaft der Glaubenden ihren Ort und Kontext. Dies schließt die individuelle Ebene keineswegs aus – im Gegenteil.[14] Die Voraussetzung zur Anteilnahme am priesterlichen Dienst ist die eigene Zugehörigkeit zu Christus: »Menschen bringen sich selbst als Opfergabe Gott dar und werden so zu seinem Eigentum. Sie vollziehen gleichsam einen priesterlichen Dienst an sich selbst und übereignen sich Gott.«[15]

Die individuelle Dimension[16] gilt es zunächst in den Blick zu nehmen und zu fragen: Wie können Christen befähigt werden, sich selbst (immer wieder neu) Christus anzuvertrauen und die Initiative sowie Verantwortung für ihren Glauben zu übernehmen? Was hilft ihnen dabei? Wer leitet sie dazu an und begleitet sie darin? Hier berühren sich zwei Dimensionen von Empowerment: Die *reflexive* Dimension zeichnet sich durch »Selbst-Bemächtigung und [...] Selbst-Aneignung von Lebenskräften«[17] aus. Folglich geht die Initiative von den Menschen aus, die selbst die Verantwortung für ihren Glauben und dessen Gestaltung übernehmen. Damit verbunden ist das Bemühen um eine Befreiung von Bevormundung durch Expertinnen und Experten als Handlung eines mündigen Subjekts. Die *transitive* Dimension von Empowerment hingegen betont »Aspekte des Ermöglichens, der Unterstützung und der Förderung von Selbstbestimmung durch andere.«[18] Hier handelt es sich also um professionelle Unterstützung, welche in einer Assistenzfunktion Glaubende darin unterstützt, eigenverantwortlich zu glauben und sich kirchlich zu beteiligen.

Spiritualität als Ausdruck und Ressource des allgemeinen Priestertums

Ein Nachdenken über die individuelle Dimension berührt also zunächst Fragen persönlicher Glaubenspraxis und Spiritualität. Im Blick auf die Glaubenden, an die der 1Petr adressiert ist, schreibt Böttrich: »Sie widmen sich einer Aufgabe, die sie auszeichnet: nämlich mit ihrem Leben in geradezu priesterlicher Weise Zeugen der Zuwendung Gottes zu allen Menschen zu sein [...]. Eine ihrer wichtigsten Ressourcen aber ist ihre Spiritualität, die aus dem Bild einer ›heiligen, königlichen Priesterschaft‹ erwächst, deren Gottesdienst das gesamte Leben durchdringt und frei bleibt von allen Fragen nach Erfolg oder Effizienz.«[19] Spiritualität stellt eine Ressource zur Wahrnehmung und Gestaltung der priesterlichen Rolle dar, die das ganze Leben prägt. Die enge Verbindung von allgemeinem Priestertum und Spiritualität wird nicht zuletzt beim Gebet deutlich: Gebet ist Ausdruck der Beziehung zu sowie der Kommunikation mit Gott und zugleich ist Gebet als Fürbitte ein priesterlicher Dienst, welcher Menschen der Güte und Gnade Gottes anvertraut.

Mit Blick auf 1Petr 2,9 (»Denn ihr sollt die großen Taten Gottes verkünden.«) schreibt Böttrich: »Der Gedanke ist schlichter: Gott tut den Menschen Gutes. Und genau darum geht es hier: [...] um die Präsenz Gottes in alltäglichen Lebensvollzügen.«[20] Diese Darstellung kann als Beschreibung für Spiritualität dienen: Die Präsenz Gottes in alltäglichen Lebensvollzügen wahrzunehmen. Die Aufmerksamkeit auf den gegenwärtigen Gott richten und lernen, seine Nähe wahrzunehmen. Am Schluss des Briefes lenkt der Autor den Blick auf die stärkende und aufrichtende Gegenwart Gottes und die Zuversicht, dass die entscheidende Stärkung von Gott selbst kommt: »Der Gott aller Gnade aber, der euch berufen hat zu seiner ewigen Herrlichkeit in Christus, der wird euch, die ihr eine kleine Zeit leidet, aufrichten, stärken, kräftigen, gründen.« (1Petr 5,10).

Böttrich identifiziert Spiritualität als Ressource für Resilienz[21], die Menschen auch unter schwierigen Bedingungen aufrichtet und neu ausrichtet.[22] Mit Blick auf das Leben von Simon Petrus[23] schreibt er: »Solche Resilienz verdankt Simon Stein nicht etwa der robusten Natur der galiläischen Fischer, sondern allein der Fürbitte Jesu. Seine wichtigsten Ressourcen sind die Beziehung zu Jesus und die feste Einbindung in die Gemeinschaft der Schüler und Schülerinnen.«[24]

»Solche Resilienz verdankt Simon Stein nicht etwa der robusten Natur der galiläischen Fischer, sondern allein der Fürbitte Jesu. Seine wichtigsten Ressourcen sind die Beziehung zu Jesus und die feste Einbindung in die Gemeinschaft der Schüler und Schülerinnen.«
Christfried Böttrich

Mit der Fürbitte Jesu wird eine Form göttlichen Empowerments beschrieben. Zugleich wird deutlich, dass sich Spiritualität nicht auf die individuelle Ebene reduzieren lässt. Böttrich führt weiter aus: »Simon Stein erweist sich als beziehungsfähig; er ›stärkt die Brüder‹ (Lk 22,32), was dann andere zu gleicher seelsorgerlicher Tätigkeit ermutigt.«[25] Hier wird das priesterliche Handeln um die Dimension der Seelsorge erweitert. Interessanterweise verwendet Lukas hier dasselbe Wort, das in 1Petr 5,10 für ›stärken‹ verwendet wird. Es bedeutet so viel wie festmachen, befestigen, stärken und beständig machen.[26] Man kann dies als gegenseitiges Empowerment der allgemeinen Priester verstehen, was die kollektive Ebene fokussiert.

Spannend ist, dass Simon diese Aufgabe als ein angefochtener und gezeichneter Mensch wahrnimmt. Empowerment bedeutet nicht, dass die vermeintlich Starken die vermeintlich Schwachen aufrichten. Es gehört zu den zentralen Themen biblisch-christlicher Tradition und Spiritualität, dass in menschlicher Schwäche sowohl Bedarf als auch Potenzial für Empowerment durch Gott und durch andere Menschen liegt.[27] Nicht zuletzt ist die Verletzlichkeit des Menschen als »›innere‹ wie ›äußere‹ Vulnerabilität die bleibende Notwendigkeit von Empowerment als ›Assistenz‹-Prozess.«[28] Michael

Domsgen entdeckt in der Wahrnehmung menschlicher Verletzlichkeit (sowie der Fähigkeit, andere zu verletzen) einen Beitrag zu einer »realistischen und geradezu unerlässlichen ›Erdung‹ der Stärkenorientierung«[29], die vor einer allzu einseitigen Wahrnehmung von Empowerment schützt. Wenn Empowerment als Assistenz-Prozess beschrieben wird, unterstreicht dies, dass Empowerment eine gemeinschaftliche Dimension besitzt und Menschen anderer bedürfen, um Empowerment zu erfahren. Hier verschränkt sich die individuelle und die kollektive Ebene sowie die reflexive und die transitive Dimension von Empowerment-Prozessen.

Gehilfen der Freude

Die transitive Dimension von Empowerment-Prozessen lenkt den Blick auf die kollektive Ebene sowie auf pastoraltheologische Aufgaben und die Rolle kirchlicher Angestellter. In regiolokaler Hinsicht werden die Rollen und Aufgaben derer, die ein kirchliches Hauptamt bekleiden, vorrangig als Assistenzfunktion[30] wahrgenommen. Ganz nach dem Motto: »Nicht dass wir Herren wären über euren Glauben, sondern wir sind Gehilfen eurer Freude; denn ihr steht im Glauben.« (2Kor 1,24). Diese Perspektive beschreibt hauptamtlich Mitarbeitende als Gehilfen der Freude, als Assistentinnen der Glaubenden, die sie darin unterstützen, mündig und selbstbestimmt ihrem Glauben an Jesus Christus Ausdruck zu verleihen, eine lebendige Spiritualität einzuüben und ihrerseits wieder andere darin zu unterstützen. Dass dem Glauben hier eine zentrale Rolle zukommt, ist kein Zufall. Mit Blick auf den Text aus 1Petr 2,1–10 entdeckt Böttrich: »Die Fremdlinge im gesellschaftlichen Abseits, die sich als heilige Priesterschaft mit einem großen Auftrag verstehen – die haben nach dem 1Petr ihr Gravitationszentrum im Glauben. [...] Am Glauben entscheiden sich Zugehörigkeit oder Nichtzugehörigkeit zu jenem ›Haus aus lebendigen Steinen‹.«[31] Durch den Glauben wird der oder die einzelne in den Bau integriert »und gewinnt dort Orientierung, Zugehörigkeit, Rückhalt und Beheimatung.«[32] Glauben ist Vertrauen und solches »Vertrauen erweist sich auch in der frühen Christenheit als einzig angemessene Antwort auf die Zuwendung Gottes in Jesus Christus, so dass Glaube fortan eine zentrale Stellung erlangt.«[33]

Laut Eberhard Jüngel führt Glaube, als Reaktion auf Gottes liebevolle Zuwendung, zur Freude, welche die christliche Gemeinschaft bestimme und in die Gegenwart als Präsenz führe: Die »Versammlung der Glaubenden [ist] durch Freude bestimmt [...]. Freude aber läßt sich nicht steigern. Sie steigert vielmehr selber die flüchtige Gegenwart zu wahrer Präsenz. In der Regel erfahren wir die Gegenwart nur als ein flüchtiges Jetzt, das gerade nicht gegenwärtig zu sein vermag: es vergeht im Nu. In der Freude aber wird sich die Gegenwart selber gegenwärtig. Und in der besonderen Freude der als Gemeinschaft der Glaubenden versammelten Heiligen wird deren Gegenwart durch die Präsenz Jesu Christi sich selber so gegenwärtig, daß sie ihn und sich selber als kopräsente Personen zu entdecken und zu bejahen vermögen.«[34] Die Gemeinschaft der Glaubenden miteinander und mit Christus hat ihren zentralen Ort in der Eucharistie, und strahlt von dort auch auf andere Orte aus – als die Präsenz Gottes in alltäglichen Lebensvollzügen. Folglich ist mit dem Abendmahl ein, wenn nicht das zentrale Geschehen christlicher Spiritualität, benannt, und dieses ereignet sich gemeinschaftlich.[35]

Solchen Glauben als Zugehörigkeit zu Christus und seiner Gemeinde als einem ›Haus aus lebendigen Steinen‹ zu fördern, ist die vorrangige Aufgabe derer, die im kirchlichen Verkündigungsdienst angestellt sind.[36] Dies beschränkt sich keineswegs auf die Menschen im Hauptamt, sondern betrifft ebenso ehrenamtliche Prädikantinnen und Lektoren. Bezüglich eines Empowerments sind die genannten Personen als »Fachkräfte [...] gefordert, sich als Moderator und Katalysator von Prozessen der Selbstbemächtigung zu verstehen und nicht als Experten, die eine passende Lösung anbieten können.«[37] Eine Beschreibung von kirchlich beauftragten Personen als Moderatorinnen und Katalysatoren von Empowerment-Prozessen kann durchaus als Neuausrichtung kirchlicher Ämter begriffen werden. Hinsichtlich eines Empowerments der lokal Engagierten geht es darum, »die Menschen ›vor Ort‹ [zu] ermutigen und [zu] befähigen, ihre Stimme zu erheben, ihre (raum- und alltagsbezogenen) Bedürfnisse zu artikulieren, eigene Ressourcen zu entdecken und ihre Lebens- [bzw. Gemeinde]-verhältnisse gemäß der eigenen Interessen zu gestalten.«[38]

Ein anschauliches Beispiel, wie dies aussehen kann, stammt aus der Evangelischen Kirche in Mitteldeutschland: Im Rahmen der wissenschaftlichen Begleitung der Erprobungsräume hat das Sozialwissenschaftliche Institut der EKD eine Fokusuntersuchung durchgeführt, die danach gefragt hat, inwiefern innovatives kirchliches Handeln die bereits etablierten kirchlichen Strukturen prägt und bereichern kann. Eine Erkenntnis, die für das Thema dieses Beitrags relevant ist, besteht darin, dass sich die Rolle der Ehrenamtlichen im Kirchenkreis verändert hat: Ermutigt von dem Beispiel selbstbewusster Ehrenamtlicher in dem Erprobungsraum übernehmen auch Ehrenamtliche aus den parochialen Kirchengemeinden mehr Verantwortung für ihre Gemeinde (›Ownership‹) und treten selbstbewusster gegenüber den hauptamtlichen Mitarbeitenden auf.[39] Damit dies gelingt, bedarf es einer intensiven und kontinuierlichen Kommunikation sowie einer strategischen Kooperation zwischen den verschiedenen strukturellen Ebenen und Personengruppen.

Oversight-Ministry in der Church of England

In der *Church of England* gibt es bereits Erfahrungen mit neuen Rollen und Funktionen des (ordinierten) kirchlichen Amtes sowie einem neuen Miteinander von haupt- und ehrenamtlich Engagierten. Das Projekt *Myriad* am *Gregory Center for Church Multiplication* in London verfolgt folgende Vision: »Myriad exists to serve this vision, with a particular focus on the question of how to enable lay people to plant new church communities alongside, and in partnership with, the established parish churches and dioceses of the Church of England.«[40] Im Zuge der Pflanzung neuer Gemeinden, die von sog. *Lay Planters*[41] initiiert und geleitet werden, hat sich die Wahrnehmung und Ausgestaltung des ordinierten Priesteramtes verändert.

Im Herbst 2021 wurde eine Studie durchgeführt, in deren Vollzug 20 *Lay Planters* interviewt wurden. Hinsichtlich des Themas Empowerment sind diese zentralen Ergebnisse[42] relevant:

- Die Unterstützung, Anleitung und Begleitung der *Lay Planters* durch Hauptamtliche als *champions* (Wegbereiter/Ermöglicherin), *mentors* (Mentoren/Ausbilderin), und *coaches* (Trainer/Lehrerin) spielt eine entscheidende Rolle bei der Wahrnehmung ihrer Aufgabe.
- Die Führungsqualitäten der *Lay Planter* sind ein entscheidender Faktor dafür, dass sie ihre Aufgabe erfüllen können. Es erweist sich als Vorteil, wenn Laien durch die Kirche oder andere Einrichtungen gefördert und weitergebildet und ihnen Fähigkeiten sowie Verständnis für Führungsaufgaben vermittelt werden.
- Die spirituell-geistlichen Grundlagen der Arbeit (allen voran das Gebet in unterschiedlichen Varianten) wurden durch die Studie als entscheidende Ressourcen identifiziert.
- Die Prinzipien von Konvivenz und Verletzlichkeit sind kennzeichnend für die Initiativen. Die Mehrheit der *Lay-Planters* lebt in unmittelbarer Nähe von bzw. zusammen mit denjenigen, denen sie dienen und die sie erreichen wollen.

Die zunehmende Übertragung der Verantwortung für lokale Gründungen und Initiativen in die Hände von freiwillig engagierten Laien hat zu einer Neujustierung des ordinierten Priesteramtes geführt: Die geistliche Verantwortung für die neuen Gemeinden liegt weiterhin bei den Priesterinnen und Priestern. Diese Aufgabe nehmen sie vorrangig in Form von Begleitung und Supervision der Laien wahr. Dabei lassen sich zwei Phasen mit verschiedenen Aufgaben unterscheiden.

Die erste Phase kann so skizziert werden: Vor einer Gründung bzw. in der Vorbereitung einer solchen besteht die entscheidende Aufgabe der Ordinierten darin, den Laien die Möglichkeit zu geben, sich selbst (mittel- bis langfristig) zu engagieren und sie dazu zu ermutigen sowie darin zu begleiten:

> »Ministry opportunities from ordained leaders: This was one of the single most influential factors in shaping the calling of the Lay Planter. More than 50% of those interviewed described how their journey to church planting originated with some form of informal pathway of ministry opportunities, often with increasing levels of responsibility, curated by a parish priest, diocesan or Christian leader.«[43]

Neben der Eröffnung von Möglichkeiten, sich zu engagieren, besteht eine weitere wichtige Aufgabe der Hauptamtlichen darin, die Gaben, das Potenzial und die Berufung möglicher *Lay Planters* zu entdecken und zu fördern. Viele Laien berichten, dass sie von sich aus nicht auf die Idee gekommen wären, eine Gemeinde zu pflanzen, dass aber die Ermutigung durch ihre Priesterin, diese Perspektive eröffnet hat. Sich in einem geschützten Rahmen auszuprobieren und zunehmend Verantwortung zu übernehmen, waren wichtige Rahmenbedingungen, die von den Interviewten genannt wurden. Ein Gründer-Paar beschreibt, wie sie als Jugendliche Kirche erlebt haben: »Everyone was involved. [...] we just never felt like church was a thing other people did for us.«[44] Dieses Verständnis von Kirche wurde als befähigend und bevollmächtigend erlebt und Ordinierte hatten großen Einfluss darauf, diese Vorstellung von Kirche zu vermitteln. Die Bildung einer fehlerfreundlichen und beteiligenden Kultur (›culture of permission‹) wurde nicht zuletzt als Aufgabe hauptamtlich Mitarbeitender identifiziert.

Nachdem eine Gemeinde gepflanzt worden ist, ändert sich die Aufgabe der Ordinierten und die zweite Phase beginnt: »As the lay-led plants move from preparation to action, the role of the mentor shifts from discernment towards focusing on supportive oversight and a ›broker‹ role in navigating relationships and overcoming barriers.«[45] Die Ordinierten fungieren zunehmend in einer Rolle als Vermittlerinnen (*broker/mediator*) zwischen den Ebenen kirchlicher Verwaltung und den Laien und ihren lokalen Initiativen: »We didn't even know what the diocese was, we just got on with the business of building the church and discerning what God was saying.«[46] Zudem werden die Ordinierten als *champions* beschrieben. *Champion* meint, dass sie stellvertretend für die Laien Kämpfe und Konflikte austragen und ihnen somit den Weg bereiten, ihrer Berufung und ihrer Aufgabe nachzukommen, denn: »you are a nobody in the diocese if you are not ordained.«[47]

Ein grundlegender Paradigmenwechsel, der sich im Lauf der Zeit einstellte, bestand darin, dass es weniger darum ging, Laien eine reale Beteiligung zu erlauben oder eine neue Pflanzung zu initiieren, sondern vielmehr wahrzunehmen, was diese Menschen können und wozu sie begabt und berufen sind und sie darin zu fördern und zu bevollmächtigen. Zugleich berichteten zahlreiche Teilnehmende der Studie, dass sie auf ›disempowernde‹ Strukturen trafen, die vieles erschwerten oder sogar verunmöglichten. Eine Person berichtet: »We're invisible in the diocese.«[48] Zudem können fehlende formale Autorität[49] sowie unpassende Strukturen[50] Hindernisse darstellen.

Nachdem die Rollen der Priesterinnen und Priester als Ermöglichende (›permission giver‹) und Wegbereitende identifiziert worden sind, stellt das Autorenteam der Studie einige wichtige Fragen, die sich daran anschließen: »What enabled these clergy to act in this way when others do not feel able to? How can they be equipped to delegate and empower others and to know that they have permission to be ›permission givers‹? What training and support will clergy need to fulfil this role as ›champion‹?«[51] Um diesen Herausforderungen zu begegnen und die Priesterinnen und Priester auf ihre (neuen) Aufgaben vorzubereiten, hat *Myriad* sog. *Oversight-Ministry-Courses* eingerichtet, in denen Ordinierte (und andere) lernen, wie ein *Oversight-Ministry* funktioniert und wie sie selbst andere ermutigen, anleiten, befähigen und bevollmächtigen können.[52] Zusammenfassend lässt sich festhalten, dass die skizzierten Prozesse Zeit brauchen, da sie komplex sind: »However, the evolving relationship from dependence and integration to inter-dependence and self-identity is a complex one.«[53]

Ökumenische Erkenntnisse für das Empowerment Glaubender

Die englische Studie ist eine empirische Bestätigung der zentralen Rolle von Spiritualität als Ressource für Resilienz, wie sie Christfried Böttrich mit Blick auf 1Petr 2,1–10 ausführt. Eine Ermutigung und Anregung zu einem von geistlichen Praktiken geprägten Leben sowie eine Förderung spiritueller ›Fertigkeiten‹ ist demnach eine vorrangige Aufgabe, wenn man engagierte Glaubende fördern möchte. Diese Förderung geschieht zumeist durch andere

Glaubende und häufig besonders durch hauptamtliche Mitarbeitende, die sich und ihre professionellen Kompetenzen für Beratung und Begleitung zur Verfügung stellen.

Das Ziel hauptamtlicher Unterstützung besteht also in der Förderung mündiger, selbstverantworteter Spiritualität der lokal Glaubenden in den verschiedenen Rollen: Mitglied im Kirchengemeinderat, Leitung eines Arbeitsbereiches, punktuell engagierte Person oder (aktuell) nicht engagierte Menschen (Kirchenmitglied oder auch Nichtmitglieder), die sich aber mit der Gemeinde identifizieren und in Kontakt mit ihr stehen. Hier gilt es, Menschen im Sinne einer Subjektorientierung darin zu fördern, eigenständig ihren Glauben und dessen Ausdrucksformen zu gestalten und für Pflege und Erhalt dessen sowie Wachstum im Glauben selbst Sorge zu tragen. Die Hauptamtlichen haben hier am ehesten eine Assistenzfunktion, die wahrnimmt, was da ist und anbietet, was förderlich ist sowie ggf. korrigierende oder perspektiverweiternde Alternativen nennt.

Eine weitere Lernerfahrung aus England besteht darin, dass unterschiedliche Phasen der Mitarbeit auch unterschiedliche Formen der Begleitung und Unterstützung bedürfen: Einer intensiveren Beteiligung von Laien am kirchlichen Leben ging zumeist eine Phase der Wahrnehmung von Begabungen und Fähigkeiten der Laien durch die Hauptamtlichen voraus. Nach der Phase einer angeleiteten (oder initiieren) Vorbereitung wechselt die professionelle Rolle, sobald Laien sich real beteiligen und Verantwortung übernehmen. Nach einer Zeit der (eher) individuellen Exploration und Ermutigung wandelt sich die Begleitung hin zur Vermittlung zwischen verschiedenen (kirchlichen) Ebenen und struktureller Förderung der Person und ihrer Initiative innerhalb des Systems. Diese alternierenden Rollen gilt es zu gestalten und die Hauptamtlichen ihrerseits auf die Wahrnehmung der damit verbundenen Funktionen vorzubereiten und so einen Beitrag zur »Erprobung des Priestertums aller Gläubigen«[54] zu leisten.

Neben der individuellen Begleitung durch einen hauptamtlichen Mitarbeitenden gibt es in den verschiedenen Diözesen der *Church of England* verschiedene regionale und überregionale Netzwerke und Angebotsstrukturen zur Begleitung von Laien.[55]

Für den deutschen Kontext wäre es sicher sinnvoll, solche Begleit- und Förderstrukturen auf Ebene von Landeskirchen bzw. Kirchenkreisen zu organisieren. Dabei ließe sich an bestehende Strukturen und Formate anknüpfen. Manches müsste wiederum neu entwickelt und initiiert werden. Dies würde die lokale und regionale Ebene entlasten und einen gemeinsamen Qualitätsstandard ermöglichen. Wichtig ist hier zu betonen, dass es solche

Strukturen sowohl für Laien als auch für Hauptamtliche braucht. Was begleitende Weiterbildung in England angeht, wurde diese dann am hilfreichsten eingeschätzt, wenn sie zeitlich und situativ passend war: »The key point here is that formal training is at its most useful, when it is timely and tailored to the specific need, with immediate application.«[56] Viele Laien berichten, dass ein *›on the job‹ training* am nützlichsten sei (»just in time, not just in case«[57]).

Das Empowerment lokal engagierter Glaubender als Förderung inter- und transprofessioneller Teams

Bei der Beschreibung kirchlicher Berufe und kirchlichem Engagements hat Christian Grethlein bereits 2018 eine allzu starke Fokussierung auf das Pfarramt kritisiert und eine umfassendere Wahrnehmung kirchlichen Handelns in der Vielfalt kirchlicher Berufsgruppen sowie ehrenamtlich Engagierter gefordert. Sowohl vor dem Hintergrund einer Theorie der Kommunikation des Evangeliums[58] als auch im Bereich diakonischen Handelns stünden laut Grethlein allgemeines Priestertum und Pfarrberuf in einem »unauflöslichen Wechselverhältnis«, welches es auch berufs- und professionstheoretisch darzustellen gelte.[59]

Eine Möglichkeit, dieses unauflösliche Wechselverhältnis zu beschreiben, besteht im Empowerment freiwillig Engagierter durch hauptamtlich Angestellte. Ein solches Empowerment leistet wiederum einen eigenen Beitrag zur Entstehung und Entwicklung multi- bzw. inter- oder transprofessioneller Teams[60], indem es die Perspektive über kirchliche Berufe und Professionen hinaus weitet und die zahlreichen beruflichen sowie semiprofessionellen Kompetenzen der lokal engagierten Glaubenden berücksichtigt und für Fragen von Kirchen- und Gemeindeentwicklung fruchtbar zu machen sucht. Eine wichtige Perspektive, die das Empowerment-Paradigma hier einträgt, ist die Frage nach Macht und Ohnmacht sowie nach sichtbaren oder verdeckten Machtstrukturen. In einem neuen und vermutlich stetig neu zu justierenden Miteinander verschiedener Berufs- und Statusgruppen sowie Professionalitäten ist eine Auseinandersetzung mit Fragen nach institutionalisierter Macht, Status, Anerkennung, Erwartungen, Mandaten und Machtstrukturen geboten.[61]

Inhaltlicher Bezugspunkt zur Definition multiprofessioneller Teams ist die jeweilige Professionalität der Personen, die in einem Team zusammenarbeiten. Professionalität kann als »Handlungskompetenz« verstanden werden, »die u.a. handlungsrelevantes Wissen, lösungsorientierte Routinen sowie für das Handlungsfeld relevante Werthaltungen verbindet.«[62] Dieses Konzept ist offen für ehrenamtliches Engagement. Gunther Schendel schlägt vor, den Begriff »auf die Zusammenarbeit von Menschen unterschiedlicher Professionalitäten zu beziehen und diese Teams damit nicht a priori auf das berufliche Feld zu beschränken.«[63] Er schlussfolgert: »So würden diese Teams z. B. auch ›semiprofessionellen‹ Ehrenamtlichen wie Prädikant*innen oder den Mitarbeitenden der Telefonseelsorge offenstehen.«[64] Neben den genannten semiprofessionellen Mitarbeiterinnen (die im Fall von Prädikanten in einigen Landeskirchen ordiniert werden), ist eine Ausweitung solcher Teams um Ehrenamtliche ohne spezifische kirchliche Weiterbildung angezeigt, da es die Vielfalt professioneller Kompetenzen deutlich ausweitet. So könnten bspw. Erzieher und Lehrkräfte pädagogische Kompetenzen, Personen aus der Wirtschaft personalentwickelnde sowie strategische Kompetenzen und Menschen aus dem Non-Profit-Bereich Kompetenzen zur Akquise und Verwaltung von Finanzen einbringen. Zudem könnten Personen aus der öffentlichen Verwaltung Zugang zu nichtkirchlichen Netzwerken eröffnen etc.

In einem Vergleich fünf verschiedener landeskirchlicher Reformprozesse[65] wird deutlich, dass eine strategisch-strukturelle Einbindung Ehrenamtlicher allein in der Landeskirche Anhalts vorgesehen ist, denn hier sind im Rahmen eines Verbundsystems verschiedener Kirchengemeinden und Gruppen von angestellten Mitarbeitenden die ehrenamtlichen Personen in den Kirchengemeinderäten in den weiterhin selbstständigen Gemeinden für das geistliche Leben vor Ort zuständig. Hier zeigen sich Parallelen zu Überlegungen regiolokaler Kirchenentwicklung.[66] Mit Blick auf die Erprobungsräume in Österreich formulieren Florian Karcher und Daniel Wegner folgende These zur Arbeit multiprofessioneller Teams: »Nicht räumliche Zuordnung oder Profession, sondern eine gemeinsame Vision ist wesentlicher Faktor für gelingende und innovative Dienstgemeinschaften als vielfältige multiprofessionelle Teams.«[67]

»Nicht räumliche Zuordnung oder Profession, sondern eine gemeinsame Vision ist wesentlicher Faktor für gelingende und innovative Dienstgemeinschaften als vielfältige multiprofessionelle Teams.«
Florian Karcher und Daniel Wegner

Diese Beobachtung lenkt den Blick auf inhaltliche Aspekte: Neben der Notwendigkeit und Zweckmäßigkeit sowie der lokalen und professionsspezifischen Sinnhaftigkeit multiprofessioneller Teams zeigen die Autoren, dass eine inhaltliche und strategische Profilierung (»Vision«) wesentlich zur Entwicklung gelingender und innovativer Dienstgemeinschaften beiträgt. Diesen Aspekt gilt es zu berücksichtigen und idealerweise mit strukturellen Notwendigkeiten und Zweckmäßigkeiten zu verbinden.

Das in diesem Abschnitt skizzierte Miteinander der verschiedenen Personen in regiolokaler Perspektive lässt sich am ehesten mit dem Begriff inter- und transprofessionell beschreiben[68]. Interprofessionalität beschreibt folgendes Miteinander: »Akteur*innen verschiedener Professionalitäten arbeiten an derselben Aufgabe zusammen, unter Austausch der jeweiligen professionellen Perspektiven. Die Logik ist die einer kontextuell angelegten Auftragsorientierung.«[69] Transprofessionell ist das beschriebene Vorgehen deshalb, da hier die handelnden Personen »ihre Rollengrenzen überschreiten« und ihre »Rollengrenzen implizit oder explizit neu aushandeln.« Folglich gilt: »Statt historisch geprägter Berufsprofile und Hierarchien stehen jetzt Kompetenzen [und Gaben – FE] im Vordergrund.«[70] Die zu bewältigende Aufgabe wird als gemeinsame Aufgabe aller wahrgenommen und zuerst wird gefragt, wer unter den spezifischen Bedingungen den sinnvollsten Beitrag leisten kann/will und nicht, wer ›zuständig‹ ist.[71] Eine derartige Einbindung ehrenamtlich Engagierter ist eine eigene Form des Empowerments, nämlich die strukturelle Bevollmächtigung.

Fazit: Empowerment lokal engagierter Glaubender als Frage des Zutrauens

Die gemeinsame Orientierung am Auftrag und die Frage nach Begabung und Kompetenz statt nach Zuständigkeit berührt letztlich zentrale Ausdrucksformen christlichen Lebens und kirchlichen Handelns. Denkt man die Befähigung und Bevollmächtigung der vor Ort engagierten Glaubenden zu Ende, wird man um die Frage nach Gottesdienst und Feier der Sakramente nicht herumkommen – mindestens hinsichtlich der Feier des Abendmahls. Dies berührt einen zentralen Ort christlicher Spiritualität und kirchlicher Gemeinschaft (siehe oben).

Eberhard Winkler schrieb bereits 1987 Folgendes dazu:

> »Nehmen wir das Beispiel der zehn Christen in einem Dorf! Muß der nächste Pfarrer 20 km zu ihnen fahren, um mit ihnen das Abendmahl zu feiern? Warum kann nicht einer der Zehn die Mahlfeier leiten? Weil jeder rite vocatus sein muß, der diesen Dienst tut? Das ist richtig, aber warum kann

> nicht jemand aus der Gruppe rite berufen werden? Dazu bedarf es der Ausbildung, wird man einwenden, weil sonst nicht gewährleistet ist, daß das heilige Mahl stiftungsgemäß gefeiert wird. Natürlich sage ich nichts gegen eine gediegene Ausbildung, aber es gibt eine Bildung durch geistliches Leben, die auch ohne viel Theorie zum Dienst befähigt. Ob unter den zehn Christen im Dorf N. jemand diese Qualifikation mitbringt? Entscheidet das der 20 km entfernte Pfarrer oder ein noch entfernterer höherer Amtsträger? Oder trauen wir den zehn Christen die Entscheidung zu?«[72]

Die abschließende Frage Winklers veranschaulicht, dass ein Nachdenken über die Bevollmächtigung nicht-ordinierter Menschen letztlich eine Frage des Zutrauens in die Gemeinschaft vor Ort ist. Die Tatsache, dass die Ausführungen von Winkler bereits knapp 40 Jahre alt sind, zeigt, dass die hochaktuelle Frage nach Bevollmächtigung keineswegs neu ist.

ANMERKUNGEN

1 Gunter Schendel spricht von der Relativierung der »Dyade ›Pfarrperson und Parochie‹«, vgl. SCHENDEL, Arbeit, 175.

2 Im Rahmen einer Fokusuntersuchung eines Erprobungsraumes der Evangelischen Kirche in Mitteldeutschland (EKM) beschreiben die Autoren unter dem Stichwort ›neue Rolle von Ehrenamt‹ den Aspekt von Lust zum Engagement und einer Orientierung an den Ressourcen ehrenamtlich Engagierter statt an einer Aufgabenlogik, die nach Erledigung von Notwendigem fragt, vgl. ELHAUS/SCHENDEL, Transformationsdynamiken, 11f.

3 ERICHSEN-WENDT, Kirchenmitgliedschaftsuntersuchung, 641.

4 Zur Einführung in den Begriff vgl. BLANK, Empowerment. Michael Domsgen gibt wegweisende Anregungen zu praktisch-theologischer/religionspädagogischer Forschung und Reflexion, die sich von Empowerment-Diskursen anreichern lässt und dadurch neue Fragestellungen, Themenfelder und Aspekte wahrnimmt und bearbeitet. Er unterscheidet dabei drei Perspektiven: 1. Über Empowerment lernen, 2. von Empowerment lernen und 3. in Empowerment lernen, vgl. DOMSGEN, Empowerment.

5 BUCHER, Befähigung, 38.

6 Mit Blick auf Empowerment in der kritischen Pädagogik verweist Michael Domsgen auf die Notwendigkeit, über strukturelle Aspekte und deren ermöglichendes oder verhinderndes Potenzial nachzudenken, vgl. DOMSGEN, Empowerment, 90.

7 Vgl. BUCHER, Befähigung, 139–205.

8 Vgl. BARTH, Priester, 193.

9 Ebd.

10 Ebd.

11 Vgl. BUCHER/DOMSGEN, Religionspädagogik, 174 und BARTH, Priester, 220–222.

12 Böttrich merkt an: »Die Frage ist, ob 1Petr 2,5.9 dieses Konzept schon trägt - oder nicht nur als Stichwortgeber eines neuen, eigenständigen Diskurses fungiert.« (BÖTTRICH, Haus, 36).

13 A.a.O., 35.

14 Zum Verhältnis von Individualität und Sozialität vgl. ZIMMERMANN, Gemeinde, 3-19.

15 BÖTTRICH, Haus, 37.

16 Die individuelle Ebene ist eng mit der kollektiven verbunden, was bspw. die Formulierung »Volk zur Bewahrung« zum Ausdruck bringt.

17 Vgl. HERRIGER, Empowerment, 16.

18 A.a.O., 17.

19 BÖTTRICH, Haus, 46.

20 A.a.O., 38.

21 Vgl. a.a.O., 42-46.

22 Diese Formulierung stammt aus der Konkordienformel und wird von Michael Domsgen zur Beschreibung eines christlichen Empowerments angeführt, vgl. DOMSGEN, Empowerment, 86-88.

23 Vgl. dazu auch BÖTTRICH, Petrus.

24 BÖTTRICH, Haus, 45.

25 Ebd.

26 Vgl. SCHNEIDER, Art. στηρίζω, 660f.

27 Neben den jesuanischen Leidensberichten und deren Deutung in den Evangelien kann besonders der 2. Korintherbrief des Paulus als eindrückliches Dokument für eine christliche Perspektive auf Schwäche und Stärke dienen. Vgl. dazu u.a. BOSCH, Geistlich und auch KAUHAUS, Empowerment, 123f.

28 BUCHER, Befähigung, 150.

29 DOMGSEN, Religionspädagogik, 361.

30 Zur Assistenzfunktion kirchlichen Handelns vgl. GRETHLEIN, Kirchentheorie, 289-298 und BUCHER/DOMSGEN, Religionspädagogik, 174-176 und EIFFLER, Empowerment, besonders 133f. Michael Domsgen verbindet die praktisch-theologische Rede von der Assistenz mit Überlegungen zur Multidimensionalität bei Beate Blank, vgl. DOMSGEN, Empowerment, 92f. und BLANK, Empowerment, 40-43.

31 BÖTTRICH, Haus, 38.

32 A.a.O., 39.

33 Ebd.

34 JÜNGEL, Evangelium, 219.

35 Michael Domsgen verweist auf die nötige, jedoch noch ausstehende, pneumatologische Reflexion christlicher Vollzüge in der Auseinandersetzung mit Fragen eines christlichen Empowerments, vgl. DOMSGEN, Empowerment, 95f.

36 Dass auch kirchlich beauftragte Personen eines Empowerments bedürfen, ist selbstredend, kann hier aber nicht vertieft werden.

37 SECKINGER, Art. Empowerment, 311f. Dies beugt einer »falsch verstandene[n] Expertenschaft (Lösungswissen statt Prozesswissen)« vor (ebd.).

38 Vgl. HERRIGER, Arbeit, 64.

[39] Vgl. ELHAUS/SCHENDEL, Transformationsdynamiken, 16 und 22–24.

[40] CCX, Voice, 4.

[41] Diese Menschen würden sich selbst so beschreiben: »Ordinary people, who experienced a compelling call to go out with the message of the Gospel, to people and communities who were not connecting with church.« (A.a.O., 5) Dabei handelt es sich um Menschen unterschiedlicher Herkunft. Manche von ihnen sind noch jung in ihrem Glauben und andere bereits seit vielen Jahren Mitglied in einer traditionellen anglikanischen Ortsgemeinde.

[42] Vgl. a.a.O., 6f.

[43] A.a.O.,19.

[44] A.a.O., 21.

[45] A.a.O., 22.

[46] Ebd.

[47] A.a.O., 24.

[48] Ebd.

[49] »Lay Planters described significant occasions, where the lay leader and lay planting team were unable to fulfil the work that God had called them to, because of a perceived ›lack of authority‹.« (Ebd.).

[50] »The complexities and limitations of being a lay leader ›in structures that don't know or understand what you're doing‹ were articulated as one of the biggest challenges of being a Lay Planter.« (Ebd.).

[51] Ebd.

[52] https://ccx.org.uk/content/oversight-pathway-summer-2025/ (Stand 25.04.2025).

[53] CCX, Voice, 26.

[54] KARCHER/WEGNER, Evangelium, 192.

[55] Vgl. CCX, Voice, 38f.

[56] A.a.O., 42.

[57] A.a.O., 44. »Lay Planters described a desire for light touch training, not prescriptive and heavily front-loaded, but responsive to the training needs of the planter as the plant evolved because ›it's the agenda that we are living through‹ and having someone to reflect and process how the training applies to the context is vital.« (A.a.O., 43).

[58] Für eine Zusammenschau der Figur Kommunikation des Evangeliums mit dem Konzept Empowerment vgl. DOMSGEN, Religionspädagogik, 355–367.

[59] Vgl. GRETHLEIN, Kirchentheorie, 234–237.

[60] Für eine Übersicht vgl. SCHENDEL, Multiprofessionalität und SCHENDEL, Arbeit.

[61] Vgl. u.a. SCHENDEL, Multiprofessionalität, 19f. und SCHENDEL, Arbeit, 174f. Zu Empowerment als ›regulativer Idee‹ vgl. DOMSGEN, Religionspädagogik, 343–346.

[62] SCHENDEL, Multiprofessionalität, 3.

[63] Ebd.

[64] Ebd.

[65] Vgl. a.a.O., 7–17, besonders 14f.

[66] In der westfälischen Landeskirche ist im Rahmen des Pilotprojekts »Interprofessionelle Teams« zumindest die Möglichkeit einer multiprofessionellen Teamerweiterung durch Ehrenamtliche benannt.

[67] Karcher/Wegner, Evangelium, 210.

[68] Vgl. Schendel, Multiprofessionalität, 21–24 und Schendel, Arbeit, 171–173.

[69] Schendel, Arbeit, 171.

[70] Alle Zitate Schendel, Multiprofessionalität, 23.

[71] Schendel verweist darauf, dass transprofessionelles Arbeiten sowohl einer eingeübten und reflektierten Teamkultur als auch klarer Regeln bedürfen, um Konflikte und ›Kompetenzwirrwarr‹ zu vermeiden, vgl. a. a. O., 24.

[72] Winkler, Diaspora, 167.

Gottesdienst feiern

Michael Herbst/Bernhard Schröder

Der Gottesdienst – Mitte der Gemeinde!?

Es dürfte wohl einer der am meisten zitierten, geradezu ›bekenntnisartigen‹ Sätze in unserer Kirche sein: »Der Gottesdienst ist die Mitte der Gemeinde«. Viel spricht auch dafür, dass dieser Satz seinen Widerhall im Leben vieler Gemeinden findet: Gottesdienst, in der Regel sonntags in der Kirche, ist das, was fast überall und mit hoher Regelmäßigkeit stattfindet – und auch weiterhin stattfinden soll. Für den Gottesdienst wird viel aufgewendet, an Zeit und Energie, auch wenn sich nur wenige dann auch tatsächlich einfinden. Dass der Gottesdienst nicht mehr regelmäßig (will sagen: wöchentlich) ›bei uns‹ stattfindet, ist schmerz- und konflikthafter Kulminationspunkt vieler Reform- und Regionalisierungsdebatten.

Dass der Gottesdienst nicht mehr regelmäßig (will sagen: wöchentlich) ›bei uns‹ stattfindet, ist schmerz- und konflikthafter Kulminationspunkt vieler Reform- und Regionalisierungsdebatten.

Dass es schwierig wird mit diesem wöchentlich ›bei uns‹ gefeierten Gottesdienst wird oft als erstes als Verlusterfahrung der Regionalisierung verbucht. ›Bei uns‹ rufen dann nur noch in größeren Abständen die Glocken zum Gottesdienst. Es gebe doch einen Gottesdienst, heißt es dann, im Nachbardorf, in der Kleinstadt, in der anderen Stadtkirche. Dabei weiß man doch: Gar nicht so wenige gehen eher gar nicht als anderswo zum Gottesdienst. Ein Dekan aus Fürth sagte einmal: »Der Obermichelbacher geht nicht nach

Veitsbronn, und der Veitsbronner geht nicht nach Obermichelbach«. Stimmt wohl ... leider!

Dabei kommen sowohl emotionale (Verlust an Heimat) wie theologische Gründe ins Spiel: Der Gottesdienst ist doch die Mitte der Gemeinde! Den brauchen wir – unbedingt. Wer sind wir denn noch, wenn wir nicht – und sei es mit wenigen – regelmäßig hier Gottesdienst feiern?

Und das ist ja durchaus richtig! Die Gemeinde Jesu lebt vom Evangelium. Sie lebt davon, zusammen zu kommen und aufs Neue (manche auch nach langer Zeit wieder oder gar zum ersten Mal) zu hören und zu schmecken, wie es der Schöpfer mit uns hält, was Christus für uns tat und von uns will, womit der Geist uns begeistert und begabt. Das erweckt und erhält Glauben und führt Menschen als Gemeinde zusammen. Hier wird – immer wieder aufs Neue – Kirche geboren.

Durch das Evangelium wird – immer wieder aufs Neue – Kirche geboren.

Das ist so kostbar und unaufgebbar, nicht aus Gründen der Tradition oder gar der kirchtürmlichen Borniertheit. Das ist so kostbar und unaufgebbar, weil es sonst keine Kirche mehr gäbe und kein Glaube mehr zur Welt käme.

Dabei ringen wir schon damit, diese schöne Idee von der zum gemeinsamen Hören, Beten und Feiern regelmäßig versammelten Gemeinde zu plausibilisieren. Wir halten mehr oder weniger tapfer, zuweilen auch leicht resignativ, an der Bedeutung des Gottesdienstes fest. Freilich teilt das Kirchenvolk diese Sicht nur noch zu kleinen Teilen[1]. Nur 11 % der Evangelischen sind der Überzeugung, dass der Gottesdienstbesuch für das Christsein wesentlich ist (in Ostdeutschland sind es immerhin 19 %). Von den Abbrüchen in der Corona-Pandemie haben wir uns nur partiell erholt: Nicht alle sind wiedergekommen, als es wieder möglich wurde. 46 % der Evangelischen gehen selten oder nie zum Gottesdienst. 43 % kommen immerhin einmal oder mehrmals jährlich. Nur 11 % kommen monatlich und öfter. D. h.: an einem durchschnittlichen Sonntag sind das etwa 680.000 Menschen in unseren Gottesdiensten. »Für immer weniger Menschen ist der Kirchgang eine Gewohnheit, für immer mehr Menschen die Ausnahme.«[2]

»Für immer weniger Menschen ist der Kirchgang eine Gewohnheit, für immer mehr Menschen die Ausnahme.«[3]

Und diese Ausnahme ist eher ein Kasualgottesdienst oder die Christvesper am Heiligen Abend als ein Gottesdienst an einem Sonntagmorgen in der langen Trinitatiszeit. Darin spiegeln sich die rasanten Abbrüche volkskirchlichen Lebens. Gleichwohl feiern Gemeinden Gottesdienst, viele mit großer Liebe, manche sogar mit Begeisterung. Sind wir als Christenheit in der Minderheit, darf es uns nicht wundern, dass man diesen Zustand am Sonntagmorgen auch sieht. Das ist weder Anlass, den Gottesdienst nun auch selbst abzuwerten, noch ist es Rechtfertigung dafür, sich nicht um die zu mühen, die nicht/nicht mehr/noch nicht kommen! Denn die, die kommen, tun es, weil es für sie wichtig ist: eben die Mitte der Gemeinde.

Soweit die gute Nachricht für alle, die glauben, der Gottesdienst (sonntags um 10 in unserer Kirche mit unserer Pfarrperson nach der guten alten Ordnung) sei die Mitte, das Herz, das Unaufgebbare.

Man ahnt es schon: Jetzt kommt die schlechte Nachricht! Wir werden noch prüfen, ob und inwiefern diese Nachricht *tatsächlich* schlecht ist! Denn: So zentral und unaufgebbar es ist, dass die Gemeinde zusammenkommt, um das Evangelium zu hören und zu feiern, so wenig zentral und unaufgebbar sind viele andere Dinge, die wir doch zuweilen auf das Engste mit jenem Unaufgebbaren verknüpfen:

- dass wir an jedem Sonntag pünktlich um 10 Uhr in unserem Kirchgebäude zusammenkommen;
- dass unsere Feier von einer examinierten und ordinierten Pfarrperson vorbereitet und geleitet wird;
- dass wir einer bestimmten Liturgie folgen und von Orgelmusik beim Singen angeleitet werden;
- dass wir aus dem Evangelischen Gesangbuch singen;
- dass wir in Reihen hintereinander platziert sind und auf einen Altar schauen;
- dass wir die Kinder nach 5 Minuten ›zu ihrem eigenen Gottesdienst‹ entlassen;
- dass das Evangelium von einer Kanzel in einer präzise zwanzigminütigen Predigt (gerne auch in ›drei Punkten‹) erklärt wird;
- usw.

Das alles kann man so machen. Es kann sehr schön, im guten Sinn ›erbaulich‹ sein, wenn man es so hält. Aber es muss nicht so sein. Im Augsburgischen Bekenntnis von 1530, der sogenannten CA (für: Confessio Augustana) wird das (im berühmten siebten Artikel) klar unterschieden: Wort und Sakrament in der Versammlung sind nötig, die ›Zeremonien‹ nicht gleichermaßen.

Und alles oben Aufgezählte, von A wie Altar bis Z wie Zeitpunkt gehört: zu den Zeremonien.

Sie sind nicht gleichgültig, sie sollen ja der versammelten Gemeinde helfen, das Evangelium zu hören und zu feiern.

Sie sind auch nichts Schlechtes! Gott bewahre! Es hat ja viel für sich, sonntags zur Kirche zu kommen und in vertrauten Formen von einem/einer, der/die es gelernt hat, angeleitet zu feiern. Mit einem Musiker, der sein Handwerk beherrscht! In einem gepflegten Gebäude. Ja, in der Kirche, in der man schon getauft, konfirmiert und getraut wurde. So viel Erinnerung! So viel Heimat! Das hat was! Es ist kostbar. Aber es ist: Zeremonie! Und Zeremonien sind je nach Zeit, Ort und Umständen, ja sogar nach Vorlieben, Geschmack und Neigung zu gestalten, einzuüben und zu verändern. Nichts an ihnen ist an und für sich heilig. Vielleicht ist es noch der Sonntag als Tag, da kann man gute Argumente finden. Aber die Kanzel, die Bänke und die Orgel sind nur ehrwürdige Traditionen, über deren Sinn wir von Zeit zu Zeit nachdenken dürfen, nein sollen.

Wir könnten auch auf Ideen kommen! Gottesdienst auf einer Wiese oder in einer alten Fabrikhalle! Gottesdienst, zu dem alle etwas beitragen (man lese mal wieder: 1 Kor 14)! Gottesdienst mit jung und alt! Gottesdienst mit Beamer und Band! Gottesdienst, zu dem wir uns im Kreis versammeln, einander anschauen und miteinander hören und reden, beten, loben und klagen, bekennen, taufen und das Mahl teilen, salben und segnen. Gottesdienste, einfachen ›Drehbüchern‹ folgend, die Gemeinden auf dem Land und in der Stadt ohne Pfarrpersonen feiern. Auf Ideen kann man kommen!

Was ist Gottesdienst?

Das lässt zugleich fragen: Wann ist etwas trennscharf *Gottesdienst*? Und nicht: ›nur‹ eine Andacht, ein Treffen von Christenmenschen, ein Vortrag, eine Chorprobe oder ein ›Event‹? Die erste Antwort darauf macht es nicht einfacher: Bei der Einweihung der Torgauer Schlosskirche (1544) schrieb Martin Luther den Evangelischen ins Stammbuch, dass Gottesdienst ausreichend

> Im Gottesdienst geschieht nach Luther, »dass unser lieber Herr selbst mit uns rede durch sein heiliges Wort und wir umgekehrt mit ihm reden durch unser Gebet und Lobgesang«.
> WA 49, 588

beschrieben sei, wenn Folgendes passiere: »dass unser lieber Herr selbst mit uns rede durch sein heiliges Wort und wir umgekehrt mit ihm reden durch unser Gebet und Lobgesang«. (WA 49, 588)

Das erlaubt eine sehr weite Bestimmung, ab wann wir geneigt sind, von einem Gottesdienst zu sprechen. Dann ist auch die Andacht oder das Gespräch im Hauskreis gottesdienstlich verfasst. Will man aber nicht ganz so weit gehen, kann man fragen, wann wir vom *öffentlichen* Gottesdienst sprechen. Und dann gehört so etwas wie allgemeine Einladung, verlässliche Zugänglichkeit, ein nicht zu privater Ort und eine gewisse (mindestens intendierte) Reichweite in die ›Öffentlichkeit‹ dazu. Aber noch einmal: nicht gleichermaßen eine Orgel, ein Kyrie, eine ausgefeilte Ansprache oder die Anwesenheit einer Pfarrperson. Es kann auch anders gefeiert werden.

Umgekehrt gefragt: Was muss da sein, damit eine Gemeinschaft sich mit Fug und Recht Gemeinde (in diesem theologischen Sinn) nennen kann? Die Antwort liegt auf der Hand: Sie muss Gottesdienst feiern. Aber sie muss nicht Gottesdienst nach (nur diesen speziellen, ererbten) Zeremonien feiern.

Das Evangelische Gottesdienstbuch von 1999 ist das in weiten Teilen der Evangelischen Kirche gültige Arbeitsbuch für die Gestaltung von Gottesdiensten. Und darin findet sich neben der theologischen Bestimmung des Gottesdienstes noch eine andere, die mehr die Praxis des Feierns betrifft. Diese praktische Bestimmung ist in sieben ›Kriterien‹ des evangelischen Gottesdienstes gefasst worden[4], von denen uns hier die drei ersten interessieren: Zum einen heißt es, dass der Gottesdienst »unter der Verantwortung und Beteiligung der ganzen Gemeinde gefeiert wird«. Er wird nicht von einer Pfarrperson ›gehalten‹, er wird gemeinschaftlich gefeiert. Zum anderen wird eine liturgische Dynamik beschrieben: »Der Gottesdienst folgt einer erkennbaren, stabilen Grundstruktur, die vielfältige Gestaltungsmöglichkeiten offen hält.« Es gibt also eine gemeinsame Kultur des Feierns, die man überall wiedererkennt, wo man Gottesdienst feiert. Damit sind die logisch aufeinander folgenden Hauptstationen gemeint: Eröffnung und Anrufung, Verkündigung und Bekenntnis, Mahlfeier, Sendung und Segen. Aber diese Grundstruktur kann verschieden ausgestaltet werden. Die liturgischen ›Sequenzen‹ an jeder Station können manches entfalten und sich bei anderem enthalten. Mal kann ein Gottesdienst ganz und gar Lobpreis sein, machmal aber auch ein klagendes Kyrie. Und dann heißt es drittens: »Bewährte Texte aus der Tradition und neue Texte aus dem Gemeindeleben der Gegenwart erhalten den gleichen Stellenwert«. Wenn wir also rufen »Herr, erbarme dich«, dann ist es ebenso denkbar, ein Kyrie aus Straßburg aus dem Jahr 1524 anzustimmen, aber eben auch eines aus Taizé (oder etwas ganz anderes).

Diese Freiheit war vor gut 20 Jahren auch in anderer Hinsicht ›Thema‹. Damals ging es um die Reichweite der traditionellen, agendarischen Gottesdienste. An etlichen Orten im Land entstanden ›alternative Gottesdienste‹, häufig mit Band und Bistro, mit kreativen Elementen und einer reduzierten, ›leichtfüßigen‹ Liturgie, auf Lebenswelt-Themen bezogenen (durchaus längeren) Ansprachen. Häufig waren das *die* Gottesdienste, die auch die Menschen in den Gemeinden gerne, ja lieber als die traditionellen Liturgien feierten. Meist aber stand dahinter der Anspruch, die Reichweite der Gottesdienste zu vergrößern, also Menschen anzusprechen und für ein Mitfeiern zu begeistern, die sonst ›nicht zur Kirche gehen‹, weil ihnen Zeitpunkt, Orgelmusik, religiöse Themen, altertümlicher Ablauf und seltsame Sitten wie Aufstehen/Hinsetzen fremd geblieben waren. Eine Zeitlang sprossen diese neuen Liturgien nur so aus dem kirchlichen Boden. Die Welle ebbte irgendwann ab, aber eine gewisse Vervielfältigung der Gottesdienstformate blieb.

Gottesdienst in regiolokaler Perspektive

Heute hat der Ruf nach solcher Freiheit noch andere Gründe. Und die haben sehr viel mehr mit Knappheit und Strukturreformen zu tun als uns lieb sein kann. Ja, es kann sogar so klingen, als wären wir nur auf die folgenden Ideen gekommen, weil es schlecht steht um den ›anständigen‹ Gottesdienst. Und das ist unter all den denkbaren Folgen der Regionalisierung eben eine, die man in den Gemeinden sehr schnell zu spüren bekommt. Die Verknappung der Ressourcen führt zur Dehnung der Zuständigkeiten. ›Unsere‹ Pfarrperson ist jetzt nicht mehr nur *unsere* Pfarrperson. Für die Musiker gilt Ähnliches. Und das heißt: Hat die Pfarrerin jetzt plötzlich vier oder fünf Gemeinden zu ›versorgen‹, dann kann es unmöglich an jedem Sonn- und Feiertag ›bei uns‹ und mit ihr Gottesdienste geben. Die Gottesdienste werden seltener, Pläne mit den anderen Gemeinden werden mühsam ausgehandelt, Fairness angestrebt, zum Gottesdienst in der Region eingeladen. Man kennt das so an vielen Orten landauf, landab. So richtig glücklich werden die wenigsten damit. Man kommt klar, irgendwie. Mancherorts gibt es – zugegeben – pfiffige Lösungen. Hohe Feste bleiben die Probe aufs Exempel, ob es gut geht mit den Nachbar(gemeinde)n.

Wir haben es bereits beschrieben: Aus unserer Sicht liegen die Probleme an einigen – mehr oder weniger selbstverständlichen, unhinterfragten Prämissen, die wir gerne gründlich hinterfragen möchten, ja hinterfragen *müssen*. Die Prämisse, von der viele ausgehen, lautet: Gottesdienste müssen von

Pfarrpersonen geleitet werden. Ist eine Pfarrperson verfügbar, kann es auch einen Gottesdienst geben, ist keine Pfarrperson verfügbar, dann gibt es auch keinen Gottesdienst. Flächendeckende Betreuung ist das Ideal: Betreuung durch Pfarrpersonen. In der Konsequenz ist die Gemeinde eine Art ›betreutes Wohnen‹ für Getaufte. Die Selbsttätigkeit der von Gott mit Charismen beschenkten Gemeinde ist nicht im Blick – nicht im Normalfall, aber auch nicht im beschriebenen ›Notfall‹ (wenn man das denn so sehen möchte!). Man unterläuft damit nicht nur die emphatische reformatorische Einsicht in das Priestertum aller Getauften. Man unterläuft auch die oben skizzierte Freiheit in Sachen ›Zeremonien‹. Nimmt man beides zusammen, dann ergibt sich eine andere, freilich für viele immer noch unvorstellbare Perspektive auf das gottesdienstliche Leben in einer regiolokalen Kirchenentwicklung:

Schauen wir zuerst auf das Lokale. Und nehmen wir den Fall, der immer häufiger der Normalfall werden wird: Es steht keine Pfarrperson sonntäglich zur Verfügung. Lernen wir aus dieser ›Notlage‹ etwas, das wir auch ohne sie hätten lernen sollen: Die Gemeinde ist kein ›betreutes Wohnen‹. Sie ist begabt. Sie kann zusammenkommen und feiern – mit oder ohne Pfarrperson.

Die Gemeinde ist kein ›betreutes Wohnen‹. Sie ist begabt. Sie kann zusammenkommen und feiern – mit oder ohne Pfarrperson.

Vielleicht gelingt es nicht an jedem Ort, aber an vielen ist es doch vorstellbar: Es gibt Christinnen und Christen, die sich trauen, die auch bereit sind, ein wenig vom liturgischen Handwerk zu lernen. Wir kommen noch darauf zu sprechen, wer dieses ›Training‹ anleiten könnte. Die große feierliche Form ist ja (nur) Zeremonie. Es kann auch ein einfacher Ablauf sein, wenn nur Gottes Wort gehört und im Gebet und Gesang geantwortet wird. Von Zeit zu Zeit gibt es dann auch die Feier mit den ›Profis‹ auf der Kanzel und an der Orgel. Fein!

Aber an (den) anderen Sonntagen kommt die Gemeinde ebenso zusammen und feiert anders, aber gleichwertig. Sie geht die Stationen ab. Einer hat geläutet, Kerzen angezündet und die Türen geöffnet. Jemand begrüßt und stellt den Gottesdienst unter den Namen des Vaters, des Sohnes und des Heiligen Geistes. Ein Lied wird angestimmt und gesungen. Eine betet für den Gottesdienst. Jemand, der sich im Losungsheft schlau gemacht hat, liest das Evangelium des Sonntags oder den Predigttext. Vielleicht ist eine Prädikantin da und legt den Text aus. Oder die Gemeinde übt sich im ›Bibelteilen‹. Oder jemand liest aus einem Andachtsbuch. Ein Lied folgt. Die Versammelten tragen zusammen, wofür gebetet werden soll – und sprechen das Vaterunser. Am Ende stehen sie im Kreis und sprechen sich im Chor den Segen zu: »Die Gnade unseres Herrn Jesus Christus und die Liebe Gottes und die Gemeinschaft des Heiligen Geistes sei mit uns allen« (nach 2 Kor 13,13). Nach dem Amen stellt man erfreut fest, dass jemand Kaffee gekocht hat. So bleibt man noch zusammen und tauscht sich aus – über Gott und die Welt. Was für ein schöner Gottesdienst!

Etwas ›elaborierter‹ wird es, wenn ein paar zusätzliche ›günstige Umstände‹ hinzukommen:

- Im Kirchenkreis/Dekanat wurde die mitteldeutsche ›Gemeindeagende‹ bekannt gemacht und Mitarbeitende aus den Gemeinden konnten an einer kurzen Schulung teilnehmen. Die Gemeindeagende entstand im Kirchenkreis Egeln. Sie ist nichts weniger als ein ›Drehbuch‹ für alle Sonn- und Feiertage im Kirchenjahr – für Gottesdienste, die Gemeindeglieder miteinander feiern, ohne dass eine Pfarrperson anwesend sein müsste.
- Die Mitwirkung von Lektoren und Prädikantinnen ist deutlich gefördert worden. Menschen sind für diesen Dienst ausgebildet worden. Und die diesen Weg gegangen sind, werden von ihren Kirchen ohne wenn und aber für den Dienst an Wort und Sakrament (also auch: Taufe und Abendmahl, möglichst auch Trauung und Bestattung) berufen – oder um es klarer zu sagen: *ordiniert*. Sie sind damit keine Pfarrpersonen und werten deren langjährige Qualifikation nicht ab. Aber sie sind auch nicht der schlechtere Ersatz. Sie sind, was sie sind: Ehrenamtliche, die *für diesen Teil* der pastoralen Dienste qualifiziert sind, dafür ihre Gaben und Lebenserfahrung mitbringen und zur Verfügung stellen. Wir brauchen eine ›Offensive für den Prädikantendienst‹!
- Gottesdienste dürfen in unterschiedlicher Größe und Umfang gefeiert werden. Bob Hopkins und Mike Breen haben dazu folgende Beobachtung gemacht[5]: Zur Zeit des Alten Testaments und wohl auch noch zu Zeiten Jesu kamen die Israeliten nur ein paar Mal im Jahr zusammen, um im Tempel eines der großen Feste zu feiern. An einem gewöhnlichen Sabbat traf man sich in der Synagoge und unter der Woche betete man im Rahmes des ›Hauses‹. Die beiden Theologen übertragen diese Erkenntnis nun auf unsere gewohnte Gottesdienstlandschaft. Oftmals ist die leitende Vorstellung ja die eines umfangreichen ›Tempelgottesdienstes‹. Dabei würde eine Vielfalt des gottesdienstlichen Lebens Entlastung und Bereicherung gleichermaßen bringen:
  - Die kleinste Einheit ist die ›cell‹, eine Gruppe von 8–12 Personen, die sich kennen, beispielsweise ein Hauskreis oder die Evangelischen in

einem Dorf in der Diaspora. Die Begegnung und der Austausch stehen im Zentrum, aber auch die gemeinsame Bibellese und das Gebet.
- Mehrere ›cells‹ zusammen bilden ein ›cluster‹. Das ist die mittlere Sozialform, der menschliche Lebensraum, in dem man sich noch mit Namen kennt und ein bisschen übereinander weiß (maximal 65 Personen, z.B. 6 bis 8 ›cells›). Auch diese Gruppe braucht nicht zwangsläufig einen Hauptamtlichen, sondern hat vielleicht auch alle nötigen Gaben in ihrer Gemeinschaft. Sie feiern eine einfache Form miteinander, wie oben beschrieben.
- Erst auf einer dritten Ebene, der ›celebration‹, kommt die Region ins Spiel. Vielleicht sechs bis acht Mal im Jahr kommen viele ›cluster‹ zusammen, feiern in der Region einen aufwändigen und ausführlichen Gottesdienst, kirchenmusikalisch anspruchsvoll, verbunden mit geselligen Elementen. Und wie kann dazu eingeladen werden? Vielleicht mit dem Satz: »Unser Gottesdienst ist heute das gemeinsame Fest in ...« und nicht »Der Gottesdienst entfällt heute wegen des Gottesdienstes in der Region.«

- Schon 1987 unter den spezifischen Bedingungen der Kirche in der DDR hat der Hallenser Praktische Theologe Eberhard Winkler die Frage gestellt, was eigentlich nötig ist, damit die *zehn Christen*, die es in einem peripher gelegenen Dorf noch geben mag, Abendmahl feiern können.[6] Er fragt nach: Muss der Gemeindepfarrer, der zig dieser Dörfer ›versorgen‹ (siehe oben!) soll, 40 oder mehr Kilometer fahren, damit es ein Abendmahl geben kann? Oder können das die zehn nicht auch allein? Aber, so hielt sich Winkler selbst entgegen, dazu muss man doch berufen sein! Da ist doch das Augsburgische Bekenntnis, Artikel XIV, glasklar: nur Berufene! Aber, so entgegnet der Professor: Warum berufen wir sie dann nicht? Geben einem oder zweien den Auftrag zur Einsetzung des Mahls. Es gibt jedoch sogleich den nächsten Einwand: Man braucht doch eine Ausbildung! Das achtet der Hochschullehrer natürlich, fragt aber zurück: Das kann man den Zehn *nicht beibringen*, was nötig ist, das Mahl kundig und würdig zu feiern? Wirklich nicht? Traut Ihr der Lebenserfahrung von Christen so wenig zu?

Die Rolle der Pfarrperson

Wenn wir der Selbsttätigkeit der Gemeinde etwas zutrauen, sind die akademisch ausgebildeten Theologen, sind Pfarrerinnen nicht obsolet. Ganz im Gegenteil, ihnen kommt eine zentral wichtige Aufgabe zu. Denn in Zukunft wird es immer mehr darauf ankommen, den großen Schatz der theologischen Bildung auszuteilen, zu vervielfältigen. Es geht nicht darum, den Dienst der Pfarrerin abzuschaffen. Sondern darum, ihre Fähigkeiten wirklich zu nutzen.

Die Alternative zu Dehnung und Überlastung ist nach unserer Überzeugung nämlich nicht Rückbau, sondern Befähigung. Wie oben aus den Beispielen ersichtlich wurde, ist eine vielfältige regiolokale Gottesdienstlandschaft eine kreative Aufgabe. Keineswegs übernehmen überall Ehrenamtliche bisherige Aufgaben der Pfarrerin, stattdessen entsteht meistens etwas grundsätzlich Neues.

So ist es auch für die Pfarrer. Diese gewinnen eine neue Rolle. Fragt man in der Literatur nach dem Proprium von Pfarrpersonen, so wird oft eine theologische und hermeneutische Kompetenz genannt.[7] Diese theologische Kompetenz gilt es fruchtbar zu machen. Es geht also um Befähigung, um das Teilen von theologischem Wissen und die kritische und konstruktive Begleitung.

Pfarrerinnen tragen so eine theologische Verantwortung für die Rückbindung des gottesdienstliches Lebens an Schrift und Tradition als Teil der Konstitutiva von Kirche.

Pfarrerinnen tragen so eine theologische Verantwortung für die Rückbindung des gottesdienstliches Lebens an Schrift und Tradition als Teil der Konstitutiva von Kirche.

Wie könnte das konkret aussehen?

Etwa indem die Ordinierten die Funktion eines »Theologischen Paten«[8] übernehmen. Anstatt selber Gottesdienste vorzubereiten, schulen Pfarrerinnen die ehrenamtlich am Gottesdienst Beteiligten einer Region (solche Schulungen dürfen gerne über den Bereich Gottesdienst hinaus gehen). Wer seine Prädikantenausbildung noch nicht abgeschlossen hat, bekommt Begleitung bei der Vorbereitung des Gottesdienstes. Und die im Sinne Winklers Beauftragten (siehe oben) würden – gemeinsam mit dem Leitungsgremium der Gemeinde – gecoacht werden für ihre Rolle und Aufgabe.

Das wird nicht überall und nicht für jeden passen. Aber wir sind überzeugt, dass Schulungen, Coaching, Übernahme einer Patenschaft die bessere Alternative zu Streichung und Dehnung ist.

Der Blick nach England zeigt, wie wichtig theologische Bildung und Begleitung ist. In Gemeindepflanzungen und fresh expressions of church wurden die ehrenamtlichen Leitungspersonen (lay planters) gefragt, welche Faktoren zum Gelingen ihrer Initiative beigetragen haben.[9]

An erster Stelle wurde ein »champion« oder »Mentor« genannt. Eine Ordinierte, die Erlaubnis und Unterstützung gibt. Als zweites eine Gemeinschaft von Gleichgesinnten, die sich gegenseitig stärken und inspirieren. Und als drittes Weiterbildung und Schulung, die punktuell und passgenau die Kompetenzen erweitern. Für alle drei Bereiche würde das in Deutschland übliche und dafür noch sehr gut ausgebaute Pfarrstellensystem Entscheidendes und Hilfreiches bieten. Das in langen Jahren der Ausbildung erworbene Wissen könnte genutzt werden, um theologische Orientierung zu bieten. Die hermeneutische Kompetenz könnte auch dazu gebraucht werden, Predigten und liturgische Ideen von Gemeindegliedern anzuschauen und konstruktiv zu korrigieren.

Noch aus einem weiteren Grund sind wir überzeugt, dass der Gottesdienst unter dem Aspekt der Befähigung, nicht der Versorgung zu betrachten ist.

Die Studie »Vielleicht schaffen wir die Trendumkehr«[10] geht der Frage nach, welche Faktoren für eine geringere Schrumpfung von Kirchengemeinden im Kirchenkreis Pommern ursächlich sind. Hier findet sich der Hinweis, dass die Fixierung auf den Pfarrer hinderlich für ein Wachstum der Gemeinde ist, dass aber der Fokus auf Kernkompetenzen der Hauptamtlichen dienlich ist. Ebenso wurde festgestellt, dass Ehrenamtliche sich Ermutigung und Stärkung ihrer Sprachfähigkeit im Glauben erhoffen.

Wir schließen daraus: Es könnte sich lohnen, der Spur in Richtung Befähigung weiter zu folgen. Was wäre, wenn man auch den Gottesdienst als Ort versteht, in dem Menschen Gaben ausprobieren können? Schon jetzt gibt es in den meisten Landeskirchen die Möglichkeit einer ›Kanzelrede‹, also der Übertragung der Wortverkündigung an einen einmalig dazu Berufenen. Eine Gemeinde, die das seit Längerem ausprobiert, macht die Erfahrung, dass so viel mehr Menschen sprachfähig über ihren eigenen Glauben werden. Wir sind überzeugt: Wo der Gottesdienst lebendig ist, ist auch die Gemeinde lebendig.

Eine vielfältige Gottesdienstlandschaft

Und wie sieht sie jetzt aus, die regiolokale Gottesdienstlandschaft?

Wir schauen auf das Lokale. Und wir stehen vor der harten Alternative: Folgen wir weiter der pfarrzentrierten Betreuungslogik und reduzieren die gottesdienstlichen Feiern immer weiter (bis auch niemand mehr nach ihnen ruft)? Oder ermuntern und ›empowern‹ wir die Gemeinde, an vielen Sonn- und Feiertagen ihren Gottesdienst selbst in die Hand zu nehmen? Es wäre ein Paradigmenwechsel von der Betreuung zur Beteiligung.

Ermuntern und ›empowern‹ wir die Gemeinde, an vielen Sonn- und Feiertagen ihren Gottesdienst selbst in die Hand zu nehmen? Das wäre ein Paradigmenwechsel von der Betreuung zur Beteiligung.

Und es würde nicht überall auf Gegenliebe stoßen. Es würde manche überfordern. Mancherorts würden Gemeinden nicht mitspielen. Manche kämen nicht mehr, wenn keine Pfarrperson predigt. Aber mancherorts würde auch etwas von der schlichten Schönheit der begabten Gemeinde aufleuchten, die ihre Gaben entdeckt und das Evangelium gemeinsam feiert.

Und dann schauen wir auf das Regionale. In der Fläche gäbe es nun schon durch die örtliche Willensbildung Vielfalt: Gemeinden, in denen weiterhin eine Pfarrperson (in der Regel) den Gottesdienst leitet. Gemeinden, die mit der Gemeindeagende Gottesdienst feiern (immer, oft, gelegentlich). Gemeinden, in denen gerade nichts mehr geht. Regionale Gemeinden, in denen es gelingt, an einem *zentralen* Ort *einen* von allen bejahten gemeinsamen Gottesdienst zu feiern. Wo also der Obermichelbacher auch nach Veitsbronn geht (wo er sowieso schon zum Einkaufen hinfährt).

Es ist sinnvoll, gerade den Gottesdienst mit Absicht regiolokal zu gestalten und zu schauen, ob neben die örtliche Logik auch eine regionale treten kann. In einer regiolokalen Gottesdienstlandschaft verabreden die Gemeinden, was ihr jeweiliger Beitrag zu dieser Landschaft ist.

In einer regiolokalen Gottesdienstlandschaft verabreden die Gemeinden, was ihr jeweiliger Beitrag zu dieser Landschaft ist.

Wie immer in der regiolokalen Kirchenentwicklung geht es darum, Vielfalt so zu organisieren, dass die lokalen Gaben und Grenzen beachtet werden und im Zusammenspiel mehr Menschen ein für sie passendes Angebot finden, um das Evangelium (sei es) zu erkunden oder (sei es) zu feiern. Dabei wird fruchtbar gemacht, was Gemeinden als ihr ›Eigenes‹ erkennen, wofür ihr Herz brennt.

Das kann so aussehen:

- In der zentralen St. Stephans-Kirche gibt es den festlichen Gottesdienst mit Orgel, Chor und anspruchsvoller Predigt.
- In den peripheren Gemeinden St. Johannes, Erlöser, St. Markus und Friedenskirche feiern Gemeinden an drei Sonntagen mit der Gemeindeagende und am vierten mit ihrer (regionalen) Pfarrperson.
- In der Bonhoeffer-Kirche trifft sich monatlich die ›Kirche kunterbunt‹, in St. Philippus monatlich der Jugendgottesdienst.
- St. Elisabeth feiert sonntagabends einen meditativen Gottesdienst mit Taizé-Liedern.
- In der Versöhnungskirche findet gerade nichts mehr regelmäßig statt, aber die örtlichen Vereine nutzen das Gebäude und beim Kirchweihfest kommt die regionale Pfarrperson und feiert mit den Feiernden einen Gottesdienst.
- Im Altenheim der Diakonie haben sich die Pflegenden entschlossen, miteinander und mit den Bewohnerinnen und Bewohnern freitags einen einfachen Gottesdienst zu feiern. In den Kindergärten tun das die Erzieherinnen schon länger.
- In einem größeren Dorf hat die Landeskirchliche Gemeinschaft den sonntäglichen Gottesdienst für das ganze Dorf in ihre Regie genommen.
- In der ganzen Region wurden auch kleine Hausgemeinschaften angeregt, die sich zum Abendessen, Bibelteilen und Feiern der ›Lebensliturgien‹ alle 14 Tage treffen. Alle sechs Wochen feiern die Hausgemeinschaften einen Lobpreisgottesdienst in der zentralen St. Stephans-Kirche (mit Salbung und Segnung), der auch von anderen Christinnen und Christen aus der Region gerne besucht wird. Nach dem Gottesdienst gibt es Brezeln und kalte Getränke.
- Die Pfarrpersonen in der Region begleiten die einzelnen gottesdienstlichen Orte, schulen, beraten, klären im Konfliktfall und wirken als Patinnen und Paten (siehe oben) der kleinen und großen Gemeinschaften in der Region.

Also doch: Gottesdienst, lebendig und regiolokal

»Der Gottesdienst ist die Mitte der Gemeinde.« Daran halten wir weiterhin fest. Aber die Gestaltung von Zeit, Ort und Personen gehört zu den Zeremonien. Wesentlich, konstitutiv sind Wort und Sakrament, alles andere sind Gestaltungsfragen. Sie können unterschiedlich ausgestaltet werden. Wir hoffen, Freude geweckt zu haben über diese Gestaltung nachzudenken und gerade vor dem Hintergrund einer regiolokalen Kirchenentwicklung andere Wege einzugehen.

Die Rolle der Pfarrerinnen und Pfarrer wird sich von der Versorgung der Gemeinden zur Befähigung der Ehrenamtlichen verlagern. Dies ermöglicht es, die theologische Kompetenz der Pfarrerinnen und Pfarrer besser zu nutzen.

Ein Paradigmenwechsel von der Betreuung zur Selbsttätigkeit der Gemeinden ist nötig, um eine vielfältige regiolokale Gottesdienstlandschaft zu gestalten, die den Bedürfnissen, aber auch den Gaben der Gemeinde gerecht wird.

Anmerkungen

1 Zum Folgenden siehe Hörsch et al., Kirchgang.

2 A.a.O., 449.

3 Ebd.

4 UEK/VELKD, Gottesdienstbuch.

5 Hopkins/Breen, Clusters.

6 Winkler, Diaspora.

7 Beispielsweise von Pohl-Patalong, Kirchenreform.

8 Siehe https://basecamp-magazin.de/2025/gemeinde-ohne-leitende-pfarrperson (Stand 23.08.2025)

9 Siehe https://ccx.org.uk/content/listening-lay/ sowie ausführlich im Beitrag von Felix Eiffler in diesem Band.

10 Todjeras/Limbeck/Schaser, Trendumkehr.

Abschiednehmen geistlich gestalten

Patrick Todjeras

Abschiednehmen und Rückbauprozesse geistlich zu gestalten, ja, das ist dran – darauf können sich viele Kirchenleitende und Theologinnen in Kirchenentwicklungsprozessen einigen. Ja, das wäre ein Ideal ›gesunder‹ Kirchen- und Gemeindeentwicklung.[1] Dabei sind Rückbauprozesse wie auch Wachstumsprozesse ein normaler Teil eines ›gesunden Organismus‹. Es geht dabei um notwendige Schritte der Anpassung und der Ressourcenverteilung und -fokussierung. Solche Schritte nehmen Maß an der Frage, wie die Kommunikation des Evangeliums gemäß der vorfindlichen Möglichkeiten (personell, materiell, geistlich etc.) gewährleistet werden kann – und noch mehr: gedeihlich sein kann. Es geht also um ein Mindestmaß an Erkennbarkeit und Zugänglichkeit zum Evangelium unter dem Anspruch der Lebendigkeit. Etwa so: Wozu hat Gott uns in unserem Dorf oder in unserem Stadtviertel berufen?

Anhand der Forschung zu Kirchenschließungen – ein in unserem Kontext bisher etwas unterbelichteter Forschungsbereich[2] – soll das Thema des Abschiednehmens und Rückbaus unter geistlichen Aspekten beispielhaft fokussiert werden. Dabei soll es hier nicht um das Ergebnis gehen, also die Frage nach Profanierung, Außerdienststellung oder Umwidmung, sondern der prozessuale Charakter, also der Weg zu einer neuen Realität – der Abschied –, in den Blick genommen werden. Der hier vielleicht etwas besondere Charakter eines Gebäudes kann auf unterschiedliche kleinere oder größere Rückbauprozesse übertragen werden, wird hier doch an etwas sehr Konkretem der Prozess beleuchtet.

Das Thema Kirchenschließungen hat im deutschsprachigen evangelischen Raum zuletzt deutlich an Fahrt aufgenommen, indem etwa Ampelsysteme (rot, gelb, grün) die weitere Finanzierbarkeit steuern sollen, oder indem etwa über den Erhalt von Kirchengebäuden (auch in anderen Formen wie zum Beispiel als Kulturkirchen) für den lokalen Zusammenhalt (wie etwa Kirchbauvereine in peripher ländlichen Regionen zeigen) oder über deren symbolische Kraft gesprochen wird.[3]

Eine Kirchenschließung ist im Leben einer Gemeinde ein dramatischer Schritt.

Für viele geht ein Stück Lebensgeschichte zu Ende. Da gibt es Trauer über Zurückgelassenes, Wut über einen solchen Schritt, Enttäuschung. Es zeigt sich, dass Menschen ein Kirchengebäude mit wichtigen Momenten ihrer Biografie verbinden. Es ist daher ein hoch emotionaler Prozess.

Man soll nichts schönreden. In gewisser Weise ähnelt eine Kirchenschließung einer Beerdigung. Aber sogar auf einer Beerdigung verkünden wir, dass der Tod überwunden ist.

Henk de Roest hat es einmal so gesagt: »Wer die Gegenwart des Auferstandenen ernst nimmt, beleuchtet auch die Wirklichkeit der Kirche im Lichte ihrer gottgegebenen Möglichkeiten.«[4]

Elemente geistlicher Verantwortung

In Rückbauprozessen geht es also auch um geistliche Verantwortung.[5] Wer eine Glaubensgemeinschaft nur wie ein Unternehmen behandelt, hat sie im Kern schon missverstanden. Leitung ist kein Managerjob. Wer nur Zahlen, Prozesse und Ergebnisse sieht, verfehlt *das Eigentliche*: Menschen, Fragen, Schmerzen, Hoffnungen. Veränderung lässt sich nicht verordnen wie ein Strategiewechsel – sie muss durchlitten werden. Kritik wegzuwischen ist bequem, aber feige. Solange Enttäuschung und Ohnmacht unter den Teppich gekehrt werden, bleibt jeder Neuanfang bloße Fassade. Und wer an der Spitze steht, tut gut daran, die eigene Maske fallen zu lassen. *Authentizität* beginnt, wo Kontrolle endet. Gefühle zu zeigen ist kein Schwächeanfall – es ist die Voraussetzung für jede glaubwürdige Führung. Wer das nicht will, sollte sich fragen, was er dort eigentlich tut.

Transparenz ist kein Gnadenakt – sie ist Pflicht. Und zwar nicht nur emotional, sondern ganz konkret: sachlich, nachvollziehbar, lückenlos. Wer Entscheidungen vorbereitet, darf nicht im stillen Kämmerlein tagen und hoffen, dass der Rest schon irgendwann mitzieht. Gemeindeglieder haben ein Recht darauf, frühzeitig informiert zu werden – vollständig, nicht scheibchenweise. Und sie müssen wissen, wo sie sich weiter schlau machen können, wann welche Schritte anstehen und wie sie Einfluss nehmen können.

Das Problem: Leitung hat fast immer einen Wissensvorsprung – und oft nutzt sie ihn auch. Nicht aus bösem Willen, sondern aus Bequemlichkeit oder taktischem Kalkül – oder es wird schlicht übersehen. Doch genau das erzeugt Misstrauen. Nichts entfacht Widerstand schneller als das Gefühl, übergangen worden zu sein. Wer wirklich mit der Gemeinde arbeiten will, beginnt die *Kommunikation*, bevor die Entscheidungen gefallen sind. Ohne versteckte Agenda, ohne vorgefertigte Lieblingslösungen.

Und ja – das braucht *Geduld*. Es ist unbequem, langsam und mitunter anstrengend. Vor allem dann, wenn die lautesten Kritiker plötzlich mit am Tisch sitzen. Aber genau das ist der Punkt: Wer die lautesten Stimmen einbindet, nimmt dem Widerstand die Spitze und gewinnt im besten Fall kluge Köpfe für den weiteren Weg.

Denn besonders gefährlich sind die Entscheidungen, bei denen es scheinbar nur ein Ja oder Nein gibt – schwarz oder weiß, alles oder nichts. Wer die Gemeinde einfach vor vollendete Tatsachen stellt, wird sie spalten. Menschen wollen mitgenommen werden, nicht abgeschoben. *Kreativität, Beteiligung, Mitverantwortung* – das ist der Stoff, aus dem tragfähige Veränderungen gemacht sind.

Am Ende steht für jedes Gemeindemitglied dieselbe, knallharte Frage im Raum: Bin ich noch dabei – oder war's das für mich?

Je näher das Ende rückt, desto schmerzlicher wird uns bewusst, was wir verlieren. Das zeigen nicht nur Zahlen und Studien – das spürt jede und jeder, der je erlebt hat, wie eine Kirche ihre Türen schließt. Und deshalb sagen wir klar: Lasst uns trauern. Richtig, bewusst, gemeinsam. Denn was hier verschwindet, ist mehr als ein Bau aus Stein und Holz. Es ist ein Stück Identität. Ein Ort, an dem Geschichten geschrieben wurden, Tränen geflossen sind, Lieder erklangen, Leben geteilt wurde.

Eine Kirche zu verlieren heißt oft: den Rahmen zu verlieren, in dem der eigene Glaube Form gefunden hat. Das, was dieses Gebäude verband – Beziehungen, Rituale, Erinnerungen –, lässt sich nicht einfach in Umzugskisten packen. Wer nur das Materielle sieht, versteht nicht, worum es wirklich geht. Es geht um Heimat. Und Heimat lässt sich nicht über Nacht loslassen.

Deshalb braucht es *Raum für Abschied*. Ohne Schnelllösungen, ohne Floskeln. Denn wer Orte verliert, an denen das Herz hängt, verliert nicht nur Mauern – sondern einen Teil seiner Geschichte.

Wer will, dass eine Glaubensgemeinschaft in die Zukunft aufbricht, darf den Übergang nicht dem Zufall überlassen. Ein Neuanfang braucht mehr als Durchhalteparolen – er verlangt eine bewusst gestaltete Zwischenzeit, in der das Alte gewürdigt und das Neue vorbereitet wird. Ohne diesen Raum dazwischen bleibt der Aufbruch bloße Illusion.

Wie können nun solche Praktiken des Loslassens gestaltet werden?

An *Gemeindeabenden* und in *seelsorglichen Begegnungen* sowie im *Gottesdienst* soll Gelegenheit sein, um zu erzählen.

Wenn Abschied ansteht, braucht es mehr als ein paar warme Worte. Es braucht Raum, damit Menschen *ihre Geschichten* erzählen können – Geschichten, die mit Wänden, Bänken und Glockenklängen verwoben sind. Denn was hier zur Debatte steht, ist nicht nur ein Gebäude, sondern ein Stück gemeinsames Leben. Erinnern ist dabei kein nostalgischer Rückblick, sondern ein notwendiger Schritt nach vorn: Wer weiß, woher er kommt, kann eher entscheiden, wohin er gehen will.

Jetzt, wo das Ende konkret wird, muss ausgesprochen werden, was viele nur denken: Gehe ich mit? Suche ich mir eine andere Gemeinde? Oder war's das für mich mit Kirche? Diese Fragen gehören nicht in den Flur, sondern ins Zentrum des Gesprächs. Und es reicht nicht zu fragen, *was* Menschen tun – es geht um das *Warum*. Was hält sie? Was lässt sie zögern? Was treibt sie fort?

Nur wenn die Möglichkeit des vollständigen Zerbrechens offen benannt wird, wächst auch die Chance auf echten Zusammenhalt. Illusionen helfen hier niemandem. Wer will, dass Neues entsteht, muss den Mut haben, das Alte mit offenen Augen loszulassen – und die Zweifel, die Wut und die Trauer der Menschen ernst zu nehmen.

Es gibt Gemeinden, die sich auf dem Weg zur Schließung dafür entscheiden, *eine letzte Gottesdienstfeier oder einen Abschiedsabend zu halten*. Es können jedoch auch mehrere Anlässe sein, die den Prozess des Abschieds in Phasen gliedern. Generell sind (rituelle) Formen der Bewältigung innerhalb und außerhalb des Gottesdienstes dafür geeignet.

Ein Gottesdienst ist kein Fluchtort vor der Realität – er kann ein Raum sein, in dem Schmerz und Hoffnung sich begegnen. Gerade wenn eine Kirche vor der Schließung steht, braucht es Formen, die diesen Bruch nicht übergehen, sondern geistlich durchdringen. Die Bibel ist dabei kein Buch der Schönwettergeschichten. Sie ist voll von Erfahrungen des Verlustes – von Exil, Zerstörung, Heimweh. Das Volk Gottes hat immer wieder erlebt, was es heißt, Tempel und Heimat zu verlieren. Diese Geschichten kennen unseren Schmerz – und geben ihm Worte.

In einer Bibelarbeit, die sich diesem Abschied stellt, liegen die Fragen auf der Hand – und auf dem Herzen: Wie haben Menschen vor uns das Ende ihrer heiligen Orte überlebt? Was hat ihnen geholfen, weiterzugehen, ohne alles hinter sich zu lassen? Was sagen uns ihre Lieder, ihre Klagen, ihre Gebete in unserer eigenen Situation?

Und vielleicht noch wichtiger: Wo blitzt inmitten des Schmerzes neue Hoffnung auf? Wie können auch wir - mit leerem Blick und schwerem Herzen - ins Gebet finden und sagen: »Trotz allem. Dennoch. Wir vertrauen.«?

Der wahre Wendepunkt für eine Glaubensgemeinschaft kommt nicht durch endlose Diskussionen über allgemeine Themen oder fromme Floskeln. Er entsteht, wenn Menschen sich ernsthaft auf die *Gegenwart von Gottes Geist* einlassen. Eine Gemeinschaft, die sich neu auf das Evangelium besinnt, wird nicht nur nach ihrer Berufung fragen - sie wird sie herausfordern: Warum sind wir hier? Was ist der tiefe Grund unserer Hoffnung, der uns durch alle Unsicherheiten trägt? Welche Zukunft hat Gott für uns - für unser Dorf, unser Stadtviertel, für die Welt, in der wir leben?

Die entscheidende Frage lautet nicht nur: »Was sollen wir tun?«, sondern: »Sind wir bereit, uns hier und jetzt für Gott zu öffnen?« Wenn diese Fragen aus tiefstem Herzen gestellt werden, entsteht ein Raum, in dem echte Veränderung stattfinden kann. Hier wächst ein ›Mikroklima‹, in dem Zusammenarbeit und Kreativität erblühen, weil Menschen spüren: Es geht nicht um leere Worte, sondern um eine echte Aufgabe. Eine Kirche, die *sie* braucht. Eine Gemeinschaft, in der sie einen echten Unterschied bedeuten können.

Und das Gebet? Es ist der Schlüssel. Es ist nicht nur ein Ritual, sondern der Moment, in dem Menschen ihre Ängste und Hoffnungen, ihre Zweifel und Träume auf Gott werfen. In dieser Stille finden sie den Mut, nach Weisung zu fragen, Kraft zu schöpfen und sich neu auszurichten. Denn nur wenn Menschen ihre Zukunft in Gottes Händen legen, wird der Weg vor ihnen klar und voller Energie.

Der Tag des Abschieds

Am Tag des Abschieds wird der Raum nicht nur von Menschen, sondern von Erinnerungen erfüllt.

> Es ist, als würde das Leben selbst noch einmal durch die Mauern ziehen. Gesichter erscheinen vor dem inneren Auge, von denen eines klarer ist als das andere - und plötzlich wird der Schmerz real. Man hat sich noch einmal mit Hingabe um das Gebäude gekümmert, als ob es ein letzter Akt der Liebe wäre: Kupfer, das glänzt wie an den ersten Tagen, Bänke, die wieder in frischem Holz strahlen, der Garten, der aufblüht, als wolle er sich für das letzte Mal zeigen. Das Silber und das Abendmahlsservice glänzen wie in der

> Erinnerung an bessere Tage. Und draußen, fast wie ein Wunder, haben sich Schwalben niedergelassen, ihre Nester an der Regenrinne gebaut – ein leises Symbol des Lebens, das weitergeht.

Doch auch wenn wir uns liebevoll verabschieden, bleibt die Frage: Was bleibt von diesem Gebäude? Was war es wirklich, was es uns gab? Es ist wichtig, diesen Abschied nicht einfach nur zu begehen, sondern alles zu sagen, was nicht ungesagt bleiben darf. Was hat dieser Ort für die Menschen, die hier zusammenkamen, wirklich bedeutet? Es geht nicht nur um Ziegel und Stein – es geht um die Erinnerungen, die er bewahrt, um die Gemeinschaft, die er getragen hat. Und es ist gut, wenn wir all das aussprechen, was dieser Ort uns geschenkt hat. Wenn wir die Symbole des Lebens, des Glaubens und der Gemeinschaft würdigen, die hier ihren Raum fanden.

Abschiedsrituale wie diese sind mehr als nur Tradition – sie sind der Raum, in dem sich die Emotionen entladen können. Sie bieten die Chance, die Zwiespältigkeit, die eine Schließung mit sich bringt, überhaupt erst zuzulassen. In einem Moment des Abschieds können diese Rituale den Schmerz nicht nur anerkennen, sondern ihn kanalisieren, indem sie den kollektiven Schmerz der Gemeinschaft sichtbar machen und gleichzeitig Platz für persönliche Reaktionen schaffen. Es reicht nicht, einfach zuzusehen, wie jemand stellvertretend handelt. Heilung passiert, wenn Menschen sich selbst einbringen, wenn sie körperlich in Bewegung kommen und sich mit der Situation auf eine tiefere Weise verbinden.

Doch es gibt auch eine Falle, in die viele tappen: der Drang, zu früh über die Zukunft zu sprechen. So, als könnte man den Schmerz einfach übertünchen, indem man schnelle Lösungen oder Visionen für das, was kommen wird, präsentiert. Diese Flucht nach vorn kann der Situation noch mehr Gewalt antun. Die Zukunft wird kommen, aber sie kann nicht erzwungen werden, bevor der Abschied nicht wirklich durchlebt ist.

Eine nachdenkliche Notiz: Ist das alles überhaupt für die Beteiligten, die als Betroffene zu Proaktiven und Raumöffnerinnen werden sollen, machbar? Ganz nüchtern: Ich glaube nicht, dass die Betroffenen einen solchen Prozess umfänglich in den Blick nehmen können bzw. auch tragfähig und bis zum Ende tragen können. Das liegt nicht an der Kompetenz, sondern vielmehr an der systemischen Mehrfachbelastung in mehrerlei Hinsicht: mehrfach ›in Anspruch genommen‹ als Beteiligte und Verantwortliche, als jemand, der einen Prozess abschließt und den neuen Raum öffnen muss, als Personen, die in Adler- und Maulwurfperspektive gleichzeitig tätig sein müssen. Das ist schlichtweg (fast) nicht möglich.

Aber fachlich kompetente Personen, die in einem solchen Übergangspastoral geschult sind, die Gemeinden und Regionen eine Wegstrecke in einem solchen Prozess begleiten, ja, das ist machbar. Sozusagen ekklesiale Trauerbegleiter oder ekklesiale Hospizbegleiterinnen.

Hier sind nun Werke, Vereine und kirchliche Beratungsorganisationen als essentielle Player für dieses Thema in regiolokalen Kirchenentwicklungsprozessen gefragt, als ekklesiale Spirituale, die Prozesse des Abschiednehmens gestalten.

HINWEISE

Gibt es eigentlich Liturgien und geistliche Prozessgestaltung für die Schritte des Abschiednehmens in unseren Kirchen und Gemeinden? Wie werden die Verlusterfahrungen, die Rückbauprozesse in eine geistliche Form gegossen oder welche liturgischen Impulse gibt es dazu? Eine hervorragende Handreichung hat das Bistum Essen entwickelt: »Abschied von Kirchen-Räumen. Arbeitshilfe zur pastoralen und kommunikativen Begleitung von Kirchenschließungsprozessen«[6].

Impulse über biblische Geschichten des Übergangs finden sich bei:

PAUL M. ZULEHNER, ECKEHARD ROSSBERG und ANNA HENNERSPERGER: Mit Freuden ernten. Biblisches Saatgut für Zeiten und Prozesse des Übergangs. Ostfildern 2013.

Einige fachliche Überlegungen finden sich bei:

TODJERAS, PATRICK: »Wie hört man eigentlich etwas auf – in Kirche?« Amt und Gemeinde 72/3 (2023): 145–154.
BILS, SANDRA und TÖPFER, GUDRUN L.: Exnovation und Innovation: Synergie von Ende und Anfang in Veränderungen. Stuttgart 2024.

ANMERKUNGEN

[1] So wird es zumindest immer wieder als wichtig benannt, zum Beispiel von Oliver Albrecht, der von einer »Zeit der Schmerzen« spricht. ALBRECHT, Impulse, 168–170.

[2] Siehe beispielhaft: ROBERTS/FRANCIS, Church. Oder: ROEST, Kirchenschließung.

[3] Siehe beispielhaft: BOCK/BÖNTERT (Hrsg.), Steine. KLIE/SCHEPS, Kirchbauvereine.

[4] ROEST, Kirchenschließung, 419.

[5] Siehe dazu auch »Umgang mit Abschieden, Feedback und Konflikten« in EBERT/POMPE: Handbuch, 335–341.

[6] Herausgeber Bistum Essen, Dr. Andrea Qualbrink, Stabsbereich Strategie und Entwicklung: zu finden unter: https://eundg.at/angebot/abschied-vom-kirchenraum/. (Stand 13.03.2026).

Neid überwinden, Motivation finden

Hans-Hermann Pompe

Ein Kooperationsprozess in einer kirchlichen Region irgendwo in Deutschland. Es gibt keinen öffentlichen Widerspruch zum Vorgehen, aber immer wieder spürbare innerliche Abwehr. Die Gremien sind formal dafür, aber der Prozess leistet nicht das Erhoffte. Beschlüsse sind gefasst, aber Obstruktion durch Nichthandeln verhindert Ergebnisse. Nur eine Ausnahme? Regiolokale Kirchenentwicklung (RLKE) ist kein Wundermittel, geschweige denn ein Werkzeug, das unabhängig von den Einstellungen und Verhaltensmustern der handelnden Personen Erträge bringt. Sie kann wie jede Verhaltensänderung latenten Widerständen begegnen, trotz aller Beschlüsse wirkungsvoll ausgebremst werden. Zu den häufigsten Bremsern gehören Neid und Demotivation. Beide stehen hier stellvertretend, Neid für die aktiven, Motivationsmangel für die passiven Bremser in kirchlichen Entwicklungsprozessen. Woran werden sie deutlich? Wie soll man damit umgehen? Und hängen sie ggf. enger zusammen als uns bewusst ist?

Neid: Die verborgene Bremse

2010 – die erste Jahrestagung des neu gegründeten EKD-Zentrums für Mission in der Region: Wie gelingt Kooperation und wechselseitige Stärkung zu regionaler Mission? Der zum Thema referierende Heidelberger Systematiker Wilfried Härle zitierte als Mittel gegen möglichen Neid in Regionen »eine Haltung, wie Paul Gerhardt sie in einem seiner wunderbaren Lieder als Gebet formuliert hat, das einen festen Platz in möglichst vielen damit befassten Gremien bekommen sollte: Lass mich mit Freuden ohn' alles Neiden sehen den Segen, den du wirst legen in meines Bruders und Nächsten Haus. Geiziges Brennen, unchristliches Rennen nach Gut mit Sünde, das tilge geschwinde von meinem Herzen und wirf es hinaus«.[1] (EG 449,6)

> »Lass mich mit Freuden ohn' alles Neiden sehen den Segen, den du wirst legen in meines Bruders und Nächsten Haus.«
> Paul Gerhard

Neid ist ein häufiger Elefant im Raum der evangelischen Kirche: Niemand gibt gerne öffentlich zu, dass er Neidgefühle hat. Trotzdem gilt: Wenn in der Kirche einer Person oder einer Gemeinde etwas Gutes gelingt, löst es selten Freude oder Beifall bei andern aus, sondern eher Gefühle von latenter oder offener Ablehnung. Manchmal als ungläubige Skepsis: Wie kann das sein?, gerne als theologisches Misstrauen: Das ist fragwürdig, weil ..., oder schlicht als Erfolgsneid: Wieso gelingt das bei mir/uns nicht? Zu den Ursachen mag ein falsches Denken von Erfolg gehören, das sich tief in Theologie (via Aufmerksamkeitsökonomie, Auflagen, Zitationen) und Kirche (via Vorbildfunktion, statistische Zahlen, öffentliche Vergleiche) eingefressen hat: Rechtfertigung triumphiert gerne durch Leistung statt durch Gnade. Woher auch immer Neid kommt, was auch immer er auslösen mag, diese Anwandlungen sind so menschlich, dass Neid, seit Kain als menschliche Versuchung bekannt, schon in den neutestamentlichen Schriften häufig thematisiert wird. Da ist das Positionsmessen um das beste Ranking, die optimale Positionierung im Jüngerkreis Jesu (Mk 10,35–45). Für Paulus kennzeichnet Neid (φθόνος) in Röm 1,29 das gottlose menschliche Wesen, in Gal 5,21 zählt er unter die Werke des Fleisches. Spätere Schriften wie 1 Petr 2,1 bzw. Jak 3,16 oder 4,2 zeigen, dass Neid in den ersten Gemeinden durchaus wirksam war. In der Alten Kirche widmet der 1. Clemensbrief dem Thema gleich drei Kapitel (1 Cl 4–6), beginnend bei Kain, und aktualisiert die Dringlichkeit für die Urchristenheit, indem er die Probleme durch Neid für Petrus und besonders für Paulus benennt: »Wegen Eifersucht und Streit musste Paulus viel Geduld aufbringen, aber er wurde für diesen Kampf mit dem Preis belohnt.«[2] (1Cl 5,5) Möglicherweise ist dies eine Reminiszenz an den erlebten Neid samt Streit, den Paulus vom Ort seiner Gefangenschaft den Philippern mitteilt (Phil 1,15–18). Kein Wunder, dass Neid im Mittelalter einen prominenten Platz in der Liste der charakterlichen Todsünden bekam.

Für Dietrich Bonhoeffer gehört das persönliche Neiden in das erschrockene und befreiende Schuldbekenntnis der gesamten Kirche. Neiden sei (nach

Jak 4,1f.) gemeinschaftsrelevant; es wirke, obwohl »ganz persönliche Sünde jedes Einzelnen [...] als vergiftende Quelle für die Gemeinschaft [...]. Auch die heimlichste Sünde des Einzelnen ist Verunreinigung und Zerstörung des Leibes Christi [...]«.[3] Bonhoeffer verbindet den Einzelnen mit der Gemeinschaft: »Ich kann mich nicht dabei beruhigen, daß mein Anteil nur ein verschwindend geringer sei, hier wird nicht gerechnet, sondern ich muß erkennen, daß gerade meine Sünde an allem schuld ist. [...] Diese vielen Einzelnen schließen sich ja zusammen in dem Gesamtich der Kirche. In ihnen und durch sie bekennt und erkennt die Kirche ihre Schuld.«[4] Auch verborgener Neid kann das Ganze der Kirche vergiften, nur sind dessen Ursachen schwerer zu erkennen und seine Folgen, meist atmosphärische, bleiben seltsam ungreifbar.

Robert Sapolsky kommt in seinem Standardwerk über biologische Muster menschlichen Verhaltens[5] auch auf Neid zu sprechen. Als Neurowissenschaftler ordnet er Neid mit einer Fülle von Studien unterschiedlich ein. Neid ist z. B. im körperlichen Belohnungssystem (Dopamin-Ausschüttung) eine Reaktion auf den Erfolg oder die Attraktivität anderer. Geraten nun diese Erfolgreichen in Unglück oder Misserfolg, so löst das bei den weniger Erfolgreichen Dopamin aus – Schadenfreude als Glückserfahrung.[6] Auch das sog. Glückshormon Oxytocin fördert zwar »Großzügigkeit [...], aber nur bei Menschen, die bereits großzügig sind.« Und in Tests wurde die Annahme durchkreuzt, »Oxytocin verstärke Vertrauen und Kooperation in einem wirtschaftlichen Strategiespiel – das gilt jedoch nicht, wenn der andere Spieler anonym ist und sich in einem anderen Raum befindet. In Spielen gegen Fremde *reduziert* Oxytocin die Kooperation, wobei es Neid weckt, wenn man Pech hat und Schadenfreude hervorruft, wenn es gut läuft.«[7] So folgert Sapolsky aus mehreren Experimenten: »Oxytocin macht uns prosozialer gegenüber Unseresgleichen und niederträchtiger gegen jedermann sonst. Uneingeschränkte Prosozialität sieht anders aus.«[8] Kein Wunder, dass Jesus diese Gruppenfreundlichkeit (»us – them«) für nichts Besonderes hält: Wenn ihr nur die liebt, die euch lieben, was werdet ihr für Lohn haben? Tun nicht dasselbe auch die Zöllner? (Mt 5,46f.) Im Reich Gottes wird anders gehandelt: Wenn ihr ein Fest macht, ladet nicht Freunde, Brüder oder reiche Nachbarn ein, sondern die Armen, Verkrüppelten, Lahmen und Blinden, also diejenigen, die sich nicht mit gleicher Münze revanchieren können (nach Lk 14,12–14).

Wie wird Neid im Miteinander der Kirche wirksam?

- Häufig in wechselseitiger Kombination mit *Streit.* Schon in den ersten Gemeinden werden Neid (φθόνος) und Streit (ἔρις) mehrfach gemeinsam benannt, offensichtlich als Problem der jungen Gemeinden nach der Aufbauphase (2Kor 12,20; Gal 5,20; 1Tim 6,4 u. ö.). Streit kann zusammen mit oder als Folge von Neid entstehen – und kann sich verfestigen in Vorurteilen oder Distanz. Meist braucht es externe Vermittler, um die Trümmer einer Auseinandersetzung zu beseitigen, und Zeit, um Verletzungen zu heilen.
- Neid fördert *Gruppendenken* und Zersplitterung. Hier wirkt sich v. a. unzureichende Kommunikation aus, etwa als Nichtwissen übereinander, als (un)bewusstes Verschweigen oder als vernachlässigte Nähe. Vertrauen wächst erst da, wo Nähe gesucht und wechselseitig offen kommuniziert wird.
- Der *Kampf* um knappe Mittel kann wie ein Brandbeschleuniger wirken: Wo alle kürzen müssen, wird das Eigene schnell als wichtiger angesehen als das der Anderen. Der Blick verengt sich, Partikularinteressen dominieren.
- *Obstruktion* ist eine schnelle Reaktion, um ungeliebte Beschlüsse zu bremsen oder gar auszuhebeln. Eine besondere scheintheologische Variante ist der ausgerufene gefährdete Bekenntnisstand.
- *Gerüchte* und Nachrede sind verführerisch, weil sie helfen, von eigener Schwäche abzulenken.

Vier Werte, um mit Neid konstruktiv umzugehen:

- *Ehrlichkeit.* Es hilft, sich die eigene Versuchung zu Neid einzugestehen, sie vor Gott und auch vor anderen zu bekennen, um sich wechselseitig barmherziger begegnen zu können. Das Gebet des Zöllners (Lk 18,13) ist näher an befreiender Wahrheit als jede Kritik oder Bloßstellung anderer. Elefanten im Raum müssen benannt werden, um gesehen zu werden. Ein in der RLKE tätiger württembergischer Kollege berichtet: »Bei der letzten Klausur kam es zu einer regelrechten gegenseitigen ›Bekenntnisrunde‹ alter Geschichten und vertrauenszersetzender Haltungen durch die Kirchengemeinderäte zweier sehr unterschiedlicher Gemeinden, die aber Nachbarn sind und aufeinander angewiesen.« Für ihn zeigte dies, dass die Begleitung von Gemeinden/Gemeindenachbarschaften mit dem dort gewählten regionalen Ansatz definitiv Perspektiven öffnet, Haltungen klärt und auch verändert.

- *Nähe.* Von Sapolsky ist zu lernen, dass Nähe suchen und Vertrauen aufbauen eine solide Grundlage schaffen kann, um auch in Differenzen und komplexen Situationen beieinander zu bleiben. Wer mir bekannt und vertraut ist, ist kein Fremder mehr, denn Investitionen in Nähe relativieren biologische und soziale Limits, sie ebnen stattdessen Wege zur Zusammenarbeit.
- *Teilen.* Keine Gemeinde, keine Person ist zu unbedeutend, um nicht etwas geben oder beisteuern zu können. Neugier auf Gaben anderer und deren Anerkennung führt weiter als Arroganz oder Distanz. Die stärkeren Gemeinden können nach dem paulinischen Modell Schwache/Starke (Röm 14) in das investieren, was den Schwächeren ihre Ängste nimmt. Damit nehmen sie ihre Verantwortung für die Nächsten - meist die Nachbargemeinden - vor Christus wahr. Sie werden die Erfahrung machen: Wer geben kann, wird reifer statt enger, beschenkter statt ärmer. (Apg 20,35b)
- *Gemeinsame Erfahrungen.* Gemeinsame Projekte, deren Mehrwert für die Beteiligten wie für weitere Menschen erfahrbar sind, schaffen Vertrauen. In der regionalen Gemeinschaft des Leibes Christi hat auch die kleinste oder schwächste Organisationsform der Gemeinde Jesu etwas beizutragen. Und die Wertschätzung der Schwachen, doch wohl auch der Unansehnlichen oder sogar der Schwierigen, ist nach Paulus (1Kor 14,22-25) unbedingt nötig für das Ganze, damit der Leib zusammenbleibt, wächst und dem Evangelium dienen kann.

Die Wertschätzung der Schwachen, doch wohl auch der Unansehnlichen oder sogar der Schwierigen, ist nach Paulus (1Kor 14,22-25) unbedingt nötig für das Ganze, damit der Leib zusammenbleibt, wächst und dem Evangelium dienen kann.

Demotivation: Forderung trifft auf Erschöpfung

In Buchhandlungen sind die Angebote zur Selbstmotivation und Überwindung unserer Schranken schier grenzenlos. Nach Belletristik - also Liebe, Erzählung, Krimi etc. - und Kinderbüchern verkauft sich auf Platz drei Rat aller Art - wobei nicht zwischen seriösem und esoterischem Rat unterschieden wird.[9] Das Internet ist geflutet mit Videos, Tutorials, Podcasts etc. zur Schaffung von Motivation. Nur: Wenn es so viele Angebote gibt, das Problem aber offensichtlich für die große Mehrheit bestehen bleibt, dann ist fehlende

Motivation kein allein technisches oder psychisches, sondern auch ein spirituelles Problem.

In ›Motivation‹ steckt das lateinische Wort für Bewegen: welche Motive bewegen uns, was bringt uns vorwärts, wohin wollen wir kommen? Was hilft uns zu beginnen, weiterzugehen, neue Kraft zu bekommen? Es geht um unsere Ziele und Leitbilder, und es geht um unsere Kraft und Ausdauer. Und beides, Ziele wie Kraft, hängen an dem, was uns aus Gottes Fülle zukommt, uns am Leben hält und uns ausrichtet. Wie viel Mut haben wir in ungewohnten Situationen, wo es nicht wie bisher weiter gehen kann? Viele biblische Linien unterstreichen Gottes Interesse an Müden oder Demotivierten. »Er gibt den Müden Kraft und Stärke genug den Unvermögenden«, tröstet Jesaja die erschöpft an Gott Zweifelnden. (Jes 40,29) Jesus zeigt ein besonderes Interesse für Mühselige und Beladene, will sie erquicken, mit neuem Lebensmut erfüllen. (Mt 11,28)

Im Schiff, das sich Gemeinde nennt, sind die Motive und Ziele so etwas wie das Steuerruder: Sie entscheiden, wohin es gehen soll. Steuerungskunst (κυβέρνησις, 1Kor 12,28) zählt Paulus zu den Leitungscharismen. Die Kraft zur Bewegung, zum Aufbruch kommt allerdings vom Wind-Geist Gottes, der die Segel füllt. Ob das Schiff sich bewegt oder nicht, ist Gottes Sache. Aber wohin es nach Gottes Willen gehen soll, ist eine uns anvertraute gemeinsame Suchaufgabe: Weise mir, Herr, deinen Weg, bitten betende Menschen in den Psalmen an vielen Stellen. (Ps 25,4 u.ö.)

Mein stärkster Eindruck aus zwölf Jahren bundesweiten Reisedienstes: Müdigkeit und Erschöpfung. Nicht mehr zuerst theologischer Streit wie in den 60er bis 80er Jahren, nicht mehr Methoden-Konkurrenz wie in den folgenden Jahrzehnten, sondern schlicht Kraftlosigkeit: Es hat alles doch nicht viel gebracht – wir werden weniger in einer Gesellschaft, die sich von Glauben, Kirche und Gott verabschiedet. Es gibt das alte Bild des Sisyphos, der von den Göttern verurteilt ist, einen Stein auf einen Berg zu wälzen – und wenn er oben angekommen ist, rollt der Stein herunter, so dass er wieder von unten anfangen muss. Ein Bild für schwere Anstrengung ohne großen Ertrag oder Wirkung, man könnte auch sagen, Pflicht ohne Freude, sinnlose Mühe. Albert Camus sah darin ein sinnvolles Leben: »Der Kampf gegen Gipfel vermag ein Menschenherz auszufüllen. Wir müssen uns Sisyphos als einen glücklichen Menschen vorstellen«, heißt es am Ende seines berühmten Textes zu Sisyphos.[10]

Aber der Kampf gegen Gipfel ist nicht die Verheißung Jesu, als er begann, Menschen in seine Nachfolge zu rufen. Jesus berief nicht in die Vergeblichkeit, sondern ins Vertrauen auf das Wort Gottes, weil es wie ein Same wirken kann. Und wenn er auf Gipfel führte, dann um dort zu lehren oder die Nähe zum Vater zu enthüllen, um anschließend seine Jünger und Zuhörerinnen unter die Menschen zu senden, die das Evangelium brauchen. Jesus brachte nicht die Überforderung, sondern das Geschenk der Kindschaft Gottes, den Beginn der Herrschaft Gottes, die Freude der Umkehr zu Gott, die Begleitung durch Gottes Geist.

Bilder nutzen und Gefühle ansprechen

Eine Schlüsselfrage der Motivationsforschung[11] ist: Was bewegt Menschen, bestimmte Dinge zu tun und andere zu lassen? Wirtschaft und Politik instrumentalisieren schnell: Wie muss man vorgehen, um menschliches Verhalten effektiv und effizient zu beeinflussen? Die Forschung ist sich einig: Intrinsische Motivation ist stärker und nachhaltiger als extrinsische. Also Freude, Reiz, Neugier, Passung mit meinen Gaben – das bewegt stärker als Pflichten, Aufgaben, Belohnungen oder Befehle.

Es gibt in der Motivationsforschung interessante Ergebnisse, die biblische Linien bestätigen. Etwa dies: Wir brauchen starke Bilder, Vorstellungen und Verlockungen, um uns auf etwas Neues einzustellen und zu handeln. Unsere inneren Bilder sind zunächst so etwas wie Haltepunkte. Eines der ältesten Bilder aus dem frühen Mittelalter ist das der Ortsgemeinde: eine richtige Gemeinde hat eine Kirche, einen Gottesdienst und eine Pfarrperson für einen Bezirk.[12] Schwierig wird es, wenn eines davon wegbricht: Sind wir vor Ort dann noch eine Gemeinde? Alte Bilder halten nicht nur, sie können auch festlegen, den Raum für Neues blockieren. Dann braucht es neue Bilder, um eine Zukunft zu sehen, die wir erwarten dürfen und jetzt durch unser Handeln mit herbeiführen sollen. Eine der wichtigsten Aufgaben für Menschen in Gemeinde- oder Kirchenleitung ist, solche Bilder zu suchen, sie zu erzählen, vorzuleben und unter die Menschen zu bringen. Neue Bilder können nicht vorgegeben oder verordnet werden – sie werden von Gott erbeten, überraschend gefunden und freiwillig angenommen. Und nachhaltig motivieren können sie nur, wenn sie mit neuen Erfahrungen verknüpft werden.

Ein weiterer Faktor für Motivation: Veränderungsprozesse müssen uns Menschen emotional mitnehmen – unser Gehirn braucht nicht nur Argumente, sondern es braucht zuerst Vertrauen, Einladung, Wertschätzung, Neugier und Transparenz. Die meisten Entscheidungen werden zuerst und zentral in unseren Emotionen getroffen, das hat der Nobelpreisträger Daniel Kahneman umfassend belegt.[13] Warum sind Gefühle so wichtig? Es geht bei Veränderung immer auch um Zugehörigkeit und Identifikation. Jede Kommunikation hat ihre Beziehungsebene, die gelebt werden will. Und wo die fehlt oder zu schwach ist, nützt das beste Argument nichts. Wo Angst, Wut, Unruhe oder Zweifel überwiegen, helfen Argument oder Druck wenig. Dann schwächelt oder fehlt meist die Beziehungsebene. Freiraum für Neues entsteht erst, wenn wechselseitiges Vertrauen wachsen konnte.

»Gott, mein Herz ist bereit, ich will singen und spielen. Wach auf, meine Seele!« motiviert der Beter sich in Psalm 108,2. Der Psalm nutzt hier nicht das übliche hebräische Wort für Seele, sondern ›kabod‹, was bei Gott Herrlichkeit und bei Menschen Kraft, Gewicht bedeutet. Wörtlich übersetzt: Auf, meine Kraft, oder: Auch du, meine Ehre! Offensichtlich gibt es einen Zusammenhang zwischen der Ausrichtung auf Gott und unserem Können, zwischen der Hingabe unseres Herzens und der Motivation zum Handeln.

Wach auf? Intrinsische Motivation heißt: Ich mache etwas aus Interesse am Tun selbst, weil ich es will, weil ich Freude daran habe, weil es mich reizt oder herausfordert. Dazu brauche ich weder eine Belohnung noch einen Vertrag, weder Pflicht noch Druck. Aber es bleibt ein Geheimnis, wie diese intrinsische Motivation entsteht. Für Christenmenschen hängt die Kraftfrage an der Gottesfrage: Wirst du mich halten, auch auf dem Wasser? (Mt 14,30) Habe ich als glimmender Docht, als geknicktes Rohr für dich noch einen Wert? (Jes 42,3) Kannst du mich neu gebrauchen, auch wenn ich dich dreimal verleugnet habe? (Joh 21,15ff.) Stimmt es, dass wir alles vermögen durch Christus, der uns mächtig macht? (Phil 4,13) Wirst du mich in meiner Höhle finden, wohin ich mich am Ende meiner Kraft zurückgezogen habe? (1Kön 19)

Wenn Herausforderungen motivieren

Regionen und Gemeinden der evangelischen Kirchen stecken in einer Flutwelle von sich zum Teil überlagernden Prozessen: Kaum ist einer einigermaßen bewältigt, kommt schon der nächste, und manche laufen parallel. Wie behält man/frau dabei die Motivation? Und wie kann dabei das Kerngeschäft, der Auftrag Jesu, das Reich Gottes, im Zentrum bleiben? Wie kann unsere Motivation erhalten bleiben oder neu entflammt werden? Es gibt wechselnde Kontexte für Motivation, die wir kaum beeinflussen können. Es gibt bleibend uns Unverfügbares. Aber es gibt auch Möglichkeiten: Was in unseren Händen liegt. Schematisch gedacht gibt es drei Hauptfaktoren für Handeln:

- *Druck*: Dazu gehören Erwartungen anderer, Anforderungen, Widerstand etc. Wir wissen schlicht, wir müssen. Ohne Druck kein Ruck.

- *Gewinn:* etwa durch Belohnungen oder Prämien. Gibt es einen Mehrwert? Haben wir einen Nutzen? Löst es Befriedigung aus?
- *Herausforderungen:* an Person und Können, inklusive Kreativität, Ausbildung und Weisheit. Lockt oder reizt es mich? Traue ich, trauen andere mir das zu? Dann geht selbst bei einem übervollen Terminkalender noch etwas.

Der stärkste, nachhaltigste und einzige ausschließlich intrinsische Faktor sind die Herausforderungen. Verlockt es uns, etwas zu entwickeln, auszuprobieren, umzusetzen? Spricht es unsere Gaben und Erfahrungen an? Fordert es Kreativität, das Spiel mit dem zunächst Unlösbaren? Entwickelt es die sozialen Beziehungen, in die wir eingebunden sind? Begeisterung und Lust sind weitgehend hier angesiedelt. Solche Herausforderungen schaffen eine Bewegung der Ermutigung, der Entwicklung unserer Persönlichkeit und der Lösung von Problemen. Sie lassen den Neid hinter sich. Luther hat in einem berühmten Gedanken formuliert: »Das Leben ist nicht ein Frommsein, sondern ein Frommwerden, nicht eine Gesundheit, sondern ein Gesundwerden, nicht ein Sein, sondern ein Werden, nicht eine Ruhe, sondern eine Übung. Wir sind's noch nicht, wir werden's aber. Es ist noch nicht getan oder geschehen, es ist aber im Gang und im Schwang. Es ist nicht das Ende, es ist aber der Weg.«[14] Die Motivation durch Herausforderungen ist ein Prozess, sie vertreibt den Neid auf andere, weckt uns auf aus Lethargie und Trägheit, verwandelt Resignation und Müdigkeit in neue Kraft.

Warum ist die Lust, etwas zu bewirken, solch ein starker Faktor der Identität? Eine Antwort liefert die Psychologie: Entscheidend ist das Zutrauen, die Erwartung der Selbst-Wirksamkeit.[15] Hartmut Rosa stellt fest: Für Handlungs- und Lernfähigkeit, auch für soziale Beziehungen und Lebenszufriedenheit kommt es entscheidend darauf an, »dass Subjekte sich zutrauen, Herausforderungen zu meistern, kontrolliert auf die Umwelt Einfluss nehmen und damit planvoll etwas bewirken zu können«. Die eigenen »Wirksamkeitserfahrungen beeinflussen daher, wie Menschen denken, wie sie fühlen, wie sie sich motivieren und wie sie handeln«.[16]

> »Wirksamkeitserfahrungen beeinflussen daher, wie Menschen denken, wie sie fühlen, wie sie sich motivieren und wie sie handeln.«
> Hartmut Rosa

Hohe Selbstwirksamkeits-Erwartungen wirken sich positiv aus: auf Sozialverhalten, Lernerfolge, Gesundheit und Lebenszufriedenheit. Bei niedrigen Erwartungen lassen sich entsprechend negative Effekte beobachten.

Wie bewahren wir unsere Motivation für das Evangelium, für die Mitarbeit in der Kirche, für die Verantwortung in unseren Gemeinden, auch für unseren eigenen Glauben, für Liebe und Hoffnung? Biblisch gesehen ist uns vom Schöpfer Wirksamkeit in die Wiege gelegt: Seine uns anvertraute Schöpfung zu bebauen und zu bewahren (Gen 2); Gott und den Nächsten zu lieben (Mk 12); aufzubrechen und Menschen mit dem Evangelium vertraut zu machen (Mt 28), einen Glauben zu leben, der in der Liebe wirksam ist. (Gal 5,6) Herausforderung und Umsetzbarkeit sind unter den drei genannten Motivationsfaktoren nachhaltiger als Druck und sympathischer als Belohnung.

Für die Korinther hatte Paulus eine besondere Herausforderung: Wie kann er die wohlhabenden Christinnen dort für eine Unterstützung der armen Gemeinden in Judäa und Jerusalem begeistern? Wie ihre Leidenschaft wecken? Paulus motiviert, indem er mehrere Argumente werbend verzahnt. Da ist zentral das Beispiel Christi: »Denn ihr kennt die Gnade unseres Herrn Jesus Christus: Obwohl er reich ist, wurde er doch arm um euretwillen, auf dass ihr durch seine Armut reich würdet.« (2Kor 8,9) Außerdem berichtet er von den ärmeren Gemeinden in Nordgriechenland, die schon gesammelt haben (8,2f.): Er startet sozusagen einen Wettbewerb der Großzügigkeit. Und Titus ist vor Ort, ein erlebbares Vorbild für Einsatz und Begeisterung. (8,16f.) Das Bild Christi, kombiniert mit ansteckenden Beispielen und präsenten Motivatoren, löst Handeln aus.

Und da ist noch die Leichtigkeit, die jede geistliche Motivation begleitet. Alle echte und nachhaltige Begeisterung hat etwas von einem Spiel, das uns packt und fasziniert. Rick Rubin ist einer der weltweit einflussreichsten Musik-Produzenten. Seine Erfahrung als Künstler: »Zuviel Ernst [...] lässt keinen Raum für die spielerische Seite des Menschseins. Für die chaotische Ausgelassenheit unseres Daseins. Für die Leichtigkeit der reinen Freude um der Freude willen. Im Spiel gibt es [...] keine Produktivitätsziele. Es ist ein unbefangener Zustand, in dem unser Geist frei ist. In dieser entspannten Verfassung entstehen die besten Ideen.«[17] Intrinsische Motivation entsteht aus dem Interesse am Tun selbst: Was aus uns selbst kommt und seinen Wert in sich hat, wurzelt in unserer Kreativität und unserem Interesse.[18] Paulus könnte sagen: Weil es unseren Gaben entspricht, mit denen Gottes Geist uns beschenkt hat. Im Reich des Glaubens ist Motivation ein Geschenk Gottes, der in uns beides bewirkt: das Wollen und das Vollbringen. (Phil 2,13)

Und so schließen wir auch Frieden mit unserem Kontext und der Zeit, in der wir leben. Gott hat uns hierhin und ins Jetzt gestellt – das Heute ist unsere Platzanweisung. Wir trauern nicht mehr einer angeblich glorreichen Vergangenheit nach, wir verheben uns nicht mehr an einer Zukunft, die zu gestalten uns überfordert. »Das Heute ist unsere Zeit, alles andere ist Gottes«, wird dem großen schlesischen Theologen Joseph Wittig zugeschrieben. Das schließt unseren Dank für das Gute der Vergangenheit und unsere Verantwortung für die Zukunft mit ein. So wird Dank nicht mehr zur Nostalgie und Verantwortung nicht mehr zur Überforderung. *Heute* ist euch der Heiland geboren, hören die Hirten. *Heute* muss ich bei dir zu Gast sein, sagt Jesus zu Zachäus. *Jetzt* ist die Zeit der Gnade, schreibt Paulus den Korinthern. Wir müssen nicht von einer anderen Zeit träumen oder einen anderen Ort suchen: Jesus Christus ist uns jederzeit gegenwärtig, alle Tage bis ans Ende der Welt.

Anmerkungen

1 Härle, Ekklesiologie, 36.

2 Berger/Nord: Das Neue Testament und frühchristliche Schriften, 689. Der 1Clem wird unterschiedlich datiert: Berger/Nord »um 75 n. Chr.« (a. a. O., 685), Oscar Cullmann etwa »ums Jahr 96«, in: ders., Einführung, 88, dort auch der Bezug zu Philipper 1.

3 Bonhoeffer, Ethik, 127.

4 A. a. O., 127f. In Bonhoeffers Mandatenlehre (a.a. O., 304ff.) wird Neid im Miteinander von ›oben‹ und ›unten‹, also im Miteinander der Mandate, der Konkretionen des in Jesus Christus offenbarten Gebotes Gottes wie ein Signal markiert: »Das Verhältnis von Oben und Unten ist in diesem Stadium der Umkehrung und Auflösung das der tiefsten Feindschaft, des Mißtrauens, des Betruges und des Neides.« (396)

5 Sapolsky, Behave. Deutsch: Gewalt und Mitgefühl: Die Biologie des menschlichen Verhaltens | Über die Ursachen und die Entstehung von Aggression.

6 A. a. O., 92.

7 A. a. O., 155. Kursiv im Original.

8 A. a. O., 156.

9 https://www.boersenverein.de/markt-daten/marktforschung/wirtschaftszahlen/warengruppen/ (Stand 22.01.2025).

10 Zit. nach: https://de.wikipedia.org/wiki/Sisyphos#Nach_Camus (Stand 26.1.2025).

11 Einen hilfreichen Überblick findet man bei Dessoy, Motivation. Einiges Folgende in Anlehnung an Dessoy.

12 Vgl. Hermelink, Organisation, 127ff.

13 Kahneman, Denken. Sowie ausführlicher im Beitrag von Todjeras/Herbst, Ansatzpunkt: Schnelle und langsame Kirchenentwicklung.

14 Luther, Martin: Grund und Ursach aller Artikel, so durch römische Bulle unrechtlich verdammt sind (1520), WA 7, 336.

[15] Nach Albert Bandura, Ralf Schwarzer.

[16] Rosa, Resonanz, 271.

[17] Rubin, kreativ, 362.

[18] Vgl. Dessoy, a. a. O.: »Besonders nachhaltig ist eine Motivation, die von innen, aus dem Interesse am Tun selbst entsteht (intrinsische Motivation) [...]. Das hängt damit zusammen, dass der Mensch einen ausgesprochenen Hang zum neugierigen und spielerischen Ausprobieren hat, bei dem analytische und kreative Fähigkeiten zusammenwirken. Diese Eigenschaft hat sich im Laufe der Entwicklungsgeschichte herausgebildet und einen entscheidenden Vorteil gegenüber anderen Arten verschafft. Sie ist die Grundlage von Kultur, Zivilisation und Technik.«

Anwendung

Regiolokale Kirchenentwicklung – Warum ich nicht mitmache

Kolja Koeniger

Um es vorwegzunehmen: Dies ist kein Ruf »nach den guten, alten Zeiten«. Die Zukunft der Kirche ist keine Fortschreibung der Vergangenheit, nicht einmal ihre Gegenwart wird sich verlängern lassen. Die Halbierung der Gemeindegliederzahlen in der EKD wird voraussichtlich bereits 2040 erreicht sein (so Steffen Bauer[1]), nicht erst 2060 (Freiburger Studie[2]). Wenige kirchentheoretische Ansätze nehmen diese dramatische Entwicklung so ernst wie RLKE! Insofern richtet sich meine Kritik nicht gegen die Idee als solche, sondern sie ergibt sich aus praktischen Erfahrungen in einem (westdeutschen) Kirchenkreis, der sich einem Strukturprozess mit Ähnlichkeiten zur RLKE verschrieben hat.

Ziel des Prozesses ist es nicht zu warten, bis der Trend die Gemeinden überrollt, sondern Veränderungen aus einer Position relativer Stärke anzustoßen. Die Gemeinden wurden nicht im Schwitzkasten erdrückender Problemdarstellungen (Mitgliederrückgang, Personalmangel, Haushaltspläne) zur Teilnahme gezwungen, vielmehr wollte man sie mit einem motivierenden Zielfoto für den Prozess gewinnen. Der Prozess präsentiert sich theologisch durchdacht und kirchlich innovativ. Das professionell gelayoutete Strukturpapier versetzt die Lesenden in das Jahr 2030, in dem die wichtigsten Probleme gelöst scheinen: Hier ein Interview mit einer zupackenden Gemeindemanagerin, dort der Bericht eines motivierten Jugendreferenten, dazwischen eine glücklich strahlende Pastorin. Man setzt auf multiprofessionelle Teams in Personalräumen und verzichtet auf Gemeindefusionen. Es gibt zwar nicht mehr alles an jedem Ort, dafür Erlesenes an vielen verschiedenen Orten. Das Ergebnis sind vitale Gemeinden, zufriedenes Personal und blühende Landschaften wohin man blickt. Wer will da nicht mitmachen?

Nun, ich möchte da nicht mitmachen! Das liegt nicht an dem Zielfoto (dem ich einiges abgewinnen kann), sondern ich hege Zweifel an dessen Umsetzbarkeit. Drei zentrale Hemmnisse möchte ich dabei benennen. Man könnte näherungsweise von einem kirchentheoretischen, einem pastoraltheologischen und einem kybernetischen Problem sprechen.

(1) RLKE kann ein verdecktes Festhalten am ›flächendeckenden Paradigma‹ bedeuten. Sie erweckt den Eindruck, dass es auf die ein oder andere Weise überall erreichbare Kirche geben werde: Hier als Kirche Kunterbunt, dort als Frauenhilfe 2.0 und ›nebenan‹ (auf Rügen) als Projekt im Sozialbauviertel – aber immerhin überall Kirche. Wenn man indes davon ausgeht, dass es mittelfristig »Archipele gelingenden kirchlichen Lebens« geben wird (Traugott Jänichen), dann sollte man sich nicht der Illusion hingeben, eine ganze ›Region‹ kirchlich versorgen zu können. ›Kirche in der Diaspora‹ ist nicht mehr allein ein theologisches Programm (Ulrich Körtner), sondern eine handfeste Gestaltungsaufgabe. Dies beinhaltet möglicherweise auch, dass sich Leitungsverantwortliche einer Region in der Zwickmühle wiederfinden, kybernetische Triage betreiben zu müssen: Einige gemeindliche Strukturen werden den anstehenden Umbruch nicht überleben.

> Kybernetische Triage ist nötig: Einige gemeindliche Strukturen werden den anstehenden Umbruch nicht überleben.

Dies ernst zu nehmen, scheint mir eine entscheidende kirchentheoretische Herausforderung bei der Umsetzung von RLKE zu sein.

(2) RLKE setzt auf das Engagement von Ehrenamtlichen, ist aber letztlich hauptamtlich verankert. Das ist keine Kritik, sondern eine Diagnose: Vieles hängt von ›Ermöglicherinnen‹ ab, die Ehrenamtliche in ihrer Tätigkeit begleiten, fördern und ermutigen. Die oftmals beklagte ›Pfarrzentrierung‹ ist nicht allein das Ergebnis von selbstherrlichen Pfarrpersonen, sondern es gibt eine ausgesprochen beharrliche soziale Zuschreibung von außen: »Das ist unsere Pfarrerin!« Theologisch ist dies bedenklich, doch rein deskriptiv lässt sich das Phänomen kaum leugnen, dass sie als Repräsentationsfiguren geschätzt werden und durch Anerkennung und Wertschätzung gemeindliches Leben fördern. Zumal sie sich um jene zeitintensiven und kleinteiligen administrativen Belange kümmern, die in einem unbezahlten Ehrenamt schnell zu Frustration und Überforderung führen. Es schmerzt das sagen zu müssen, aber in volkskirchlichen Strukturen exis-

tieren erschreckend wenige Initiativen, die von Grund und auf Dauer ohne Hauptamtliche auskommen. (Freilich wird dies strukturell dadurch begünstigt, dass Kirchenordnungen für Gemeinden eine ›Versorgung‹ durch Hauptamtliche *de facto* vorsehen – eine rein ehrenamtlich getragene Gemeinde ist rechtlich meist nicht vorgesehen.) Für eine zukunftsfähige RLKE scheint mir eben dieser Faktor eine entscheidende Rolle zu spielen: Die vorherrschende (und von vielen Gemeindegliedern implizit geteilte) Pastoraltheologie scheint mit den Erfordernissen einer RLKE kaum vereinbar.

Die vorherrschende (und von vielen Gemeindegliedern implizit geteilte) Pastoraltheologie scheint mit den Erfordernissen einer RLKE kaum vereinbar.

(3) RLKE setzt auf ein multiprofessionelles Arbeiten im Team: Niemand kann alles und nicht jeder kann alles gleich gut. Darum ist es sinnvoll, sich im kirchlichen Dienst mit den je eigenen Stärken gegenseitig zu unterstützen. Für mich gehören solche Teamerfahrungen zu den wertvollsten meiner Berufsbiographie. Wo Teams gelingen, sieht man tatsächlich strahlende Menschen wie in jenem Strukturpapier. Nur: Teamarbeit lässt sich nicht verordnen. Man lernt sie auch nicht bei einem Wochenendkurs im Vikariat. Mit einigem Recht ließe sich sogar argumentieren, dass sich Teams als Strukturprinzip kirchlicher Hauptamtlichkeit gerade *nicht* bewährt haben: Seit Jahrzehnten gibt es ›Pfarrteams‹ von Personen, die finanziell, strukturell und in der öffentlichen Wahrnehmung gleichgestellt sind und trotzdem ineffizient, dysfunktional oder sogar toxisch agieren: »Selig, wessen Bene vor dem Altar stehn allene«. Diesen ziemlich onkeligen Satz höre ich nicht mehr nur von Altpfarrern, sondern zunehmend von jüngeren Kolleginnen, die sich in Teams aufgerieben haben. Durch die verschiedenen Anstellungen, Qualifikationen und Bezahlungen nimmt die Konfliktträchtigkeit nämlich eher zu. Die Frage des Jugendreferenten ist nachvollziehbar: »Warum bekommt die Pfarrerin A13, wenn ich ihren Konfi mache?« Missverständnisse und Spannungen sind in multiprofessionellen Teams nicht seltener als in Pfarrteams. Wenn wir ehrlich sind, braucht es auf allen Seiten ziemlich gefestigte Persönlichkeiten, um konstruktiv damit umzugehen, dass wir nicht alles können, nicht alle dasselbe verdienen, nicht alle dieselbe Anerkennung erhalten und trotzdem gerne miteinander arbeiten. Jeder prüfe sich selbst: Komme

ich *wirklich* damit zurecht, dass der Kollege eben einfach die besseren Predigten hält? – Dieses ausgesprochen sensible Gefüge gerät durch äußere Faktoren wie den kirchlichen Rückbau unter enormen Druck: Wenn Stellenstreichungen, Haushaltskürzungen, Wohnort- und Gebäudefragen im Raum stehen, ist der Teamspirit schnell verflogen. Ich bezweifle, dass wir über ausreichend Personal verfügen, das damit gesund und geistlich umzugehen im Stande ist – ich bin es jedenfalls nicht. Vielmehr sind und bleiben wir »Gottes geliebte Gurkentruppe« (Sandra Bils). Und so ertappe ich mich manchmal bei der Frage (es ist mir peinlich, das hier öffentlich zu schreiben), ob das katholische Modell kirchlicher Hierarchien nicht vielleicht ehrlicher ist ... gewiss nicht ›besser‹, aber ehrlicher? Ich bin jedenfalls überzeugt, dass es gerade für multiprofessionelle Teams inmitten von Rückbauprozessen nicht weniger, sondern vielmehr klarere Formen und Verabredungen der Leitung braucht. Wo elementare und verlässliche kybernetische Strukturen fehlen, wird RLKE scheitern.

RLKE bedeutet häufig auch ein Abschiednehmen von inneren Bildern, von Gemeindeidealen und von persönlichen Zielen. Wer als echter Volkskirchler, als Friedensbewegter oder Megachurchlerin den kirchlichen Dienst angetreten ist, wird sich emotional nicht ohne weiteres einfinden in die RLKE – selbst wenn das Zielfoto noch so attraktiv erscheint. Darum stehen die oben benannten Anfragen für mich persönlich auch im Kontext seelsorglicher Herausforderungen für Haupt- und Ehrenamtliche.

Will ich, dass RLKE gelingt? Ja, unbedingt! Glaube ich, dass in der Kirche alles so bleiben kann, wie es ist? Nein, auf keinen Fall! Will ich also Teil von RLKE sein? Einzig unter der Bedingung, dass die oben benannten Herausforderungen offen benannt und entschlossen adressiert werden.

Anmerkungen

1 In seinem Paper »Landeskirchen unterwegs VIII«, zu finden unter https://www.kirchedermenschen.de/post/landeskirchen-unterwegs (Stand 16.06.2025).

2 Vgl. Gutmann/Peters, #projektion2060.

Regiolokale Kirchenentwicklung – Eine Anleitung zum Unglücklichsein

Patrick Todjeras

Wie lernt man etwas so, dass man es sich merkt?[1] Wie muss man etwas erleben, damit es als Lernerfahrung verbucht wird und es dann im eigenen Handeln ›greift‹ und Wirkung entfaltet? In der Motivationstheorie gibt es, neben anderen Wegen, einen höchst eigenwilligen Weg. Man nennt ihn Reaktanz.

Damit ist eine Art umgekehrte Psychologie gemeint. Wenn nämlich Spielräume enger oder gar eliminiert werden, weckt dies die Reaktanz, also die Motivation, Freiräume wiederherzustellen. In etwas vereinfachten Worten: »Mein Antrieb ist mein Widerstand«. Weil mich etwas nervt, bedrängt, einengt, löst es in mir die Motivation (und Energie) aus, mich dagegen zu stemmen. Und noch mehr, es löst produktives Handeln aus. Bei Reaktanz geht es nicht nur um den widerständigen Kampf gegen Verengung, sondern darum, einen neuen Weg zum Gedeihen zu finden. Vielleicht kennt man das aus dem eigenen Leben: »Weißt du noch damals, als wir mit dem Rücken zur Wand standen und es dennoch geschafft haben?«

»Weißt du noch damals, als wir mit dem Rücken zur Wand standen und es dennoch geschafft haben?«

Damit sind oft Lernerfahrungen verbunden, die ›gegriffen‹ haben, sich eingebrannt haben, als man etwas überwunden hat.

Probieren wir es doch mal anhand des hochaktuellen Themas Kooperationsräume/Fusionen oder auch bei einem missbräuchlichen Gebrauch von regiolokaler Kirchenentwicklung aus.

Hier nun eine unvollständige Anleitung zum Unglücklichsein, eine Hilfestellung für Kirchenleitende in ihrem Bemühen, RLKE zu etablieren:

- Sag den Pfarrpersonen, dass sie *mehr* machen sollen. Nicht mehr nur 4 Taufen, 11 Beerdigungen, 2 Konfigruppen, sondern jetzt sind sie verantwortlich für 8 Taufen, 22 Beerdigungen und 4 Konfigruppen. Sie *müssen* es tun, ob sie wollen oder nicht! Verkaufe es ihnen als Solidaritätsakt und beschwöre ihre Opferbereitschaft für den Dienst. Oder noch besser:
- Sag den Pfarrpersonen, dass sie in RLKE nun *andere Dinge* tun sollen, dass sich ihr Profil – ja noch besser: das Pfarrbild – ändert, achte darauf, es nicht konkret werden zu lassen. Lass sie im Ungewissen, in dieser dunklen Vorahnung, dass sie einen Verlust erleben werden, aber nicht wissen, wann und wie es weitergeht.
- *Verordne* RLKE. Egal ob die Akteure und Akteurinnen harmonieren, was nicht passt, wird passend gemacht, schließlich ist ein Großteil des bezahlten Personals verbeamtet. Beamte setzen schließlich Entscheidungen um.
- *Kommuniziere so wenig wie möglich* und lasse die Beteiligten in Unsicherheit und im Dunkeln. Versuche, so viel wie möglich über Bescheide und Dekrete zu kommunizieren und formuliere Entscheidungen als absolute wirtschaftliche Notwendigkeit. Lass immer zuerst die Kirchenjuristen kommunizieren, dann die Kirchenwirtschaftler und dann die Organisationsentwicklungs-Berater.
- *Versprich* mit RLKE eine Verwaltungsvereinfachung und vermehre gleichzeitig die Berichtspflichten.
- *Zentralisiere* geistliches Personal und baue lokales geistliches Leben zurück. Wer vor Ort nicht mitmacht, soll eben in die Nachbargemeinde fahren.
- *Belohne* die starken Player und *bestrafe* die schwachen Akteure in RLKE.
- Rufe den gesitteten *Gemeinde-Kannibalismus* aus. Wenn eine Gemeinde zu klein wird, zerschlage sie und löse sie auf und füttere ›die Reste‹ den Nachbargemeinden zu.
- Sag den *Ehrenamtlichen*, dass es nun auf sie ankommt. Sie müssen nun ›ran‹ und den Karren aus dem Dreck ziehen – aber bitte nicht mit eigenen Ideen.
- Für *Innovation* ist jetzt keine Zeit mehr und kein Geld da – stoppe Erprobungsräume, Innovationsvorhaben und die Lust an Kreativität.

Puh, ich höre jetzt mal auf. Die Idee ist angekommen, oder? Irgendwie witzig ist es schon.

Ich weiß nicht so recht, ob das hilft, ob das Motivation auslöst, Antrieb gibt, produktiv zu handeln. Was diese Irritationen ›zumindest‹ tun: Sie führen in die Enge.

Lasst uns noch ein wenig dabeibleiben.

Ich hoffe, der bis hierher ›aufgeheizte Leser‹ kann den nächsten Gedankengang mitgehen:

Was, wenn diese Enge auch eine Einladung wäre? Eine Einladung, ganz bei mir zu sein, eine Einladung aus dem Hamsterrad der Erwartungen auszusteigen und einfach mal da zu sein? Durchatmen, im Jetzt sein, wieder anfangen, mich zu spüren.

Was, wenn ich auf die Frage zurückgeworfen bin: Warum bin ich hier? Wie geht's mir?

Ich glaube, dass wir auch beim Thema RLKE die entscheidenden Schritte nicht auf der Ebene der Methoden, der Werkzeuge und deren Anwendung machen. Natürlich gibt es hier genug Richtiges, das getan werden muss. Aber die entscheidenden Schritte werden auf einer anderen Ebene gegangen. Ich frage einmal so:

»Was, wenn du die wichtigste Ressource in Veränderungsprozessen bist? Was, wenn du das wichtigste ›Asset‹ in Transformationen bist?«

»Was, wenn du die wichtigste Ressource in Veränderungsprozessen bist? Was, wenn du das wichtigste ›Asset‹ in Transformationen bist?«

Was, wenn es bei dir und mit dir beginnt?

Dann bewegen sich die systemischen Fragen in RLKE auf einmal auf einer ganz persönlichen Ebene: Reaktanz fragt danach, ob ich über eine Vorstellung von Freiheitsspielräumen verfüge, und ob ich Freiheitsspielräume als wichtig empfinde.

Die genannten Punkte sind alle Fragen des Herzens, die sich mit meinen Freiheitsspielräumen beschäftigen.

Was prägt eigentlich meine Vorstellung von meinen Freiheitsspielräumen? Ich meine, dass meine Freiheitsspielräume geprägt sind von Fragen wie diesen: Was motiviert mein Handeln? Was macht mir Freude? Was quält mich? Wie gehe ich mit Zurückweisung um? Lasse ich andere aussprechen und verstehe ich, was sie sagen und was ihr Anliegen ist? Wie geht es mir mit Überforderung? Wie geht es mir mit Neid? Welches Bild von Größe und Erfolg habe ich eigentlich? Welches Bild von Scheitern habe ich – habe ich davor Angst? Was ist genug?

Das alles sind Fragen, die den Garten unseres Herzens betreffen. (Sprüche 4,23)

Ich denke, das ist eine zentrale Aufgabe bei Transformations- und Gestaltungsprozessen, nämlich auf unser Herz zu schauen, zunächst mal auf unser eigenes Herz und dann Herzensbildung zu betreiben. Denn dort entstehen Freiheitsspielräume, werden Vorstellungen kultiviert, dort gewinnen wir die eigentliche Energie für unser Handeln.

Vielleicht sind die Irritationen, die im Zusammenhang mit RLKE erlebt werden, auch eine Einladung?

Und ja, natürlich muss man Dinge auch richtig machen.

Natürlich kann man Fehler vermeiden, doch vielleicht werden der eine oder die andere in der ungewollten Enge auch zu etwas Heiligem geführt.

ANMERKUNGEN

1 Dieser Beitrag erschien in abgewandelter Form zuerst im Magazin »3E«, Ausgabe 2/2025 und folgt einer Idee von PAUL WATZLAWICK, Anleitung.

Regiolokalität und die Kraft der Pfadabhängigkeiten

Patrick Todjeras

Sandra Bils und Gudrun Töpfer haben ein Standardwerk zu Exnovation und Innovation (2024) geschrieben. Darin behandeln sie die Grundlagen der Exnovation, also des gezielten Beendens von Praktiken.

Im folgenden Gedankengang sollen einige ausgewählte Einsichten der Autorinnen mit regiolokaler Kirchenentwicklung (RLKE) ins Gespräch kommen und Anwendung finden.[1]

Es geht um Pfadabhängigkeiten – sie beschreiben, warum es trotz guter Ideen von einzelnen Personen oftmals keine systemischen Änderungen gibt.[2] Wenn auf der einen Seite Pfadabhängigkeiten Stabilisation im System schaffen, machen sie es doch auch schwierig, Veränderungen anzustoßen.

> »Pfadabhängigkeiten sind Mechanismen, die Vergangenheit und Zukunft auf abstrakte Weise in sog. ›Ereignisketten‹ miteinander verbinden, indem die ›kausale Wirkung von früheren Ereignissen‹ auf die spätere Zukunft in Beziehung gesetzt wird.«[3]

Pfadabhängigkeiten sind Muster, durch die Anfragen ans System behandelt werden – das ist zunächst größer und systemischer gedacht, als es mit Heuristiken (die einzelne Situationen behandeln) gemeint ist. Pfadabhängigkeiten schaffen Ordnung in einem System und vereinfachen so Abläufe. Sie schaffen Regeln, nach denen ›Fälle‹ behandelt werden. Pfadabhängigkeiten entstehen, wenn bei Problemen und Aufgaben aus einer anfangs größeren Zahl möglicher Lösungen häufig die immer selben Lösungen gewählt werden, die sich dann als ›Standard‹ etablieren – wodurch der Korridor möglicher Lösungen schmaler wird. Am Ende tut man es so, wie man es eben ›immer schon‹ tat. Das entlastet, bedeutet aber auch, dass Lösungen weiter genutzt werden, die heutige Probleme schlechter lösen als andere, die aus dem Blick gerieten.

Mit regiolokaler Kirchenentwicklung ist es nun so, dass auch dieser Ansatz in systemischen Pfadabhängigkeiten ›hängen oder stecken‹ bleiben kann. Denn auch der ›Fall RLKE‹ wird mit den bekannten Mechanismen des Systems behandelt. Um nun Regiolokaliät wirklich fruchtbar werden und nicht nur zu einem Werkzeugkasten ›verkommen‹ zu lassen, bedarf es eines Blicks auf mögliche Pfadabhängigkeiten. Es geht also um fruchtbare Ansatzpunkte für Veränderungen.

> »Der Nutzen und Grund, warum man sich mit der Unterschiedlichkeit der Pfadabhängigkeiten im Blick auf Transformationen und Veränderungsprozesse befassen sollte, liegt in dem Erkenntnisgewinn: Es lassen sich mit einem höheren Detaillierungsgrad die Ansatzpunkte für Veränderungen besser identifizieren – dies ist umso wichtiger, wenn sich Pfadabhängigkeiten verschiedener Natur gegenseitig bedingen oder verstärken. Aber auch die Erkenntnis, dass sich Pfadabhängigkeiten gegenseitig behindern oder gar abmildern können, ist zentral, will man Veränderungen herbeiführen, fördern oder zumindest proaktiv begleiten.«[4]

Die Autorinnen beschreiben fünf Pfadabhängigkeiten, die mit kurzen Impulsfragen auf kirchliche Transformationsbemühungen à la RLKE übertragen werden sollen.

(1) *Rechtliche Pfadabhängigkeiten* entstehen, wenn Regeln, Vorschriften und Standards weiterhin auf überholten oder fehlerhaften Ausgangsüberlegungen beruhen. Das daraus resultierende Recht ist häufig inkonsequent, schwer praktikabel und entfaltet nur geringe Wirkung.

Wo entdecken wir rechtliche Pfadabhängigkeiten, die eine gedeihliche regiolokale Kirchenentwicklung ausbremsen? Ist es die Verfasstheit als Parochie? Ist es der Zuordnungsgedanke einer Pfarrperson zu einer Gemeinde? Residenzpflicht, Vakanzordnungen, Administrationsverordnungen? Sind es die Mitgliedschaftsmuster in unseren Kirchen?

(2) *Ökonomische Pfadabhängigkeiten* entstehen durch hohe Anfangsinvestitionen, erhebliche Risiken und die Vorteile von Größeneffekten. Veränderungen werden oft gescheut, weil sie zunächst neue Kosten verursachen und getätigte Investitionen unwiederbringlich erscheinen. Der finanzielle Aufwand für neue Lösungen verstärkt die Tendenz, an bestehenden Strategien festzuhalten. Besonders im Wirtschaftsleben wirken Unsicherhei-

ten wie Preisschwankungen und Marktrisiken beim Eintritt in neue Felder als zusätzliche Bremse, die bestehende Strukturen verfestigt und Innovationen erschwert.

Wo entdecken wir ökonomische Pfadabhängigkeiten, die eine gedeihliche regiolokale Kirchenentwicklung ausbremsen? Ist es der Umgang mit Gebäuden und deren Nicht-Aufgebbarkeit? Wo wird an bestehenden Lösungen festgehalten, weil das Investment bereits so hoch war?

(3) *Infrastrukturelle/technologische Pfadabhängigkeiten* beziehen sich auf bestehende Netzwerke und vorherrschende Technologien, die bestimmten Produkten und Nutzungsgewohnheiten Vorteile verschaffen, während alternative Ansätze oft verdrängt werden. Ein anschauliches Beispiel ist das Verhältnis zwischen klassischen Tankstellen und Ladestationen für Elektrofahrzeuge: Hat sich eine umfassende Versorgung mit herkömmlichen Tankstellen erst etabliert, wird es äußerst schwierig, eine ebenso dichte und flächendeckende Infrastruktur für E-Ladesäulen aufzubauen. Der einmal eingeschlagene Weg erschwert so den Wandel hin zu neuen Technologien.

Wo entdecken wir infrastrukturelle/technologische Pfadabhängigkeiten, die eine gedeihliche regiolokale Kirchenentwicklung ausbremsen? Kann es sein, dass der agendarische Gottesdienst in seiner voraussetzungsreichen Spielart (berufene Predigtperson, Musik, Raum, Dauer, Stil) das Feld für eine Vielfalt an elementaren gottesdienstlichen Formaten ›belegt‹? Kann es sein, dass formalisierte Aus- und Berufswege spontane und emergente Berufungen hindern?

(4) *Organisationale Pfadabhängigkeiten* entstehen durch eingespielte Routinen, etablierte Abläufe, gewachsene Unternehmenskulturen und fest verwurzelte Traditionen. Veränderungen in Organisationen stoßen ohnehin auf natürliche Widerstände sozialer Dynamiken und sind meist nur langsam und mühsam umzusetzen. Gewohnheiten wirken wie unsichtbare Anker, die Neuerungen ausbremsen und dazu führen, dass der vertraute Kurs bevorzugt fortgesetzt wird.

Wo entdecken wir organisationale Pfadabhängigkeiten, die eine gedeihliche regiolokale Kirchenentwicklung ausbremsen? Kann es sein, dass eingeübte

Repräsentations- und Vertretungsformen (kirchliche ›Sitzungen‹) nur gewisse Wege zulassen?

(5) *Nutzendenbezogene Pfadabhängigkeiten* entstehen durch eingeübte Verhaltensmuster, kulturelle Gewohnheiten und tradierte Bräuche. Die Vertrautheit mit bestehenden Produkten und Dienstleistungen fördert eine kollektive Zurückhaltung gegenüber Neuerungen. Besonders in kulturellen Kontexten wirken tief verankerte Wertvorstellungen als stille Steuerungskräfte, die sich bewusster Veränderung entziehen. Auch Konsumgewohnheiten und kulturelle Routinen tragen dazu bei, dass etablierte Nutzungsmuster über längere Zeiträume stabil bleiben und der Wechsel auf neue Alternativen nur langsam erfolgt.

Wo entdecken wir nutzendenbezogene Pfadabhängigkeiten, die eine gedeihliche regiolokale Kirchenentwicklung ausbremsen? Kann es sein, dass etwa die Vorlieben und das Nutzungsverhalten der Kerngemeinde als primäre Gruppe der Nutzenden gewisser Angebote damit zu einem einengenden Faktor werden? Kann es sein, dass nutzendenbezogene Gewohnheiten etwa im liturgischen Bereich (z.B. der liturgischer Jahreskalender) an dem Jahresrhythmus-Empfinden vieler Menschen vorbeigehen? Oder etwa die üblichen Gottesdienstzeiten, die sich traditionellerweise auf den Sonntagvormittag konzentrieren – als Konkurrenz zu Familienzeiten empfunden werden?

Die fünffache Auffächerung von Pfadabhängigkeiten regt an, Ansatzpunkte für Transformation, wie sie regiolokale Kirchenentwicklung vorschlägt, im eigenen System zu verorten und zu adressieren.

Anmerkungen

1 Im Besonderen geht es hier um: Bils/Töpfer, Exnovation.

2 Vgl. Schreyögg, Sackgasse.

3 Zitiert in Bils/Töpfer, Exnovation, 48.

4 A.a.O., 51.

Ein Ausstrahlungsort berichtet

Stefanie Schwalbe/Sven Thriemer/Hendrik Mattenklodt

Info aus den Dokumenten des Kirchenkreises: Ein Ausstrahlungsort ist ein Ort, an dem gemeindliche Aufgaben übergemeindlich wahrgenommen werden. Diese Orte werden zu Zentren für geistliches Leben mit besonderem Profil bestimmt. Jedem Ausstrahlungsort ordnen sich Kirchgemeinden der Umgebung zu. Die Zuordnung bestimmen die Gemeinden selbst. Die so zugeordneten Gemeinden tragen den Ausstrahlungsort gemeinsam.[1]

Ich bin einer von zehn Ausstrahlungsorten im Kirchenkreis Gera. Wenn ich mich umschaue, sehe ich etwa 13.000 Gemeindeglieder in 58 Kirchengemeinden, die sich um 100 Kirchen sammeln. Das Spektrum ist weit. An manchen Orten haben die Menschen fast vergessen, dass sie Gott vergessen haben. Andere können sich ein Leben ohne Kirche gar nicht vorstellen. Die Herausforderung ist groß: Mit ihnen und für sie möchten wir Ausstrahlungsorte sein – weltoffen und spielerisch. Mit ihnen möchten wir teilen, wofür das Leitwort unseres Kirchenkreises steht: »Die Freude am Herrn ist unsere Stärke« (Neh 8,10). Seit Anfang 2025 gibt es uns Ausstrahlungsorte offiziell. »Verordnung zur Erprobung neuer Strukturen im Kirchenkreis Gera« steht über unserer Geburtsurkunde.

Gottes Geist hat uns ans Licht gebracht: jeden mit einem eigenen Profil. Der Kirchenkreis hat bei uns Spuren des Wirkens Gottes entdeckt und zudem das, was ganz weltlich betrachtet für ein buntes Gemeindeleben wichtig ist – vom Parkplatz bis zum Raumprogramm. Und bei mir geht ganz schön was ab: Für alle Generationen ist etwas dabei. Regelmäßig feiern wir hier abwechslungsreiche Gottesdienste. Die Kirchenmusik zeigt, was sie kann, und die Diakonie buchstabiert sich bis in die kleinsten Gesten der Nächstenliebe. Gemeinschaft ist bei mir nicht nur eine theologische Idee. Bei uns Ausstrahlungsorten geschieht mit gebündelter Kraft, was an vielen anderen Orten leider nicht mehr möglich ist. So bilden wir verschiedene Profile aus. Die Kirchgemeinden in der Fläche verbinden sich mit jenem von uns, der zu ihnen passt. Es entstehen Ausstrahlungsbereiche. Das ist unentbehrlich, denn nur gemeinsam können wir die Kraft entwickeln, die wir zum Strahlen brauchen. Die Energie, die sich in uns Ausstrahlungsorten bündelt, bringen wir auch in den uns zugeordneten Orten zum Leuchten – nicht alles überall zu jeder Zeit, aber punktuell und verlässlich. So wird das, was Heimat gibt, im Jahreslauf auch vor Ort erlebbar. Uns liegt der Sozialraum als Ganzes am Herzen. Die Frage: »Was haben die anderen davon, dass es uns gibt?« bringt uns darauf, was genau hier und genau jetzt eine gute Idee ist.

Ich will es gar nicht verheimlichen: Was für die Kirche im Großen gilt, trifft uns auch im Kleinen. Es schmerzt, dass wir auf immer weniger Menschen und Mittel für das zurückgreifen können, was uns am Herzen liegt. Aber Gott spricht auch die Sprache zurückgehender Ressourcen. Wir nehmen den Aufbruch in unserem Kirchenkreis als seinen Auftrag wahr. Er ruft uns und führt uns zusammen. Geistliche Kraft kommt zum Zuge. Menschen sind mit ihren Neigungen und ihren Talenten eingeladen, sich an der Gestaltung des Gemeindelebens wirksam – also kraft ihrer Berufung und ausgestattet mit Verantwortung – zu beteiligen. Stern und Kern unseres Konzeptes ist dabei, dass wir körperschaftsrechtliche und geistliche Fragen voneinander trennen, damit sie füreinander fruchtbar werden. Wer sich berufen und begabt fühlt, durch Baumaßnahmen, Haushaltspläne, Friedhofssatzungen und andere notwendige Verwaltungsaufgaben dem Reich Gottes zu dienen, ist im Gemeindekirchenrat genau richtig. Wer dagegen seine Berufung eher im Einsatz für fröhliche Gottesdienste, lebendige Ehrenamtsarbeit und so kreative wie einladende Gemeindegestaltung sieht, findet im »Geistlichen Rat« das entsprechende Forum für sein Engagement.

Viele, die von uns hören, können mit einem ›Geistlichen Rat‹ nicht viel anfangen: »Was soll das denn sein?«, »Was ist das für ein komischer Name?« Und überhaupt: »Noch ein Gremium ... das brauchen wir nicht!« Oder vielleicht doch?

Jemand erzählt ein Beispiel: Moritz engagiert sich seit Jahren für seine Kirchengemeinde. Er arbeitet im Gemeindekirchenrat mit. Er investiert viel Kraft und viele Ideen in immer neue Projekte. Er hat seine Freude daran. Die möchte er mit anderen teilen. Es kommen auch Leute zu seinen Veranstaltungen. Aber es sind wenige. Und es sind nicht die, auf die er hofft. Es sind eben nicht die aus seinem Dorf. Die fehlende Resonanz nimmt ihm die Freude. Ihm geht die Puste aus. Er wechselt das Feld. Heute ist er im Natur- und Landschaftsschutz aktiv. Dort erlebt er Resonanz. Das tut ihm gut. Er atmet auf und startet durch. Und seine Kirchgemeinde? Die ruht.

Von daher leuchtet es dann doch ein: Dass wir einander im Blick behalten, Frust und Freude teilen, miteinander und füreinander beten, vom Beten ins Handeln kommen, das Tun ins Gebet nehmen, darüber Kräfte bündeln, neue Menschen gewinnen, neue Ressourcen und Perspektiven entdecken, einander den Rücken stärken. Nichts anderes ist der ›Geistliche Rat‹. Ob Menschen so bei mir die Resonanz und die Gemeinschaft finden, die ihnen bisher fehlt? Ich weiß es nicht, aber ich hoffe es. Ein Versuch ist es wert.

Erste Erfahrungen, gerade im Blick auf den ›Geistlichen Rat‹ zeigen, dass unser Modell Kräfte bündelt und freisetzt. Ein Pfarrer erlebt dies als Lösung eines alten Konfliktes: »Wir haben Personen für die Mitarbeit im ›Geistlichen Rat‹ gewonnen, die kein Interesse an den Aufgaben des Gemeindekirchenrates haben. Die Sitzungen des GKR mit seinen formal-juristischen Beschlüssen benötigen nun deutlich weniger Zeit. Der ›Geistliche Rat‹ kann sich dagegen frei von administrativen Dingen mit inhaltlichen Fragen der Gemeindeentwicklung beschäftigen. Das entlastet auch die Kirchenältesten. Früher wollte man alles unter einen Hut bringen. Nun sind die Aufgabenfelder klarer beschrieben. Das wiederum gibt mir die Freiheit, sie ohne schlechtes Gewissen gezielt auf Mitarbeit anzusprechen.«

Dass die Regeln zur Berufung eines ›Geistlichen Rates‹ offener sind als die körperschaftsrechtlichen Richtlinien bei den Wahlen zum Gemeindekirchenrat, erlebe ich als einladend und motivierend. Wir definieren Gemeinde nicht formal juristisch, sondern geistlich als Versammlung der Gläubigen. Das entspricht sowohl unserem Bekenntnis (Confessio Augustana, Artikel 7), als auch der Lebenswirklichkeit und dem Empfinden der Menschen. Viele der regelmäßigen Gottesdienstbesucher am Ausstrahlungsort wohnen in anderen Gemeinden oder sind keine Kirchenmitglieder, so z. B. Ehepartner aus zugezogenen Familien unterschiedlicher Konfession. Auch sie können wir für den Geistlichen Rat berufen. So kommen die Potentiale der Menschen, die sich gerne vor Ort einbringen, getauft, aber formal keine Gemeindeglieder sind, im Geistlichen Rat zur Entfaltung.«

Anmerkungen

[1] Quellen: www.kirchenkreis-gera.de/kontakt-und-service/arbeitshilfen/ (Stand 16.06.2025).

Vielfältige Umsetzung in der EKM

Elke Rosenthal/Tobias Steinke/Felix Eiffler

Angeregt durch die Idee regiolokaler Kirchenentwicklung haben sich verschiedene Kirchenkreise in der Evangelischen Kirche in Mitteldeutschland (EKM) aufgemacht, ihre Struktur in regiolokaler Logik neu zu formatieren. Die Forschungsstelle *Missionale Kirchen- und Gemeindeentwicklung* (MKG) am *Center for Empowerment Studies* (CES) der Universität Halle-Wittenberg begleitet zwei dieser Kirchenkreise (Bad Liebenwerda und Arnstadt Ilmenau) in diesem Prozess wissenschaftlich. Darüber hinaus gibt es noch weitere Kirchenkreise, die sich um eine regiolokale Neuaufstellung bemühen (Greiz und Gera). In diesem Beitrag stellen Superintendentin Elke Rosenthal (Arnstadt-Ilmenau) und Superintendent Tobias Steinke (Greiz) die Prozesse in ihren Kirchenkreisen vor und zeigen, wie unterschiedlich sich die Idee regiolokaler Kirchenentwicklung kontextuell umsetzen lässt.

Kirchenkreis Arnstadt-Ilmenau

Elke Rosenthal

Gleichzeitig Fusion und Region

Im Jahr 2021 brachte die EKM ihre Kirchenkreise in Bewegung. Es wurde immer deutlicher, dass die schrumpfenden Kirchenkreise ihren Aufgaben nicht mehr vollumfänglich nachkommen können. Unser Kirchenkreis hat in einem gut vierjährigen Prozess im April 2025 beschlossen, mit den Kirchenkreisen Gotha und Waltershausen-Ohrdruf zum 1.1.2026 zu fusionieren. Gleichzeitig lief der interne Prozess regiolokaler Kirchenentwicklung. Zwei Prozesse gleichzeitig zu gestalten, kostete Energie und führte fast zu einem

Scheitern des regiolokalen Prozesses. Aber wir sind weitergekommen: Der Kirchenkreis Arnstadt-Ilmenau tritt als Region Arnstadt-Ilmenau in die Fusion ein.

Der Fokus liegt auf dem Auftrag

Bei der Verabschiedung einer Pfarrperson in den Ruhestand bilanzierte sie: Wir haben es geschafft, die kleinen Gottesdienste durchzuhalten. Sie feierte das Festhalten an kleinen Gottesdiensten, für die sich schon lange nur noch eine Handvoll Menschen interessierte. Das war ihr inneres Konzept. Ich spürte ihren Stolz, aber auch die Last, die nun von ihren Schultern genommen wurde. Der Fokus unseres regiolokalen Konzeptes liegt hingegen darauf, möglichst vielen Menschen den Kontakt zum Evangelium zu ermöglichen. Hauptamtliche gehen mit Gemeindegliedern und Interessierten ins Gespräch: Wie wollt ihr Gemeinde sein? Wie wollt ihr Gott feiern? Welche Höhepunkte und Feste wollt ihr für euren Ort gestalten? Und wie können wir Hauptamtliche euch dabei unterstützen? Und es geschieht: Neue spirituelle Formate werden gemeinsam ausprobiert und angenommen. Auch Kooperationen mit Kindergärten und Schulen werden gesucht.

Das Konzept »miteinander« sieht vor, dass die Pfarrpersonen ihre Vereinzelung in zu klein gewordenen Pfarrbereichen überwinden. Dazu arbeiten sie in multiprofessionellen Teams von Haupt- und Ehrenamtlichen gabenorientiert und profiliert zunehmend miteinander – und sie überwinden die Grenzen der Pfarrbereiche. Ich nehme wahr, dass die Teams sich bisher gut selbst steuern und in dieser Freiheit hoch motiviert sind.

Hauptamtliche unterstützen Menschen im Ehrenamt

Mit Blick auf Verkündigungsformate geschieht dies bereits: Hauptamtliche fördern, schulen und schaffen digitale Formate, um Spirituelles zu teilen. Der Kirchenkreis investiert ins Ehrenamt.

Eine Baustelle im ländlichen Raum mit vielen Kirchtürmen ist der Verwaltungsaufwand, den jede einzelne Körperschaft produziert: Es braucht für jeden Gemeindekirchenrat [GKR] einen eigenen Haushalt, Sitzungen, Protokolle, einen Sicherheitsbeauftragten etc. Folglich gibt es im ländlichen Raum viele kleine Bürostellen. Die vielen Körperschaften erschweren die Bündelung von Verwaltung.

Anstrengungen, Kirchengemeinden zusammenzuschließen, laufen fast immer ins Leere. Helfen könnten hier klare Vorgaben für Mindestgrößen von Kirchengemeinden, wie dies in anderen Landeskirchen bereits erfolgt ist. Denn die Erfahrung lehrt: Man kann diskutieren so viel man will, solange man noch vier Personen für einen GKR zusammenbekommt, bleibt man lieber eigenständig.

Dies hat in unserem Konzept jedoch die klare Konsequenz, dass die Pfarrpersonen nicht in jedem Gemeindekirchenrat präsent sein können. Pfarrpersonen, die für mehrere Gemeindekirchenräte zuständig sind (bei uns sind es maximal acht), nehmen lediglich eine beratende Rolle ein. Solche Pfarrpersonen übernehmen keine Geschäftsführung. Das wiederum ist häufig ein Problem für Ehrenamtliche, die es gewohnt waren, dass Pfarrpersonen die Geschäftsführung selbstverständlich übernahmen. Ehrenamtliche sind hier zuerst häufig überfordert.

Darum brauchen Gemeinden eine ausgeprägtere Servicehaltung der Kreiskirchenämter. Die Ämter sind meist noch immer auf Kommunikation mit Hauptamtlichen fokussiert und noch nicht darauf eingestellt, dass sie nun zunehmend mit geschäftsführenden Kirchenältesten arbeiten müssen. Auch hier ist Transformation geboten.

Kirchenkreis Greiz

Tobias Steinke

»Miteinander statt nebeneinander«

Nach einem Entwicklungsprozess von rund drei Jahren wurde im Kirchenkreis Greiz zum 1.1.2024 mit einer neuen Form regiolokaler Zusammenarbeit begonnen. Im Zentrum stehen multiprofessionelle geistliche Teams aus Haupt- und Ehrenamtlichen, die gabenorientiert und parochieübergreifend in Regionen zusammenarbeiten.

Die Idee dahinter: Kirchliches Leben wird gestärkt, wenn Mitarbeitende der Gemeinden ihre Eigenheiten bewahren, ihre besonderen Gaben einbringen und gemeinsam über den Kirchturm hinausdenken. Entscheidend ist eine neue Haltung – geprägt von Offenheit, Vertrauen und gegenseitiger Unterstützung. Nicht mehr die Frage »Was bekommen wir?«, sondern »Was können wir beitragen?« steht im Vordergrund.

Ziel ist es, Engagement zu bündeln, Synergien zu nutzen und Ressourcen effizient einzusetzen. Nicht jede Gemeinde muss alles leisten – durch Kooperation entsteht ein vielfältigeres, lebendigeres Gesamtbild kirchlichen Handelns.

Strukturell wurden dafür von der Kreissynode zum 1.1.2024 Regionen gebildet, die Umwandlung aller Gemeindepfarrstellen in Regionalpfarrstellen beschlossen und Strukturfondsmittel für regionale Verwaltungsstellen sowie die Arbeit in den Regionen bereitgestellt.

Zentrale Verantwortung tragen in diesem Konzept die Regionalteams und die Regionalräte. Die Regionalteams sind der Konvent der regionalen Mitarbeitenden, welcher um eine Regionalsekretärin und weitere ehrenamtliche Mitarbeitende erweitert wird. Sie bestehen in der Regel aus drei Pfarrpersonen, einem Kantor bzw. Kantorin, einer Gemeindepädagogin oder Gemeindepädagogen, einer Regionalsekretärin/-sekretär, sowie Lektorinnen und Prädikanten. Sie sind für Verkündigung und geistliches Leben zuständig.

Die Regionalräte wiederum sind für Inhalte und Mittelverwendung verantwortlich. In die Regionalräte entsenden die Gemeindekirchenräte der Region jeweils ihre Vertreterinnen und Vertreter. Hauptamtliche können beratend hinzugezogen werden, haben Rede-, aber kein Stimmrecht. Der Regionalrat legt Schwerpunkte der Arbeit in der Region fest, erstellt eine Regionalkonzeption und verwaltet die Regionalmittel. Regionalräte schließen gewissermaßen eine ›strukturelle Lücke‹, da sie die regionale Ebene im Kirchenkreis vertreten. Ihr Mandat leitet sich daraus ab, dass der Kreiskirchenrat Befugnisse an sie abgibt und somit die regionale Ebene stärkt. Regionalteams und Regionalräte arbeiten eng zusammen und sichern die Beteiligung der Gemeinden.

Die neu eingerichteten Regionalsekretariate fungieren zudem als Katalysatoren des Prozesses, da sie zu regionaler Kooperation anregen und die regionale Perspektive stärken. Sie entlasten die lokale Ebene und ermöglichen mehr Freiraum für Gemeindeentwicklung vor Ort. Der Kirchenkreis begleitet den Wandel aktiv, stellt Ressourcen zur Verfügung und fördert eigenständige regionale Entwicklungen.

Erste Erfolge bestehen in gemeinsamer Veranstaltungsplanung, koordinierter Öffentlichkeitsarbeit sowie einem flexiblen und bedarfsorientierten Einsatz von Personal und Finanzen. So werden bei regionaler Planung auch gezielt kleinere Orte berücksichtigt, was die Anwendung regiolokaler Logik zeigt. Zugleich gilt, dass die Entwicklungen in den Regionen sehr unterschiedlich verlaufen. Manche Regionen benötigen mehr Zeit für den Bewusstseinswandel. Wichtig ist es, den Regionen ihre Zeit einzuräumen, damit eine neue Kultur wachsen kann.

Ein Weg in die Zukunft in Linz

Bernhard Schröder

Zwei Priester treffen sich im ›Gelben Krokodil‹ in Linz, Oberösterreich, zum Essen. Vor einem Jahr waren sie beide noch Pfarrer in zwei kleinen Landgemeinden im Umfeld von Linz. Aber dann musste jeder sich entscheiden: Möchte er Teil eines neuen Leitungsteams werden, weiterhin den Titel ›Pfarrer‹ führen, aber mit einer ganz neuen Rolle und Aufgabe? Nämlich gleichberechtigt mit zwei weltlichen, nicht-ordinierten Vorständen eine Pfarre mit etwa 10–15 Pfarr(teil)gemeinden und ca. 20.–30.000 Gemeindegliedern leiten, Vorgesetzter sein für alle Priester in diesem Gebiet? Sich einlassen auf eine umfangreiche Weiterbildung in einer Jahrgangsgruppe, die im Verlauf der zweijährigen Umsetzungsphase viele gemeinsame Seminartage besucht? Spezifische fachliche Impulse, um der neuen Rolle gerecht zu werden, erwarten ihn, und ein Zusammengehörigkeitsgefühl innerhalb des Pfarrvorstandes und innerhalb der größeren Kursgruppe. Soll er trotz einer langen akademischen Ausbildung für eine neue Aufgabe gebildet werden? Soll er sich auf diese Stelle bewerben?

Oder möchte er in der Gemeinde bleiben, aber dafür den Titel ›Pfarrer‹ aufgeben? Sich fokussieren auf die Feier der Sakramente, auf theologische und seelsorgliche Aufgaben? Verwaltungsaufgaben, Verantwortung für Personal und Finanzen und Gebäude abgeben an den Verwaltungsvorstand der Pfarre?

Der Priester, also der akademisch gebildete Theologe, musste sich also entscheiden: Möchte er vor allem auf lokaler Ebene seelsorglich arbeiten? Oder stattdessen stärker in der Region Leitungsverantwortung tragen?

Wie er sich auch entscheiden wird – es beginnt eine Veränderung seiner Rolle, seiner Aufgabe. Aber es beginnt auch eine Weiterentwicklung, eine Möglichkeit, dazuzulernen.

Doch nicht nur für den Priester, für ganz viele Menschen in der röm.-kath. Diözese Linz hat der ›Zukunftsweg‹ Veränderungen mit sich gebracht. Deshalb wird in diesem Artikel ein kurzer Blick auf die röm.-kath. Diözese Linz geworfen und danach gefragt, was für die regiolokale Kirchenentwicklung gelernt werden kann.

Die Diözese Linz

Die röm.-kath. Diözese Linz, im Gebiet Oberösterreichs, ist eine Gegend mit katholischer Bevölkerungsmehrheit. Aber auch hier stellen Mitgliederrückgang, Personalmangel und Säkularisierung große Herausforderungen dar. Schon seit den 2000er Jahren kann in der Diözese die organisatorische Leitung einer Pfarrgemeinde, also der lokalen Gemeinde am Ort, entweder von einem hauptamtlichen Gemeindeleiter oder gemeinsam von Haupt- und Ehrenamtlichen in einem ›Seelsorgeteam‹ wahrgenommen werden.

Die Teams sind für die vier Grundvollzüge der Kirche (Leiturgia, Martyria, Koinonia und Diakonia) zuständig. Seit 2021 nun wird unter dem Stichwort ›Zukunftsweg‹ eine neue Struktur eingeführt. Gab es vorher 486 Pfarren als

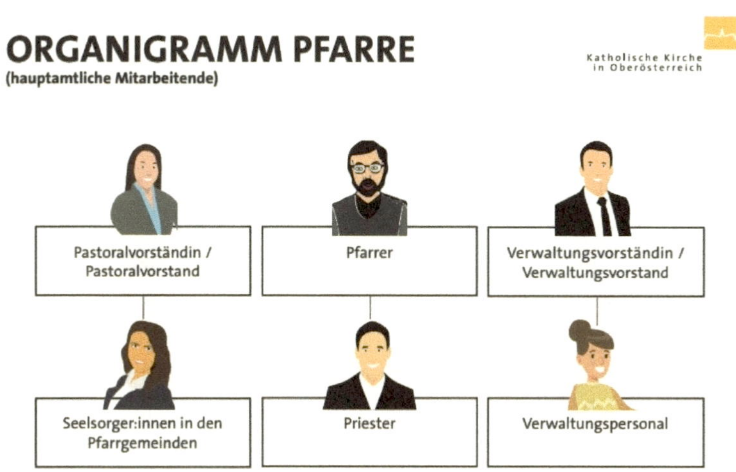

Quelle: https://www.dioezese-linz.at/zukunftsweg/downloads (Stand 05.05.2025).

Pfarrgemeinden, sind es nun etwa 40 ›Pfarren‹. Diese werden jeweils von einem Pfarrvorstand geleitet, der aus einer Pastoralvorständin – zuständig für die Seelsorgerinnen und Seelsorger in den Pfarrgemeinden –, einem Pfarrer – zuständig für die Priester – und einem Verwaltungsvorstand – zuständig für das Verwaltungspersonal – besteht.

Die Pfarrgemeinden als kirchliche Gemeinschaften vor Ort mit einem Seelsorgeteam als Leitung bleiben bestehen.

EINSICHTEN UND ERKENNTNISSE

Exemplarisch sollen im Folgenden einige Einsichten und Erkenntnisse fruchtbar gemacht werden. Hierbei wird auf die beiden Themenfelder Kirchentheorie und Pastoraltheologie geschaut.

Unter anderer Begrifflichkeit, aber in der Sache sehr ähnlich, wird in Linz die Spannung von ›regional‹ und ›lokal‹ konstruktiv gestaltet. In den ›Grundlagen der neuen Territorialstruktur‹[1] liest sich das so:

> »Das vorgeschlagene und nun umzusetzende Modell bietet Rahmenbedingungen, unter denen auch in einer größeren Einheit der Erhalt und die partielle Selbstständigkeit von Pfarrgemeinden gewährleistet werden kann. Dadurch wird dem Anliegen [...] Rechnung getragen, dass Pfarrgemeinden als Orte der Beheimatung des Christseins erlebt werden und sich Christ:innen mit ihren Charismen am Ort einbringen können [...]. Gleichzeitig wird eine gute Verbindung mit der Gemeinschaft und der Leitung auf Pfarr-Ebene gewährleistet, die im Sinne der Subsidiarität unterstützend wirkt und das größere Ganze des pastoralen Handlungsraumes im Blick hat.«[2]

Diese Subsidiarität zeigt sich darin, dass einerseits Teile der Verwaltung auf die höhere Ebene verlegt werden. Die einzelnen Teilgemeinden erstellen zwar einen eigenen Haushaltsplan, die Personalverantwortung für die Angestellten liegt aber beim Pfarrvorstand. So gelingt eine effektive Entlastung vor Ort. Gleichzeitig wird der Fokus auf das lokale geistliche Leben gelegt, es wird danach gefragt, wie Gemeinden ›Beheimatung‹ anbieten können und »Orte, die ein freies Kommen und Gehen ermöglichen und damit offene Zugänge zur befreienden, Kraft spendenden Botschaft unseres Glaubens eröffnen.«[3]

Verwaltung wird also auf die nächsthöhere Ebene verlagert. Die Verwaltung der Gebäude, der Finanzen, die Verantwortung für Personal ist eine – auch theologische – Leitungsaufgabe. Denn es geht darum, wie Gebäude, Finanzen und Personal dem Auftrag der Kirche entsprechen.

Wie gelingt die Verschränkung von Theologie und Organisation? In Linz: Durch die Idee des Pfarrvorstandes. Wie oben beschrieben, arbeiten Verwaltungsvorstand, Pastoralvorständin und Pfarrer eng zusammen. Es entsteht ein neuer Leitungsstil, der kollegial und nicht mehr hierarchisch geprägt ist.[4] So ist der Verwaltungsvorstand auch an theologischen Prozessen beteiligt, etwa wenn sich die Frage stellt, welches Gebäude wofür erhalten wird, welches Personal an welchem Ort zu welchem Zweck eingesetzt wird. Und die Pastoralvorständin und der Pfarrer sind an eben diesen Verwaltungsfragen mitbeteiligt – ohne aber darin aufzugehen oder unterzugehen. Die je spezifische fachliche Kompetenz verschränkt sich mit dem Blick auf das größere Ganze.

Diese letzte Beobachtung leitet über zu pastoraltheologischen Fragen. Weitreichend – gerade für eine röm.-kath. Diözese – ist die Entscheidung, den Großteil der bisherigen Pfarrer als Priester einzustufen. Waren in den Pfarrgemeinden noch eine Vielzahl der geweihten Priester auch Pfarrer, ist das nun nur noch eine kleine Anzahl, nämlich nur noch ein Pfarrer pro neuer Pfarre. Diese Veränderung bringt eine Entmachtung mit sich, die nicht zu unterschätzen ist. Bisher war der Pfarrer vor Ort die zentrale Person, hatte bei allen Entscheidungen das letzte Wort. Nun legt er als ›Pfarrvikar‹ oder ›Kurat‹ einen Fokus auf die Feier der Sakramente und auf Seelsorge. Er ist entweder ganz von Leitungsaufgaben entbunden oder nimmt Leitung nur teilweise, nämlich in Zusammenarbeit mit dem Seelsorgeteam, wahr.

Nur auf der regionalen Ebene der Pfarre hat der Priester in der Funktion des Pfarrers noch eine exklusive, herausgehobene Leitungsfunktion. Faktisch findet hier eine Leitung im Team statt, bei der jeder seinen beruflichen und professionellen Hintergrund einbringt und klare Zuständigkeiten hat.

Dieses veränderte Pfarrerbild wird durch sehr unterschiedliche theologische Ausbildung und Sozialisation wie auch verschiedene kulturelle Hintergründe – viele der Priester stammen aus Afrika oder Indien – komplexer.

Diese Vielfalt zu leiten und idealerweise auch fruchtbar zu machen, ist eine der größten Herausforderungen für den Pfarrvorstand. Insbesondere, da nun nicht mehr nur ein Priester, sondern eben ein gleichberechtigtes Team unterschiedlicher Professionen die Pfarre leitet. Die geklärte Zuständigkeit in einem Team führt dennoch zu sehr guten Ergebnissen. Die Anforderungen an die Kommunikation sind hoch.

Kahneman: Hier zeigt sich, wie wichtig es ist, dass alle Beteiligten möglichst alle Informationen zur Verfügung haben, um langsames Denken zu fördern.

Die zahlreichen Ehrenamtlichen - viele von ihnen in großer Verantwortung durch die Mitarbeit im Seelsorgeteam - stehen auch in der Diözese Linz zwischen Empowerment und Überlastung. Stark verbreitet ist aber die Haltung, dass sich die Hauptamtlichen in vielen Teilgemeinden eher als Dienstleister, als Ermöglicher sehen. Die Diastase von Haupt- und Ehrenamt ist hier aufgebrochen hin zu einem Miteinander für das gemeinsame Ziel.

Um diesen anspruchsvollen Weg zu gehen, braucht es einiges an Arbeit. Grundlegend ist dabei der theologische und geistliche Fokus in den konzeptionellen Papieren. Diese argumentieren ekklesiologisch und sind geprägt von der Theologie des Zweiten Vatikanischen Konzils, vor allem von der Konstitution *Lumen Gentium*. Aber im Alltag, in der praktischen Umsetzung, gilt es immer wieder, diese ›geistlichen Wurzeln‹[5] zu stärken und nicht nur gekonnt zu organisieren. So werden die neuen Vorstände stets in einem gottesdienstlichen Rahmen in ihr neues Amt eingeführt, Gebet, gemeinsames Bibellesen und der Austausch über den Glauben haben ihren Ort. Neben diese theologische Dimension tritt der hohe Stellenwert von Weiterbildung, wie oben skizziert.

Fazit

Was kann nun für regiolokale Kirchenentwicklung gelernt werden?

Das Beispiel Linz zeigt, dass eine strategische Neuausrichtung und eine Strukturveränderung nicht leichtfertig oder einfach zu haben sind. Umfangreiche Bildung, Kommunikation und Öffentlichkeitsarbeit sind nötig. Ebenso braucht es eine klare theologische Vision davon, wie Kirche aussehen könnte.

> Es braucht eine klare theologische Vision davon, wie Kirche aussehen könnte.

In Linz wurden Verwaltungs- und Leitungsaufgaben auf die regionale Ebene gezogen. Dies bedeutet eine Professionalisierung, eine höhere Effektivität und eine Entlastung der lokalen Ebene. Aber gleichzeitig geht damit eine Entmachtung der bisherigen Amtsträger einher. Auf der lokalen Ebene hingegen kann das geistliche Leben, das gottesdienstliche Leben, aufblühen, weil es von Verwaltung entlastet ist. Die Ehrenamtlichen, auch diejenigen mit Leitungsverantwortung im Seelsorgeteam, erleben eine Stärkung.

Die Erfahrungen der Diözese Linz zeigen außerdem, dass es viel zu wenig Austausch über solche Prozesse gibt. Zu oft erarbeitet jede Einheit, jede Diözese oder Kirchengemeinde ihren eigenen Strategie- oder Strukturprozess. Nur selten gibt es Abstimmung und Austausch zwischen Evangelischen und Katholischen. Wie können die Lernerfahrungen zwischen einzelnen Landeskirchen und Bistümern besser geteilt werden?

Wie sich wohl die beiden Priester in Linz entschieden haben? Vielleicht sollten wir sie einmal persönlich fragen bei einem guten Essen?

Anmerkungen

1 Diözese Linz, Grundlagen.

2 A. a. O., 10.

3 A. a. O., 6.

4 A. a. O., 10.

5 Diözese Linz, Ausrichtung, 7.

Kleine Anstellungsverhältnisse und ihre grosse Reichweite

Alexandra Battenberg

Geld hatten wir in Schwechat schon immer wenig. Unsere kleine evangelische Pfarrgemeinde am Rande von Wien erstreckt sich über eine Fläche von 270 km^2 und hat laut Stellenplan eine 70%-Pfarrstelle plus Religionsunterricht. In Österreich haben die Gemeinde-Pfarrstellen immer ergänzenden Religionsunterricht mit dabei. In Schwechat ist es sogar auf Grund der Flughafen-Seelsorge etwas weniger als normalerweise. Als mein Mann und ich im Jahr 2011 nach Schwechat kamen, wurden die Löcher im Gemeindebudget nur übertroffen von den Löchern im Dach der Kirchen in Schwechat, Himberg und Fischamend.

Aber eins hatte die Pfarrgemeinde immer schon: kreative Menschen mit einem großen Herzen, beseelt von der Liebe Gottes und dem Wunsch, diese Liebe an die Menschen im Umfeld weiterzugeben.

Auch das Experiment, über das ich hier berichten darf, ist von diesem Geist getragen: Im Frühling 2024 entschlossen wir uns, die 70%-Pfarrstelle noch einmal im Sinne einer Dienstgemeinschaft aufzuteilen – in einen geistlichen Teil (30%-Stelle) und einen organisatorischen Teil (40%-Stelle). Durch die Umschichtung konnten wir diese Anstellung (bei gleichbleibenden Kosten) auf 50 % erweitern, da die Stelle der Gemeindemanagerin etwas geringer dotiert ist.

Als Pfarrerin übernehme ich dabei folgende Kernaufgaben:

- Gottesdienstgestaltung und Kasualien (unterstützt von einem großen, ehrenamtlichen Team)
- geistliche und strategische Leitung
- Seelsorge und Begleitung, besonders von Mitarbeitenden
- Vernetzung mit kirchlichen und regionalen Stakeholdern

Der organisatorische Teil wird von unserer Gemeindemanagerin abgedeckt:
- operative Leitung
- Unterstützung und Begleitung der Teams, auch seelsorgerlich
- Organisation von Glaubenskursen und Veranstaltungen

Als wir diese Idee erstmals diskutierten, lagen die Bedenken auf der Hand: Sind diese Anstellungsverhältnisse nicht zu klein und zu ›zersplittert‹?

Glücklicherweise funktioniert es in der Praxis aber gut: Natürlich, die Kommunikation untereinander muss gepflegt werden. Aber gleichzeitig wurden durch die Aufgabenteilung ungeahnte Energien frei: Jede von uns tut, was sie gut kann – und das macht Freude und nimmt andere mit.

Die große Frage ist nun natürlich: Wie kann es gelingen, die geringen hauptamtlichen Ressourcen möglichst sinnvoll einzusetzen?

Bei der Beantwortung dieser Frage hilft die doppelte Ausrichtung der regiolokalen Kirchenentwicklung.

1. Lokal: Stärkung des evangelischen Lebens vor Ort

Eines unserer wichtigsten Ziele ist es, Ehrenamtliche zu ermächtigen, Dinge selbst zu tun – vor Ort, in ihrem jeweiligen Kontext.

Natürlich ist es schön, wenn die Pfarrperson einen Glaubenskurs hält. Noch schöner ist es, wenn die Pfarrperson dies zusammen mit Mitarbeitenden tut, die dann im nächsten oder übernächsten Durchgang in der Lage sind, selbstständig so einen Kurs im eigenen Umfeld zu leiten – im Idealfall unterstützt durch neue Mitarbeitende, die dann wiederum selbst Verantwortung übernehmen können.

Ich halte es daher für keinen Zufall, dass Jesus im Missionsbefehl seine Jünger (!) beauftragt, neue Jüngerinnen und Jünger zu ›machen‹. (Vgl. Mt 28,16–20.) Der einzige Imperativ im Griechischen ist übrigens die Aufforderung, »Jünger zu machen«. Dies geschieht, *indem* sie gehen, taufen und lehren. Die Nachhaltigkeit ist offensichtlich: Es geht darum, Jünger zu machen, die Jünger machen, die Jünger machen, die Jünger machen ...

Genau das ist das Prinzip, das wir – in aller Unvollkommenheit – versuchen zu leben.

2. Regional: Erschliessung regionaler Ressourcen und Synergien

Als Hauptamtliche kümmern wir uns zweitens um die Vernetzung mit regionalen und kirchlichen Stakeholdern – immer mit dem Ziel, Rahmenbedingungen zu schaffen, in denen das Leben vor Ort gedeihen kann.

Unser Sommer-Camp ist dafür ein Beispiel: Da bezahlbare Ferienbetreuung in der Region Mangelware ist, organisieren wir ein (für die Eltern) preiswertes Fußball-Camp für Kinder. Möglich wird dies durch die Zusammenarbeit mit der politischen Gemeinde (die den Sportplatz zur Verfügung stellt), mit anderen kirchlichen Akteuren, die das Camp finanziell unterstützen, und mit regionalen Medien. Dies sind Vernetzungen, die wir als Hauptamtliche fördern, und die anderen wiederum das Arbeiten ermöglichen.

Das Lokale und das Regionale ergänzen sich also gegenseitig und helfen, dass wir uns – trotz geringer hauptamtlicher Ressourcen – über ein sehr lebendiges Gemeindeleben freuen dürfen. Die Nachahmung ist daher nicht nur erlaubt, sondern ausdrücklich empfohlen.

In diesem Zusammenhang noch eine Warnung und eine Anwendungsempfehlung:

Warnung: Bitte kein kirchen-entwicklerisches Greenwashing!

Die Idee der RLKE ist gut, und die Praxis zeigt, dass auch kleine Anstellungsverhältnisse eine große Wirkung entfalten. Dieser Befund darf jedoch nicht instrumentalisiert werden, um notwendige Sparmaßnahmen auf dem Rücken der lokalen Pfarrgemeinden auszutragen und dort Stellenkürzungen zu rechtfertigen oder gar gutzuheißen, während der übergeordnete Verwaltungsapparat unberührt bleibt.

Vielmehr wäre es wünschenswert, den doppelten Grundgedanken der RLKE konsequent auf alle (!) Organisationsebenen zu übertragen: Nämlich, dass übergeordnete Ebenen durch ihre Vernetzung gute Rahmenbedingungen für die lokale Arbeit schaffen und sie die jeweiligen Akteurinnen und Akteure vor Ort begleiten, stärken und unterstützen. In diesem Sinne sollten alle gesamtkirchlichen Aktivitäten einer kritischen Prüfung unterzogen werden – das würde auch so manche Strukturreform erleichtern.

Anwendungsempfehlung: Bitte mit einer Prise Optimismus!

Dafür kann ein Blick in die Geschichte helfen: Als Evangelische Kirche in Österreich stehen wir auf den Schultern der Geheimprotestanten, die mehr als 150 Jahre (bis zum Toleranzpatent 1781) ihren Glauben im Verborgenen leben mussten, weil er offiziell verboten war – mit geschmuggelten Bibeln und Andachtsbüchern, in geheimen, gottesdienstartigen Zusammenkünften und mit einem gelegentlichen ›Auslaufen‹ ins Ausland zu Abendmahlsfeiern. Organisiert wurde das gemeinschaftliche Leben von Laienpredigerinnen und -predigern, die den Menschen auch seelsorgerlich nachgingen. Bezahlte Pfarrstellen gab es keine, dafür aber immer das Risiko staatlicher Sanktionen (Gefängnis, Ausweisung ...). Für die Geheimprotestanten wäre jede noch so kleine, offizielle Anstellung ein ›paradiesischer‹ Zustand gewesen.

Gerade in Zeiten von Sparmaßnahmen ist es daher hilfreich, uns zu erinnern, dass Kirche nicht abhängig ist von Hauptamtlichen. Denn: »Ubi verbum, ibi ecclesia«. (WA 39 II, 176)

Schwester Agnes 2.0

Seelsorge und Sendung Gottes

Benjamin Stahl

Herzlich willkommen in der Oberlausitz. Filmliebhaber wissen: Das ist die Heimat einer sehr erfolgreichen DDR-Produktion gewesen – ein Film aus der *Evergreen*-Kategorie: ›Landarztserie‹ – nur ohne Landarzt. Weil Landärzte damals knapp waren sowie die Mobilität der Bevölkerung bei weitem nicht auf dem heutigen Niveau, gab es eben die Dorfkrankenschwester, die für die Erstversorgung zuständig war. Schwester Agnes ist die Protagonistin in einem Klassiker aus dem Jahr 1975, in dem es weniger um Wundversorgung und Krankheiten geht als um die menschliche und gesunde Entwicklung eines Dorfes. Da brauchte der Bürgermeister Nachhilfe und dieser Konflikt treibt die Handlung voran.

Nun sind wir im Jahr 2020 und immer noch in der Oberlausitz. Rückbau, Zentralisierung und deutlich sichtbare Abbruchprozesse bestimmen die ›Dorf- und Kirchgemeindeentwicklung‹ gleichermaßen. Der Film »Schwester Agnes« inspiriert dazu, Dinge auch noch einmal anders zu denken und mit Mut aufzutreten.

Einen anderen Blick zu gewinnen, war essentiell. Wenn es um die Entwicklung der vier Kirchdörfer der Vereinigten Ev.-Luth. Kirchgemeinde Großharthau ging, war unsere Perspektive auf zweifache Weise ›eingefahren‹. Zum einen ließen wir den Satz: »Die Jugend ist unsere Zukunft« unhinterfragt gelten. Praktisch bedeutete das, dass wir uns über die Zukunft der Arbeit mit Kindern Gedanken machten. Es war 2020 langsam absehbar, dass wir eine starke Mitarbeiterin in den Ruhestand verabschieden müssen und die Frage war: Was dann? Was passiert dann, in Zeiten des Personalmangels und der Stellenkürzungen? Als Ortspfarrer machte ich mich auf die Suche nach jungen Gemeindepädagoginnen und Gemeindepädagogen. Ich telefonierte, reiste, knüpfte Kontakte, wir boten kleine Formate an, in denen man sich ausprobieren konnte und hatten bald gute Kontakte gewonnen. Doch keiner wagte den Sprung in den ländlichen Raum. Aus der Traum vom Aufbruch im Bereich Arbeit mit Kindern und Familien?

Zunächst schon, ja! Das mussten wir loslassen. Irgendwie stimmt es auch nicht, dass die Kinder und Jugendlichen in unsere Gemeinde hineinwachsen. Nach der Schule gehen sehr viele weg, manche kommen wieder ins Dorf, sehr wenige in die Kirche. Worte wie ›Traditionsverlust‹ und ›Säkularisierung‹ werden so erfahren und auch erlitten.

Zur gleichen Zeit wurde das Thema ›Alterseinsamkeit‹ immer präsenter in der Gemeinde. Eine Kirchvorsteherin beobachtete: In unserem Dorf sind in kurzer Zeit zwölf ältere Frauen verstorben. Ihre Männer sind zum großen Teil allein. Die Kinder und Kindeskinder sind der Arbeit nachgezogen, und so wird Einsamkeit zum Problem. Wir organisierten einen ›Witwerstammtisch‹ und wollten mit zünftigem Essen einen Kontrapunkt zur Einsamkeit setzen. Einige nahmen das Angebot an. Ehrenamtlich wurde das Angebot auf ein nächstes Kirchdorf ausgeweitet. Dort wurde das Angebot noch besser angenommen. Langsam begannen wir eine Bedürfnislage in unseren Dörfern zu verstehen und zu erfassen: Alterseinsamkeit.

Auf einer Gemeindeversammlung kam dann die Idee zur Welt: Wenn wir schon niemanden finden, der Arbeit mit Kindern und Familien gestaltet, dann können wir doch eine Art »Schwester Agnes« – eine Gemeindeschwester und -seelsorgerin anstellen! Ideen sind immer schön, werden aber erst dann wirklich, wenn sich jemand für die Umsetzung meldet. Eine Krankenschwester hat sich einige Tage nach der Gemeindeversammlung gemeldet und gesagt: Ich könnte mir vorstellen, meinen Beruf für eine Zeit aufzugeben und als Gemeindeschwester zu arbeiten.

Nun brauchte es den zweiten Perspektivwechsel: Eine Krankenschwester ist als Mitarbeiterin im pastoralen Feld der Seelsorge gar nicht vorgesehen. Darauf ist die Institution Kirche nicht sehr gut eingestellt.

Eine Krankenschwester ist als Mitarbeiterin im pastoralen Feld der Seelsorge gar nicht vorgesehen. Darauf ist die Institution Kirche nicht sehr gut eingestellt.

Es ist möglich, aber fernab dessen, was in den tagtäglichen Vorgängen innerhalb der Institution vonstatten geht. Wir haben ein Jahr gebraucht, bis die rechtlichen und finanziellen Fragen geklärt waren. Zu dieser Zeit gab es einen landeskirchlichen Fördertopf, der Mittel für derartige Experimente bereitstellte. Mit Hilfe des Kirchenbezirkes haben wir als Ortsgemeinde 20 % Eigenmittel aufgebracht und konnten dann 80 % der Personalmittel von der Landeskirche bekommen. Das war einerseits ein großes Glück für uns gewesen – andererseits hieß es auch, dass dieser Arbeitszweig nicht im Regelhaushalt ist und nach fünf Jahren keine landeskirchlichen Mittel für die Stelle mehr fließen werden, wenn die kirchliche Gesetzeslage so bleibt. Dieser Perspektivwechsel bringt eine Reihe spannungsreicher pastoraltheologischer und organisationaler Fragen mit sich von A wie Ausbildung bis Z wie Ziele kirchengemeindlicher Arbeit. Es wäre sehr schade, wenn die Lernprozesse der Gemeinde vor Ort an einer Nicht-Bearbeitung dieser Fragestellungen zerschellen.

Am 1. Juli 2024 war es dann so weit: Der erste Arbeitstag unserer Schwester Agnes begann. Wir bauten einen neuen Arbeitszweig auf – Seelsorge- und Gemeinschaftsangebote für Seniorinnen und Senioren in unseren vier Kirchdörfern. Ganz oben auf der Tagesordnung stand die Seelsorgeausbildung für unsere Krankenschwester, denn wir sind kein Pflegedienst. Unsere gemeindliche Aufgabe hat ein eigenes Profil – einfach gesagt: Wir wollen Zeit für Gespräche haben, Freude an so mancher Lebensleistung mitempfinden, den Alltag unterstützen und ein offenes Ohr für Nöte haben. Beraten haben uns dabei zwei wichtige Partner: Unser Kirchenbezirkssozialarbeiter, der auf der Schnittstelle von Kirchengemeinde und Diakonie arbeitet, sowie der Leiter des Vereins Projekt Leben e. V., der mit seiner Erfahrung in Hilfe zur Selbsthilfe und Öffentlichkeitsarbeit wertvolle Hinweise gab. Erwähnt werden muss, dass das Projekt nicht auf Kirchenmitglieder begrenzt ist, sondern allen offen steht.

Nach einem halben Jahr konnten wir erste, kleine Früchte sehen: 50 Personen wurden besucht, weit über 100 Stunden Gesprächszeit ergaben sich mit Einzelpersonen. Wir haben bewusst viel Zeit zum Hinhören und Hinsehen eingeplant, denn die Frage ist: Wie findet man die wirklich Einsamen? Diejenigen, die sich schon aus Scham gar nicht mehr in der Gesellschaft bewegen wollen? Das Thema ›Patientenverfügung‹ war fast allen unseren Seniorinnen und Senioren ein Begriff. Doch trotz guter Informationslage wurde sie selten ausgefüllt. Unsere ›Schwester Agnes‹ hatte Zeit und konnte nach der Vorstellung in Seniorenkreisen auch diejenigen Zuhause besuchen, die Hilfe zum Ausfüllen brauchten und Fragen hatten. Zurzeit entdecken wir das Thema ›Biographiearbeit‹ und haben unsere Freude, dass so viel Weitergabe von Wertschätzung und tiefsinniges Fragen ermöglicht wird. Insgesamt stehen wir am Anfang, aber es entwickelt sich eine dörfliche Seelsorgearbeit, die das Profil unserer Gemeinde hoffentlich mehr und mehr prägen wird.

> Es entwickelt sich eine dörfliche Seelsorgearbeit, die das Profil unserer Gemeinde hoffentlich mehr und mehr prägen wird.

Das regiolokale Team als Herzstück von Kirche Kunterbunt in der Region

Katharina Freudenberg

Nordwestthüringen. Ländliche Gegend mit vielen kleinen Ortschaften. Im Herbst 2019 steht den Menschen in diesen Dörfern und Kleinstädtchen vor Augen, dass sie gemeinsam ab 2020 die kirchliche Region Helbe-Notter bilden werden. Unsicherheit ist spürbar und viele Fragen sind im Raum. In diese emotionale Gemengelage hinein wird eine Einladung zu einem Treffen an alle ausgesprochen, deren Herz für Familien brennt. 25 Menschen folgen dieser Einladung und versammeln sich an einem Mittwochabend in einem Gemeindehaus. Sie kommen aus unterschiedlichen Gemeinden, manche kennen sich schon, viele stellen sich erstmal gegenseitig vor. Sie tauschen sich darüber aus, was sie sich für ihre eigene und andere Familien ›von‹ und ›in‹ der Kirche wünschen: u. a. fröhliche Musik, am liebsten mit Band, Raum für Bewegung, christlichen Glauben mit allen Sinnen zu erleben, Qualitätszeit für Kinder und ihre Eltern(teile) oder Großeltern, gemeinsames Essen. Am Ende des Abends steht eine Idee im Raum: Es könnte eine *Kirche Kunterbunt* entstehen. Diese Form von Kirche für und mit Familien kommt ursprünglich aus England und orientiert sich an den gleichen Bedürfnissen von Familien, die auch an diesem Abend im Gemeindehaus benannt werden. Ein Großteil der versammelten Gruppe hat Lust darauf, eine Kirche Kunterbunt für die neu entstehende Region auf den Weg zu bringen.

Bevor es an die praktischen Planungen geht, darf sich dieses neu entstehende Team Zeit nehmen, sich näher kennenzulernen. Dabei zeigt sich, dass mehrere Menschen dabei sind, die aktuell ziemlich allein für die Kirchengemeinde in ihrem Dorf kämpfen. Zum Beispiel André, der als Kirchenältester und Bürgermeister ein großes Anliegen hat, dass Kirche nah bei den Menschen ist. Für ihn ist es tröstlich und ermutigend, in dieser Teambildungsphase andere ›Alleinkämpfende‹ kennenzulernen. Im Team sind auch Mütter und Großmütter, die sich einen familienfreundlichen kirchlichen Ort für ihre eigene und andere befreundete Familien wünschen, aber keine Mitgestalterinnen dafür in ihrer Ortsgemeinde finden. Dazu gehört Ida, eine Mutter von drei Kindern: »Ich fühlte mich in meiner Heimatgemeinde oft allein und hoffte auf ein anderes, frischeres, familiengerechteres Format, das irgendwie meinen Lebensumständen näherkommt.« Das Zusammenfinden dieser Menschen mit ihrer gemeinsamen Sehnsucht, nach einem fröhlichen kirchlichen Ort für Familien bringt viel Energie ins System: Alleinkämpferinnen finden Mitstreiter, Suchende finden einen gemeinsamen Ort.

Das Zusammenfinden dieser Menschen mit ihrer gemeinsamen Sehnsucht, nach einem fröhlichen kirchlichen Ort für Familien bringt viel Energie ins System: Alleinkämpferinnen finden Mitstreiter, Suchende finden einen gemeinsamen Ort. Die Region bekommt ein konkretes Gesicht.

So formt sich aus dieser zunächst losen Personengruppe ein festes Team: das ›Kirche Kunterbunt Team Helbe-Notter‹. Dadurch bekommt die geographische Größe ›Region‹ ein konkretes Gesicht.

Das Team versteht sich dabei nicht nur als Planungsgruppe. Team-Treffen haben immer auch spirituelle Elemente. Ida erinnert sich an die Entstehungsphase: »Wir haben uns lange Zeit als Team genommen, um uns zu finden. Für diese intensive Zeit bin ich sehr dankbar. So konnten wir uns gut kennenlernen und die Gaben des Anderen schätzen lernen. So wuchs neben der Entwicklung eines neuen Formats auch eine neue geistliche Gemeinschaft, die für mich auch ein Teil geistlicher Heimat geworden ist.« Diese Erfahrung wird auch von anderen im Team ähnlich beschrieben: Das Zusammenfinden über den Weg der gemeinsamen Sehnsucht und das intensive Kennenlernen stiften Gemeinschaft.

Im Verlauf der Planungen kommt im Team die Frage auf, wo Kirche Kunterbunt stattfinden soll: an einem oder an unterschiedlichen Orten? Schnell wird klar, dass viele Teammitglieder den Wunsch haben, dass sie auch in ›ihrem‹ Ort gefeiert wird. Und so entsteht eine Kirche Kunterbunt, die durch die Region ›wandert‹. Die Vorbereitungstreffen finden jeweils an dem Ort statt, an dem dann auch gefeiert wird. So lernen die Teammitglieder nicht nur die Menschen aus ihrem Team kennen, sondern auch die Orte, aus denen sie kommen. Und das gilt nicht nur für die Teammitglieder, sondern auch für die

Familien, die Kirche Kunterbunt besuchen. Am Anfang bestand noch die Unsicherheit, ob die Familien sich wirklich in Bewegung setzen, um auch in ein etwas entfernteres Dorf zu kommen. Dabei zeigt sich: die Familien, die Kirche Kunterbunt als wohltuenden Ort schätzen lernen, die fahren auch dorthin.

Die Familien, die Kirche Kunterbunt als wohltuenden Ort schätzen lernen, die fahren auch dorthin.

In diesen ersten Jahren sind einige Erkenntnisse gereift:

- Das Kernstück der ›Kirche Kunterbunt Helbe-Notter‹ bildet ihr regiolokales Team:
- Es vertritt durch einzelne Personen viele lokale Ortschaften und bildet daher für das Themenfeld Familie die Region im Kleinen ab.
- ›Region‹ wird im Blick auf Kirche Kunterbunt als eine konkrete Bereicherung und als positiver Gestaltungsraum erlebt: das regiolokale Team stellt etwas auf die Beine, das Alleinkämpfende an einzelnen Orten nicht stemmen könnten – zur Freude der Engagierten und der Familien.
- Das ›Kirche Kunterbunt Team‹ versteht sich dabei nicht nur als Arbeitseinheit, sondern auch als eine geistliche Gemeinschaft, die – als regiolokale Größe – unabhängig von einem konkreten Ort, aber innerhalb der Region besteht.
- Die Zusammensetzung des Teams verändert sich im Laufe der Zeit. Wichtig ist die Aufmerksamkeit für die Teampflege und eine offene Kommunikation, dass das Team keine geschlossene Gruppe ist.
- Auf der Suche nach familiengeeigneten Räumen werden neue Orte ausprobiert und gemeinsam kennengelernt: z. B. die Gemeindeschänke in einem Dorf, an dem der Gemeinderaum zu klein ist. Damit weitet sich der Blick auf die räumlichen Potentiale der Region.
- Da Kirche Kunterbunt große Offenheit für Kooperationen in den Sozialraum mitbringt, werden thematisch passend auch Vereine o. ä. eingebunden: z. B. die Freiwillige Feuerwehr beim Thema Wasser. Diese Kooperationen bilden Verbindungslinien in der Region.
- Notwendig und mitunter herausfordernd ist eine enge Abstimmung bzw. das fortlaufende Gespräch mit den leitenden Haupt- und Ehrenamtlichen der Region: u. a. zur terminlichen Abstimmung. Die einzelnen Orte haben viele Traditionen im Kirchenjahr. Hier darf und muss Kirche Kunterbunt als ›neues‹ Format ihren Platz finden.

Ein ermutigender Ausblick

Die Frage steht im Raum, wie Familien in der Region Helbe-Notter den Karfreitag gestalten können. In den Gottesdiensten, die in klassischer liturgischer Form in vielen Ortschaften stattfinden, sind Familien nicht im Blick. An die Gottesdienst-Planungsrunde wird der Gedanke eines Familien-Kreuzwegs als Kirche Kunterbunt herangetragen. Aufgrund der bisher positiven Kirche Kunterbunt Erfahrungen wird der Idee Platz eingeräumt und auch auf einige der klassischen Gottesdienste verzichtet, um den Familienkreuzweg mit Zeit-Ressourcen zu unterstützen. Das Ergebnis: Ein tiefgehendes Erlebnis für alle Generationen, mit Kinderwagen und Rollstuhl, das mittlerweile zur neuen Tradition geworden ist.

Kirche Kunterbunt als Chance für regiolokale Kirchenentwicklung

Göran John

Kirche Kunterbunt ist ein Modell, das ganz unterschiedlich verwirklicht werden kann. Um etwas Übersicht darüber zu gewinnen und auch um aufzuzeigen, wie Kirche Kunterbunt ein Baustein einer regiolokalen Gottesdienst- und Gemeindelandschaft sein kann hat Göran John die folgende Übersicht ursprünglich für Schulungen von Multiplikatorinnen und Praktikern erstellt.

Kirche Kunterbunt parochial innerhalb einer Konfession

Kirche Kunterbunt findet als Gemeindeangebot in einer parochialen Ortsgemeinde statt. Die parochiale Gemeinde ist gekennzeichnet durch ›die Kirche im Dorf‹ und das Gemeindeleben vor Ort. Hier hat ›Kirche Kunterbunt‹ gemeindeentwicklerische Ausstrahlung und bietet ein Angebot für die Zielgruppe ›Familien mit Kindern‹ innerhalb der Parochie.

Kirche Kunterbunt ökumenisch innerhalb von Parochialgrenzen

Kirche Kunterbunt findet als Gemeindeangebot in einer parochialen Ortsgemeinde statt. Allerdings kooperiert man hier ökumenisch oder auf Basis der evangelischen Allianz. Die parochiale Struktur wird durch das Dorf/die Stadt oder den kommunalen Raum definiert und ist gekennzeichnet durch ›die Kirchengemeinden im Dorf‹ und deren Gemeindeleben vor Ort. Hier hat Kirche Kunterbunt ökumenische Kraft und bietet ein Angebot für die Zielgruppe ›Familien mit Kindern‹ im geschwisterlichen Miteinander.

Kirche Kunterbunt als Tandem (benachbarte Gemeinden) innerhalb einer Konfession

Kirche Kunterbunt findet im Tandem mit anderen parochialen Ortsgemeinden statt. Orte oder Städte, die in Nachbarschaft liegen, arbeiten zusammen. Hier hat Kirche Kunterbunt die Kraft, das größere Ganze langsam in den Blick zu nehmen, bildet aber noch nicht die ganze Region ab.

Region ›nur‹ als Einzugsgebiet (ansonsten aber parochial gedacht)

Kirche Kunterbunt findet in einer Ortsgemeinde lokal statt und nutzt die Region als Einzugsgebiet. Ein gegenseitiger Austausch oder vertiefte kollegiale oder konzeptionelle Kooperation findet aber in der Region nicht statt. Kirche Kunterbunt hat ›Magnetcharakter‹. Eventuell gibt es mit den ›kleineren Ortsgemeinden‹ Konflikte und Unterstellungen des ›Sheepstealings‹.

Regionale Kooperation und Profilbildung

Hier findet nach einem regionalen Prozess ein Ausdifferenzieren der gemeindlichen Angebote für die verschiedenen Zielgruppen und Bedürfnisse der Menschen statt.

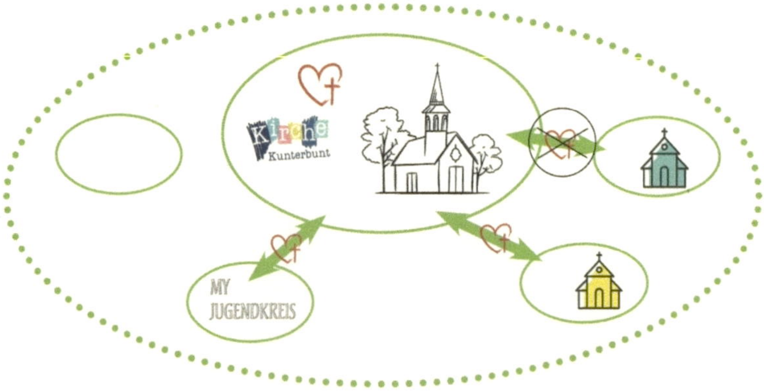

Die Menschen innerhalb einer Region, die sich für die Profilierung der Familienarbeit in der Region stark machen, treten in Austausch beziehungsweise bilden ein Team. Kirche Kunterbunt kann dann als ein zentrales Angebot für Familien entwickelt werden – getragen von einem regionalen Team. Innerhalb der Region freut man sich am Erfolg der anderen und spricht innerhalb der Region von ›wir‹. Man bewirbt Angebote gemeinsam und betet füreinander. Die Zusammenarbeit ist von Augenhöhe und Vertrauen geprägt.

Neugründung (FreshX) zwischen etablierten Strukturen

Im Sinne von Fresh Expressions of Church gründet sich Kirche Kunterbunt als ›Neue Form von Kirche‹, als Struktur mit eigenem Rechtsrahmen neu. Sie hat als kirchliches StartUp von Anfang an Familien und Kinder im Blick. Als neue ›kirchliche Präsenz‹ tritt sie in Kontakt auf Augenhöhe. Im Sinne einer sogenannten *mixed Economy/mixed Ecology* (Mischwaldprinzip) arbeiten neue und etablierte Formen von Kirche liebevoll und wertschätzend zusammen. Der Erfolg des anderen ist auch der eigene Erfolg.

»Kirche für die Hosentasche«

Digitale Kirche

Josef John

Wenn ich heute auf Kirche für die Hosentasche blicke, fällt es mir manchmal schwer zu glauben, wie aus einer spontanen Idee ein Projekt werden konnte, das Menschen über lokale Grenzen erreicht, mitten im Alltag, mitten im Leben. Und auch wenn vieles heute selbstverständlich wirkt: Am Anfang stand keine Strategie. Es war ein Gefühl. Oder besser gesagt: ein Unbehagen. Ich hatte das Empfinden, dass wir als Kirche oft darauf warten, dass Menschen zu uns kommen. In unsere Gebäude, zu unseren Formaten, zu unseren Zeiten. Aber was, wenn sie gar nicht mehr kommen oder uns längst anderswo suchen? Ich fragte mich: Wie sähe Kirche aus, wenn wir sie nicht nur lokal und regional, sondern auch digital denken? Eine Kirche, die sich dem Alltag der Menschen anpasst, statt umgekehrt?

Der Anfang von etwas Kleinem – und Grösserem

So entstand die Kirche für die Hosentasche. Der Name war bewusst gewählt: Etwas, das leicht ist, das man bei sich tragen kann, mitten im Leben, nicht losgelöst davon. Eine Kirche auf dem Smartphone! Keine lange Predigt, kein stundenlanges theologisches Gespräch, sondern ein Impuls für den Moment: eine Podcastfolge, ein Gebet, ein Lied, etwas, das hängen bleibt. Und all das so gestaltet, dass es auf dem Weg zur Arbeit, beim Spaziergang oder in der Warteschlange funktioniert. Was mich von Anfang an überrascht und berührt hat, war die Resonanz. Menschen meldeten sich, per Nachricht, Kommentar, manchmal sehr persönlich und mit tiefen Problemen. Sie fühlten sich angesprochen und gesehen. Und das, obwohl wir uns nicht begegnet waren. Oder vielleicht gerade deshalb?

Digitalität als dritte Dimension der Kirchenentwicklung

Mit der Zeit wurde mir klar: Dieses Projekt ist nicht einfach ein digitales Extra. Es ist eine Realisierung der regiolokalen Kirchenentwicklung, nur mit einer dritten Dimension. Neben der lokalen/regionalen Ebene kommt der digitale Raum dazu. Und der ist anders: Er kennt keine geografischen Grenzen. Er ermöglicht Begegnungen zwischen Menschen, die sich analog nie getroffen hätten. Plötzlich entstehen Netzwerke, nicht über Orte, sondern über Themen, Erfahrungen, Glaubensfragen. Menschen aus verschiedenen Regionen verbinden sich, tauschen sich aus, kommentieren Impulse, bringen eigene Gedanken ein. Dabei entsteht ein Gefühl von Gemeinschaft, ohne Gemeindesaal, ohne Kirchenbank, aber nicht weniger real. Was mich besonders freut: Kirche für die Hosentasche erreicht Menschen, die wir sonst oft nicht (mehr) erreichen. (Junge) Erwachsene, die mit klassischer Gemeindestruktur wenig anfangen können. Menschen mit vollem Alltag, die keine Zeit oder Kraft haben, regelmäßig Gottesdienste zu besuchen. Aber auch Neugierige, Suchende, Zweifelnde, die sich von einem kurzen Impuls berühren lassen und mehr wissen wollen. Und dabei bleibt es nicht beim Hören oder Lesen. Es entstehen Rückfragen, Diskussionen, manchmal digitale Beziehungen, mit teils regelmäßigem Kontakt. Ich habe erlebt, wie über Instagram-Kommentare seelsorgliche Gespräche entstehen. Oder wie jemand nach Monaten schrieb: »Ich höre dich schon so lange – jetzt wollte ich mich endlich mal melden.« Genau das ist für mich Kirche im digitalen Raum: leise, nahbar, da.

Grenzen und Herausforderungen

Natürlich ist nicht alles einfach. Es gibt Herausforderungen. Nicht jede Gemeinde hat die nötige Technik, das Gespür oder das Verständnis für die digitale Welt. Auch fehlt oft die Zeit, entsprechende Formate zu entwickeln.

Die Zielgruppe ist auch nicht unbegrenzt. Wer keinen Zugang zu digitalen Medien hat, aus Altersgründen, aus Prinzip oder mangels Infrastruktur, bleibt außen vor. Zudem ist das Angebot an digitalen Inhalten stark gesättigt. Nicht unbedingt durch die Kirche, aber um überhaupt wahrgenommen zu werden, muss man sich durch Qualität und Individualität abheben. Wer auf Plattformen wie Instagram unterwegs ist, spielt nicht nach eigenen Regeln wie im Gemeindehaus, wo man den Rahmen selbst setzt. Stattdessen nutzt man die Infrastruktur eines Wirtschaftsunternehmens. Diese Plattformen sind nicht für Gemeinnützigkeit geschaffen, sondern auf Gewinn ausgerichtet. Inhalte werden nicht gezeigt, weil sie wertvoll sind, sondern weil sie Nutzer möglichst lange binden. Das bringt Geld ein.

Ein weiteres Thema ist die Frage nach Tiefe. Digitale Impulse sind oft kurz. Können sie trotzdem geistlich tief sein? Ich glaube: ja! Aber es braucht Klarheit, Konzentration und Sorgfalt. Und es braucht die Verbindung mit analogen Angeboten. Das Digitale darf nicht losgelöst stehen, sondern sollte andocken: an Menschen, Orte, Beziehungen. Darin liegt die größte Chance und die größte Aufgabe. Das Leben ist keine digitale Blase, sondern Realität. Ein digitaler Raum kann unterstützen und Kraft geben, aber das Leben muss im Hier und Jetzt gelebt werden. Ziel kirchlicher Arbeit im digitalen Raum sollte sein, das analoge Leben zu stärken und nicht Menschen noch stärker an den digitalen Raum zu binden. Auch wenn das den Interessen der Plattformen widerspricht. Die Herausforderung ist, Inhalte zu gestalten, die den Logiken der Plattformen entsprechen und Menschen trotzdem wirklich stärken. Diese Balance gelingt bei Kirche für die Hosentasche besonders gut in Musikclips. Diese erreichten bis zu 50.000 Aufrufe und gaben vielen Menschen Kraft im Alltag. Weniger Reichweite, aber starke Resonanz bei einzelnen Followern, erzielt das Format ›Gebet für deine Anliegen‹: Hier wird im Videoformat direkt auf der Plattform für Anliegen der Follower gebetet.

Mut zur Einfachheit – und zur Echtheit

Wenn Gemeinden fragen, wie sie digital anfangen können, gilt: Fangt klein an. Es muss nicht perfekt sein. Es muss nicht alles auf einmal geschehen. Entscheidend ist ein klares Ziel: Was soll mit dem digitalen Angebot wirklich erreicht werden? Ebenso wichtig ist zu überlegen, auf welcher Plattform und in welchem Format dieses Ziel am besten umgesetzt werden kann. Die Erfahrung von Kirche für die Hosentasche zeigt: Seid ehrlich. Seid ansprechbar. Seid authentisch. Die größte Stärke digitaler Formate liegt oft genau darin, in ihrer Echtheit. Menschen spüren, ob jemand nur Inhalte sendet oder ob echte Verbindung gesucht wird.

Für mich war und ist dieses Projekt eine geistliche Reise. Ich habe viel über Medien, Kommunikation und Formate gelernt, aber vor allem über Vertrauen. Vertrauen darauf, dass Gottes Geist auch zwischen Kopfhörern und Touchscreens wehen kann. Dass echte Gemeinschaft entstehen kann, auch ohne analoge Räume. Und dass Kirche dort lebendig wird, wo wir neue Räume öffnen, auch digitale.

Kirche für die Hosentasche ist kein geographischer Ort, sondern ein Raum, in dem Kirche sich bewegt, predigt, zuhört. Dort, wo Menschen heute sind: im Netz, im Alltag, unterwegs. Denn Kirche ist da, wo Menschen Gott begegnen, auch, oder gerade, in ihrer Hosentasche.

Beziehungsräume schaffen

Neumonastische Gemeinschaften

Wolf Ruben Kammerer

Wie kann kirchliches Leben in Zeiten von Fusionen und Vertrauensverlust neu Gestalt gewinnen? Welche Impulse braucht es, damit Beziehungen wachsen, geistlicher Aufbruch möglich und die Kommunikation des Evangeliums gestärkt wird? Inmitten dieser Fragen rücken Neumonastische Gemeinschaften in den Blick. Können sie zu geistlichen Ankerorten werden – inmitten eines regiolokalen Kirchennetzwerks? Haben sie das Potenzial, als Orte der Versöhnung, des Gebets und des Experiments, Räume zu eröffnen?

In der regiolokalen Kirchenentwicklung können Gemeinden spezifische Profile entwickeln – zugleich sind sie in ein überregionales Netzwerk eingebunden, das Austausch und gegenseitige Unterstützung ermöglicht.[1] *Neumonastische Gemeinschaften* knüpfen an alte klösterliche Traditionen an und beleben sie neu, als moderne geistliche Lebensformen mit einer Gebetsstruktur und verbindlicher Gemeinschaft.[2]

Beides verbindend kann man sagen, dass Neumonastische Gemeinschaften in sich regiolokale Orte sind, denn sie haben einerseits eine regionale Funktion (geistlicher Ort) und andererseits eine lokale (experimenteller Ort), beides kumuliert in der Funktion als Ort der Vermittlung bzw. Versöhnung.

Neumonastische Gemeinschaften schaffen zunächst Orte intensiver kontemplativer Praxis und gemeinsamer Gebetszeiten, die zur Stille, inneren Einkehr und vertieften Gottesbeziehung einladen. Damit setzen sie einen Kontrast zum oft aktionsorientierten Alltag kirchlicher Arbeit. Ihre Wirkung kann dabei über die Gemeinschaft hinausreichen, denn offene Gebetszeiten, geistliche Begleitung und Retraiten können Berührungspunkte zwischen umliegenden Gemeinden schaffen. Das Stadtkloster Segen in Berlin kann als ein solcher Begegnungsort beschrieben werden. In einer Zeit der Suche vieler kirchlich engagierter Menschen nach Tiefe und Orientierung können sie zu Quellen geistlicher Erneuerung werden. Peter Zimmerling beispielsweise beschreibt, dass die Kirche zu einer »bis in die Kerngemeinde hinein säkularisierten Kirche geworden« ist. Kommunitäten und geistliche Gemeinschaften können genau dieser Entwicklung etwas entgegensetzen.[3]

Bild: Wolf Kammerer

Eine zweite Funktion Neumonastischer Gemeinschaften in der RLKE liegt in ihrer Rolle als Experimentierfeld für innovative Gemeinschafts- und Gemeindeentwicklung. Sie erproben vor Ort neue Organisations- und Gemeinschaftsmodelle, etwa durch gemeinschaftliches Leben, partizipative Entscheidungsstrukturen oder neue Gottesdienst- bzw. Gebetszeiten. In einem überschaubaren Rahmen entstehen so Ausdrucksformen eines gelebten christlichen Miteinanders, die lokal verwurzelt sind. Was hier im Kleinen gelingt, kann als Impuls in umliegende Gemeinden und den Kirchenbezirk hineinwirken. Neumonastische Gemeinschaften werden so zu kreativen Laboren kirchlicher Erneuerung. Wie Gerold Vorländer in »Als die Mönche ihre Heimat verließen« beschreibt, entstehen aus solchen geistlichen Bewegungen heraus neue Wege, Kirche zu sein.[4] Sie können in diesem Sinne helfen, festgefahrene Strukturen zu hinterfragen und die kirchliche Zukunft mutig, missionarisch und gemeinschaftlich zu gestalten.

Die letzte Funktion neumonastischer Gemeinschaften liegt in ihrer Rolle als vermittelnde Instanz zwischen Gemeinden – insbesondere auch in Konfliktsituationen. In Zeiten zunehmender Ressourcenknappheit, etwa bei der Verteilung von Personal, Gebäuden oder finanziellen Mitteln, steigt das Konfliktpotenzial zwischen Gemeinden innerhalb einer kirchlichen Region zusehends. Neumonastische Gemeinschaften können hier als neutrale Dritte auftreten. Sie stehen außerhalb traditioneller Gemeinde- und Kirchenstrukturen, sind nicht direkt betroffen und damit weniger Teil der internen Logiken. Durch ihre bewusst offene und geistlich geprägte Ausrichtung bieten sie Räume für Austausch, auch ökumenisch und moderierte Begegnung – sei es im Rahmen von gemeinsamen Gebetszeiten, thematischen Workshops oder schlicht als ruhiger Begegnungsort.[5] Jean Vanier beschreibt in »Gemeinschaft – Ort der Versöhnung und des Festes«, dass eine Gemeinschaft nicht in erster Linie für sich selbst, sondern für die anderen da ist.[6] Neumonastische Gemeinschaften können in diesem Sinne dazu beitragen, gegenseitiges Verständnis zu fördern und tragfähige Lösungen mitzugestalten. Sie können einen konkreten Beitrag zur Stabilisierung des kirchlichen Miteinanders in einer Zeit struktureller Umbrüche leisten.

Die drei Funktionen Neumonastischer Gemeinschaften für die RLKE dienen einem gemeinsamen Ziel. Sie schaffen Räume, in denen Beziehungen wachsen, Vertrauen entstehen und ein neues Miteinander erprobt werden kann – zentrale Voraussetzungen für regiolokale Kirchenentwicklung.[7] Ihre strukturelle Unabhängigkeit und geistliche Ausrichtung machen sie zu vertrauenswürdigen Knotenpunkten im kirchlichen Netzwerk. Gleichzeitig zeigen sich Herausforderungen: begrenzte Ressourcen, Unsicherheiten bei der strukturellen Anbindung und die Gefahr der Überforderung kleiner Gemeinschaften. Für die Praxis bieten sie jedoch große Chancen, nachhaltige Transformationsprozesse anzustoßen. Weitere Forschung und praxisnahe Konzepte sind nötig, um ihr Potenzial langfristig zu entfalten.

Aber eins ist klar: Struktureller Wandel braucht mehr als organisatorische Konzepte – er braucht gelebte Beziehungen und Orte geistlicher Tiefe und Begegnung für die Region. Vielleicht sammeln sich künftig neue geistliche Gemeinschaften in verlassenen Pfarrhäusern oder es entstehen Gebetshäuser in ehemaligen Gemeindehäusern und Kirchen.[8] Als spirituelle Zentren können sie das Gebet miteinander und füreinander fördern, Versöhnung ermöglichen und zu lebendigen Knotenpunkten regiolokaler Kirchenentwicklung werden. Neumonastische Gemeinschaften in die RLKE zu integrieren heißt, dass Beziehungen untereinander an einem Ort in der Region wachsen können.

Anmerkungen

1 Herbst/Pompe, Kirchenentwicklung, 8–9.

2 Beispiel Stadtkloster Segen: https://stadtklostersegen.de (Stand 28.04.2025) und Kloster Altmark: https://altmark-klosterleben.de (Stand 28.04.2025).

3 Vgl. Zimmerling, Kirche, 176.

4 Vorländer, Mönche.

5 Stichwort: ›Laboratorium der Einheit.‹ Vgl. Kortzfleisch, Herzen, 129.

6 Vanier, Gemeinschaft, 240.

7 Herbst/Pompe, Vertrauen, 7–11.

8 Konkrete Hinweise für eine Gründung finden sich beispielsweise in: Widmer, Gemeinschaft leben.

Warum es anstrengend ist und bleibt

Patrick Todjeras

Warum regiolokale Kirchenentwicklung so anstrengend ist – und bleibt?

- Wir befinden uns in einem disruptiven und unsicheren Gelände kirchlicher Landschaft - auf zerbrechenden Eisschollen zurechtzukommen (oder schlicht zu überleben) *und* gleichzeitig einen strategischen Weg zum neuen Festland zu entwickeln, ist anstrengend. Gleichzeitig werden viele, die auf solchem ›zerfallenden‹ Untergrund stehen, gar nicht gefragt, ob sie bei diesem Abenteuer mitmachen wollen oder nicht, es geschieht einfach.
- Wir haben es mit Menschen und ihren Gaben und ihren Neigungen und Abneigungen zu tun. Und noch viel mehr - entscheidungstheoretisch - mit einem Denken zu tun, das Unsicherheit und Agieren in Unsicherheit vermeiden will und darum Abkürzungen sucht.
- Wir haben es mit Gemeindekulturen und -traditionen zu tun, die auf ihre je eigene Weise ›den Normalzustand‹ und gleichzeitig das zu Erhaltende festlegen. Kulturen und Traditionen sind nicht nur ›Widerstände‹, sie sind zugleich Ressourcen, Stabilisatoren und dienen der Qualitätssicherung. Wenn sie jedoch nur mehr Beharrlichkeit und Isolation nähren, verkrusten sie sich selbst und sind so anstrengend.[1]
- Wir haben es mit Gruppen von Menschen zu tun, die in verschiedenen Konstellationen alle gemeinsam Verantwortung tragen. In der einen Sitzung betroffen, in der nächsten Sitzung verantwortlich, hier konsolidierend und konziliant, in der nächsten Gruppenkonstellation widerborstig. Das erfordert eine hohe Kommunikationsbereitschaft und soziale Dichte. Veränderung braucht soziale Dichte, so heißt es in der Transformations-

forschung. Aushandlungsprozesse sind anstrengend und bedürfen eines langsamen Tempos und einer hohen Achtsamkeit.

- Wir haben es mit spezifischen Leitungssystemen in unseren Kirchen zu tun: Gruppen tragen gemeinsam Verantwortung, Menschen werden auf Zeit in Verantwortung gewählt, Verantwortlichen wird viel zugetraut und zugemutet, sie engagieren sich mit viel Herz und Opferbereitschaft. Diese wechselnden Beauftragungen sind anfällig für Wissen, das verloren geht, Kompromisse, die in Vergessenheit geraten, für Vertrauen, das vormals aufgebaut wurde und für Ownership, das einmal erreicht wurde.
- Wir haben es mit einem spezifischen Leitungssystem in unseren Kirchen zu tun, das Haupt- und Ehrenamtliche gemeinsam verantwortlich in solche Veränderungsprozesse stellt.
- Es ist und bleibt anstrengend, weil es bedeutet, dass jeder und jede etwas aufgeben muss. Das ist ein persönlicher und oftmals existenzieller Punkt: Mit welcher Erwartung und mit welchem Bild bin ich angetreten und wo stehe ich jetzt?
- Es ist und bleibt anstrengend, weil ich dem anderen abnehmen muss, dass er es ehrlich meint, und ich das Beste in den Entscheidungen und Aussagen anderer sehen lernen muss – trotz verschiedener Signale.

Alle genannten Punkte werden sich nicht in Luft auflösen. Man würde sonst in ein top-down-hierarchisches Verhältnis rutschen (und dann ist es egal, was Menschen denken und fühlen) und Gedeihlichkeit ›verordnen‹ und nicht ›entdecken‹.

Warum regiolokale Kirchenentwicklung bereichernd ist – und bleibt?

- Es ist und bleibt bereichernd, weil RLKE eine lebendige Gemeinschaft vor Augen hat, in der Menschen Heimat finden, sie lernen, ihren Alltag vor der Verheißung des Evangeliums zu gestalten, sich für andere einzusetzen, Hoffnung in der Gemeinschaft zu schöpfen und Trost in der Begegnung mit dem Dreieinigen zu erfahren. Eine solche Gemeinschaft, manchmal ganz bescheiden und unauffällig, ist nicht arrogant und hat kein übergroßes Ego, sondern sie ist treu und verletzlich.
- Es ist und bleibt bereichernd, wenn ein Hoffnungsbild vor Augen und auch ›auf dem Weg‹ erlebbar ist: vor Ort mit den Menschen, mit denen man

unterwegs ist, in die Gemeinschaft, in die man hineingestreut (›diaspora‹) ist.

- Es ist und bleibt bereichernd, weil es ein beziehungsförmiger Ansatz ist, der nicht berechnend sein will, sondern entdeckend und neugierig auf das, was Gott tut, auf das, was allen gemeinsam geschenkt ist und sie gemeinsam weiter schenken dürfen.
- Es ist und bleibt bereichernd, weil es neben all dem Hadern mit dem Gegebenen versucht, danach zu fragen, wie dies als Platzanweisung Gottes zu verstehen ist, als eingestreut sein in die je eigene Welt, als Auftrag und Aufgabe – ja vielleicht sogar als Abenteuer.
- Es ist und bleibt bereichernd, weil es danach ausgerichtet ist, sich ganz auf Menschen und ihren Alltag auszurichten, ja, vielleicht in neuer Weise das, was wir tun von den uns anvertrauten Menschen her und gemeinsam mit ihnen zu denken und zu tun.
- Es ist und bleibt bereichernd, weil wir erleben, dass Menschen heil werden (an Körper, Seele und Geist), dass Sorgen vergehen, das Herz gestärkt wird. Wir erleben, dass Gemeinde ›gut tut‹ und Menschen aufblühen lässt. Wir erleben, dass Gemeinde dem eigenen Kontext ›gut tut‹ und sie als Botschafterin der Hoffnung erkannt wird.
- Es ist und bleibt bereichernd, weil wir erleben, dass sich Menschen rufen lassen, dass der Sprung des Glaubens für einige möglich ist, dass Leben christusförmig gestaltet wird, Beziehungen heilen und soziale Räume anfangen zu gedeihen.

Anmerkungen

[1] Vgl. dazu Kapitel 11 »Widerstände in Veränderungsprozessen« in: Ebert/Pompe, Handbuch, 415–448.

Literaturverzeichnis

Abraham, Martin: Evangelium und Kirchengestalt. Reformatorisches Kirchenverständnis heute, Berlin/New York 2007.

Albrecht, Oliver: »Nachkonstantinische Impulse«, in: Hofmeister, Georg et al. (Hrsg.): Kirche neu denken – Kirche erproben. Auf der Suche nach neuen Formen kirchlichen Lebens, Leipzig 2023, 165–178.

Barth, Hans-Martin: Einander Priester sein. Allgemeines Priestertum in ökumenischer Perspektive, Göttingen 1990.

Beck, Hanno: Behavioral Economics: Eine Einführung, Wiesbaden 2014.

Berger, Klaus/Nord, Christiane: Das Neue Testament und frühchristliche Schriften. Übersetzt und kommentiert von Klaus Berger und Christiane Nord, Frankfurt a. M./ Leipzig 1999.

Best, Mirjam: Kirche neu erleben!? Eine empirische Untersuchung zur freikirchlichen Gemeindegründungsbewegung International Christian Fellowship in Deutschland, Leipzig 2025.

Bils, Sandra/Töpfer, Gudrun L.: Exnovation und Innovation. Synergie von Ende und Anfang in Veränderungen, Stuttgart 2024.

Blank, Beate: Was ist Empowerment?, Weinheim 2024.

Bock, Florian/Böntert, Stefan (Hrsg.): Was Steine erzählen. Diskurse und Debatten um Profanierung und Umnutzung von Kirchen, Freiburg/Basel/Wien 2023.

Bonhoeffer, Dietrich: Ethik, hrsg. v. Ernst Feil et al., München 1992.

Bosch, David: Geistlich unterwegs. Mit Mut und Demut missionarisch leben, Nürnberg 2024.

Böttrich, Christfried: Petrus. Fischer, Fels und Funktionär, Leipzig [3]2021.

Böttrich, Christfried: Ein »Haus aus lebendigen Steinen«. Vitalität und Stabilität des Glaubens in neutestamentlicher Perspektive, in: Eiffler, Felix/Reissmann, David (Hrsg.): »Wir können's ja nicht lassen ...«, Leipzig 2023, 7–47.

Bucher, Georg: Befähigung und Bevollmächtigung. Interpretative Vermittlungen zwischen allgemeinem Priestertum und empowerment-Konzeptionen in religionspädagogischer Perspektive, Leipzig 2021.

Bucher, Georg/Domsgen, Michael: Empowerment-bezogene Religionspädagogik, in: Grümme, Bernhard/Pirner, Manfred L. (Hrsg.): Religionsunterricht weiterdenken, Stuttgart 2023, 171–183.

Center for Church Multiplication – CCX (Hrsg.): Listening to the Voice of the Lay Planters, London 2022.

Cray, Graham: Dieser Weg wird kein leichter sein – Mut zur Veränderung, in: Hempelmann, Heinzpeter et al. (Hrsg.), Gemeinde 2.0. Frische Formen für die Kirche von heute, Neukirchen-Vluyn 2011, 63–76.

Cullmann, Oscar: Einführung in das Neue Testament, München 1968.

Dessoy, Valentin: Motivation und Organisation, in: euangel. Magazin für missionarische Pastoral 2/2014. https://www.euangel.de/ausgabe-2-2014/veraenderung-in-der-organisation-kirche-und-die-freude-des-evangeliums/motivation-und-organisation/ (Stand 22.01.2025).

Diözese Linz (Hrsg.), Grundlagen der neuen Territorialstruktur, Linz 2024. Zu finden unter https://www.dioezese-linz.at/zukunftsweg/downloads (Stand 05.05.2025).

Diözese Linz (Hg.), Inhaltliche Ausrichtung. Den Wandel gestalten, Linz o.J. Zu finden unter https://www.dioezese-linz.at/zukunftsweg/downloads (Stand 05.05.2025).

Domsgen, Michael: Über, von und in empowerment lernen – und so Reflexionsräume neu ausloten, in: EvTh. 85. Jg. (2025) Heft 2, 85–96.

Domsgen, Michael: Religionspädagogik, Leipzig 2019.

Ebert, Christhard/Pompe, Hans-Hermann (Hrsg): Handbuch Kirche und Regionalentwicklung, Leipzig 2014.

Eiffler, Felix: Empowerment als Forschungsperspektive für missionale Kirchen- und Gemeindeentwicklung, in: Evang. Theol. 85. Jg. (2025) Heft 2, 129–140.

Elhaus, Philipp/Schendel, Gunther: Transformationsdynamiken zwischen solid und liquid church – der Erprobungsraum Region Langensalza, Tiefenbohrung 2024, Hannover 2025.

Erichsen-Wendt, Friederike: Die Kirchenmitgliedschaftsuntersuchung als Impuls für ein »neues Normal«. Sechs Thesen zu strategischen Aufgaben von Kirchenleitung im Lichte der 6. KMU, in: SI/KAMP (Hrsg.): Wie hältst du's mit der Kirche? Zur Relevanz von Religion und Kirche in der pluralen Gesellschaft. Analysen zur 6. KMU, Leipzig 2024, 640–645.

Fischer, Mario/Rose, Miriam (Hrsg.): Theologie der Diaspora. Studiendokument zur Standortbestimmung der evangelischen Kirchen im pluralen Europa (Theology of Diaspora. CPCE study document to define the situation of protestant churches in a pluralist Europe), Wien 2019.

Flessa, Steffen: Kleinere Krankenhäuser im ländlichen Raum: Lösungsmodelle für eine finanzierbare Versorgung, Wiesbaden 2020.

Grethlein, Christian: Kirchentheorie, Berlin/Boston 2018.

Gutmann, David/Peters, Fabian: #projektion2060. Die Freiburger Studie zu Kirchenmitgliedschaft und Kirchensteuer: Analysen – Chancen – Visionen, Neukirchen-Vluyn 2021.

Halík, Tomáš: Der Nachmittag des Christentums, Freiburg 2022.

HAMBERGER, JOACHIM: Wie Wald beim Hoffen helfen kann, in: HARTARD, SUSANNE/SCHAFFER AXEL (Hrsg.), Hope Maker. Hoffen in einer Welt im Wandel, Weimar (Lahn), 2025.

HÄRLE, WILFRIED: Missionarische Ekklesiologie für die Regionen, in: mehr-wert: Mission in der Region, epd-Dokumentation 41/2010, 30–36.

HENDRIKS, JAN: Gemeinde von morgen gestalten, Gütersloh 1996.

HERBST, MICHAEL/POMPE, HANS-HERMANN: Regiolokale Kirchenentwicklung. Wie Gemeinden vom Nebeneinander zum Miteinander kommen können, Dortmund 2017.

HERBST, MICHAEL/POMPE, HANS-HERMANN (Hrsg.): Vertrauen und Verantworten. RLKE II, Berlin 2023.

HERMELINK, JAN: Kirchliche Organisation und das Jenseits des Glaubens. Eine praktisch-theologische Theorie der evangelischen Kirche, Gütersloh 2011.

HERRIGER, NORBERT: Empowerment in der sozialen Arbeit, Stuttgart [6]2020.

HERRIGER, NORBERT: Sozialräumliche Arbeit und Empowerment – Plädoyer für eine Ressourcenperspektive, in: DEINET, ULRICH/GILLES, CHRISTOPH/KNOPP, REINHOLD (Hrsg.): Neue Perspektiven in der Sozialraumorientierung. Dimensionen, Planung, Gestaltung, Berlin 2006, 64-77.

HOPKINS, BOB/BREEN, MIKE: Clusters. Creative Mid-sized Missional Communities, Sheffield 2007.

HÖRSCH, DANIEL et al.: »Kirchgang und Gottesdienst im Plural«, in: SI/ KAMP: Wie hältst du's mit der Kirche? Zur Relevanz von Religion und Kirche in der pluralen Gesellschaft. Analysen zur 6. KMU, Leipzig 2024.

HUBER, WOLFGANG: Kirche in der Zeitenwende, Gütersloh 1998.

JÜNGEL, EBERHARD: Das Evangelium von der Rechtfertigung des Gottlosen als Zentrum des christlichen Glaubens. Eine theologische Studie in ökumenischer Absicht, Tübingen [6]2011.

KARCHER, FLORIAN/WEGNER, DANIEL: Aus dem Evangelium leben. Erprobungsräume der Ev. Kirche A. B. in Österreich, in: BILS, SANDRA et al.: Erprobung empirisch. Resultate und Reflexionen im Kontext der Erforschung landeskirchlicher Innovations- und Erprobungsräume, Göttingen 2024, 185–217.

KAHNEMAN, DANIEL: Schnelles Denken, Langsames Denken, München [28]2012.

KARLE, ISOLDE: »Volkskirche ist Kasualien- und Pastorenkirche«, in: DtPfrBl 104 (2004), 625–630.

KAUHAUS, HANNA: Empowerment als Zentralbegriff einer Missions- und Kirchentheorie des Lutherischen Weltbundes, in: Evang. Theol. 85. Jg. (2025) Heft 2, 117–128.

KLIE, THOMAS/SCHEPS, SIMONE: »Das kann doch nicht so bleiben ...« Kirchbauvereine in Mecklenburg-Vorpommern, in: ERNE, THOMAS/SCHÜZ, PETER (Hrsg.): Die Religion des Raumes und die Räumlichkeit der Religion, Göttingen 2010, 133–149.

VON KORTZFLEISCH, SIEGFRIED: Mitten im Herzen der Massen, Stuttgart 1963.

KRAUSE, BURGHARD: gemeinsam sind wir stark. Zum zukünftigen Verhältnis von haupt- und ehrenamtlichen Diensten in der Kirche, in: WINTERHOFF, BIRGIT et al. (Hrsg.): Atem und Herzschlag der Kirche. Missionarische Gemeindearbeit in der Praxis, Neukirchen-Vluyn 2008, 181–183.

LIMBACH, NICO: Mündige Nachfolge gemeinsam lernen, Leipzig 2024.

LOMAS, TIM/PAWELSKI, JAMES O./VANDERWEELE, TYLER J.: A flexible map of flourishing: The dynamics and drivers of flourishing, well-being, health, and happiness, in: International Journal of Wellbeing, 13,4 (2024), 1–38.

MAINUSCH, RAINER: Kirchenrecht ermöglicht und unterstützt Kirchenentwicklung, in: HERBST, MICHAEL/POMPE, HANS-HERMANN (Hrsg.): Vertrauen und Verantworten. Regiolokale Kirchenentwicklung II: Umsetzung, Praxis und Erfahrungen, Berlin 2023, 93–96.

MOYNAGH, MICHAEL: Church for Every Context, London 2012.

NOACK, AXEL: Geleitwort, in: HÖRSCH, DANIEL/POMPE, HANS-HERMANN (Hrsg.): Region – Gestaltungsraum der Kirche. Begriffserklärungen, ekklesiologische Horizonte, Praxiserfahrungen, Leipzig 2012, 5–7.

POHL-PATALONG, UTA: »Kirchenreform als (Pfarr)berufsreform. Veränderungspotenziale des pastoralen Amtes«, in: PrTh 56/4 (2021), 233–244.

ROBERTS, CAROL/FRANCIS, LESLIE J.: »Church Closure and membership statistics: trends in four rural dioceses«, in: Rural Theology Bd. 4 (2006), 37–56.

ROEST, HENKDE: »Kirchenschließung«, in: KUNZ, RALPH/SCHLAG, THOMAS (Hrsg.): Handbuch für Kirchen- und Gemeindeentwicklung, Neuenkirchen-Vluyn 2014, 416–425.

ROSA, HARTMUT: Resonanz: Eine Soziologie der Weltbeziehung, Berlin ²2016.

ROSS, CATHY: An Exposition and Critique of the Five Marks of Mission, in: CHRISTOPH, ERNST (Hrsg.): Ekklesiologie in missionarischer Perspektive, Leipzig 2012.

RUBIN, RICK: kreativ. Die Kunst zu sein., übers. von. JUDITH ELZE, München ⁷2023.

SAPOLSKY, ROBERT: Gewalt und Mitgefühl: Die Biologie des menschlichen Verhaltens. Über die Ursachen und die Entstehung von Aggression, übers. von. Hainer Kober, München ²2021.

SCHENDEL, GUNTHER: Arbeit am Betriebssystem der Kirche. Multi-, inter- und transprofessionelle Zusammenarbeit – Konzepte, Potentiale, Beobachtungen, in: PrTh 56/3 (2021), 168–175.

SCHENDEL, GUNTER: Multiprofessionalität und mehr: Multiprofessionelle Teams in der evangelischen Kirche – Konzepte, Erfahrungen, Perspektiven, SI Kompakt 3 (2020), 1–28.

SCHNEIDER, GERHARD: Art. στηρίζω, in: BALZ, HORT/SCHNEIDER, GERHARD (Hrsg.): Exegetisches Wörterbuch zum Neuen Testament Band III, Stuttgart 1983.

SCHREYÖGG, GEORG: In der Sackgasse. Organisationale Pfadabhängigkeit und ihre Folgen, in: OrganisationsEntwicklung Heft 1 (2013), 21–30.

SECKINGER, MIKE: Art. Empowerment, in: OTTO et al. (Hg.): Handbuch Soziale Arbeit, ⁶2018, 307–314.

SCHRAMM, STEFFEN/HOFFMANN, LOTHAR: Gemeinde geht weiter, Stuttgart 2017.

SEIFFERT-BROCKMANN, JENS: »Kahneman (2012): Schnelles Denken, langsames Denken«, in: HOFFJANN, OLAF/SANDHU, SWARAN (Hrsg.): Schlüsselwerke für die Strategische Kommunikationsforschung, Wiesbaden 2024, 389–399.

SINCLAIR, ROBERT S.: Thinking and Writing: Cognitive Science and Intelligence Analysis, Washington DC 2010 (Originally published in January 1984).

Todjeras, Patrick: »Wie hört man eigentlich etwas auf – in Kirche?«, in: Amt und Gemeinde 72/3 (2023), 145–154.

Todjeras, Patrick/Limbeck, Benjamin/Schaser, Elisabeth: »Vielleicht schaffen wir die Trendumkehr«. Eine Studie zu Wachsen und Schrumpfen von Kirchengemeinden im Pommerschen Evangelischen Kirchenkreis, Leipzig 2022.

Union Evangelischer Kirchen/Vereinigte Evangelisch-Lutherische Kirche Deutschlands: Evangelisches Gottesdienstbuch: Agende für die Union Evangelischer Kirchen in der Evangelischen Kirche in Deutschland (UEK) und für die Vereinigte Evangelisch-Lutherische Kirche Deutschlands (VELKD), Nach der »Ordnung gottesdienstlicher Texte und Lieder« (2018) überarbeitete Fassung, Leipzig 2020.

VanderWeele, Tyler J.: Measures of Community Well-Being, in: Lee et al. (Hrsg.): Measuring Well-Being, Oxford 2021, 408–434.

VanderWeele, Tyler J.: On the promotion of human flourishing, in: PNAS 114 (31) (2017), 8148–8156.

VanderWeele, Tyler J.: Religious Communities and Human Flourishing, in: aps 26 (5) (2017), 476–481.

Vanier, Jean: Gemeinschaft – Ort der Versöhnung und des Festes, Salzburg 1983.

Volf, Miroslav: Flourishing. Why We Need Religion in a Globalized World, New Haven/London 2015.

Vorländer, Gerold: Als die Mönche die Heimat verließen, Holzgerlingen 2023.

Warren, Robert: Vitale Gemeinde, Neukirchen-Vluyn [2]2013.

Watzlawick, Paul: Anleitung zum Unglücklichsein, München [15]2009.

Widmer-Huber, Thomas: Gemeinschaft leben. Ein Plädoyer für die Gründung neuer Gemeinschaften und die Stärkung der Ortsgemeinden, Winterthur 2019.

Winkler, Eberhard: Die neue ländliche Diaspora als Frage an die Praktische Theologie, in: ThLZ, 112 (1987), 161–170.

Wunder, Edgar et al.: »Vertrauenskrise und Reformerwartungen: Wo die Kirchen heute stehen«, in: SI/Kamp (Hrsg.): Wie hältst du's mit der Kirche? Zur Relevanz von Religion und Kirche in der pluralen Gesellschaft. Analysen zur 6. KMU, Leipzig 2024.

Zimmerling, Peter: Morgen Kirche sein, Göttingen 2023.

Zimmermann, Johannes: Gemeinde zwischen Sozialität und Individualität. Herausforderungen für den Gemeindeaufbau im gesellschaftlichen Wandel, Neukirchen-Vluyn [2]2009.

Zulehner, Paul M./Rossberg, Eckehard/Hennersperger, Anna: Mit Freuden ernten. Biblisches Saatgut für Zeiten und Prozesse des Übergangs, Ostfildern 2013.

Verzeichnis der Autorinnen und Autoren

Alexandra Battenberg, Himberg
Pfarrerin, geb. 1982, hat Wirtschaftspädagogik, Psychologie und Theologie studiert, ist in den evangelischen Pfarrgemeinden Schwechat und St. Pölten tätig und begleitet zudem evangelische Theologiestudierende an der Universität Wien.

Felix Eiffler, Halle/Saale
Dr. theol, geb. 1984, ist seit 2022 Leiter der Forschungsstelle Missionale Kirchen- und Gemeindeentwicklung (MKG) am Center for Empowerment Studies – Christliches Empowerment in der Säkularität (CES) der Martin-Luther-Universität Halle-Wittenberg.

Katharina Freudenberg, Wernigerode
Dr. theol, geb. 1985, ist Wissenschaftliche Mitarbeiterin an der Forschungsstelle »Kirchen- und Gemeindetheorie. Ökumene und Wissenstransfer im weltweiten Lutherischen Kontext« (KÖW) am Center for Empowerment Studies – Christliches Empowerment in der Säkularität (CES) der Martin-Luther-Universität Halle-Wittenberg sowie als Mitarbeiterin der Erprobungsräume der EKM verantwortlich für die Koordination von Kirche Kunterbunt in Mitteldeutschland.

Michael Herbst, Viereth-Trunstadt
Prof. Dr. theol, geb. 1955, war Pfarrer in Münster und Bielefeld und von 1996 bis 2021 Lehrstuhlinhaber für Praktische Theologie und Gründungsdirektor

des Instituts zur Erforschung von Evangelisation und Gemeindeaufbau (IEEG) der Universität Greifswald.

Josef John, Rielasingen- Worblingen
Diakon, geb. 1992, arbeitet für die ev. Johannesgemeinde sowie für »Kirche für die Hosentasche« im ev. Kirchenbezirk Konstanz in Baden.

Wolf Kammerer, Herrenberg
Dipl. theol., geb. 1995, war Theologischer Referent beim Institut zur Erforschung von Mission und Kirche (IMK), ist Doktorand am Lehrstuhl für Praktische Theologie an der Universität Zürich und seit September 2025 Vikar in Herrenberg in Württemberg.

Kolja Koeniger, Münster
Pfarrer, Dr. theol., geb. 1984, war wissenschaftlicher Mitarbeiter am IEEG und Pfarrer in Greifswald. Seit 2020 ist er Pfarrer der Ev. Lukas-Kirchengemeinde in Münster.

Hendrik Mattenklodt, Gera
Pfarrer, geb. 1965, ist nach Diensten als Gemeindepfarrer im westfälischen Soest und im Weimarer Land sowie als Theologischer Referent am Gemeindekolleg der VELKD in Neudietendorf seit 2020 Superintendent des Ev.-luth. Kirchenkreises Gera.

Georg Ottmar, Schwäbisch Hall
Pfarrer, geb. 1957, war u. A. Dekan, Gemeindeberater und Kirchenrat in der Evang. Kirche in Württemberg.

Hans-Hermann Pompe, Stuttgart
Pfarrer, geb. 1955, war nach Stationen als Gemeindepfarrer Leiter des Amtes für Gemeindeentwicklung und missionarische Dienste der Ev. Kirche im Rheinland, Leiter des EKD-Zentrums für Mission in der Region, Referent bei midi sowie Generalsekretär der AMD.

Elke Rosenthal, Arnstadt
Pfarrerin, geb. 1962, war Vikarin in Avignon, hat eine Seelsorgeausbildung in Houston (Texas) absolviert, arbeitete als Gemeindepfarrerin und stellvertretende Superintendentin in der EKBO und ist seit 2020 Superintendentin des ev. Kirchenkreises Arnstadt-Ilmenau in der EKM.

Göran John, Michelbuch
Diakon, geb. 1983, arbeitet als Neulandentdecker im ökumenischen Netzwerk Gründergeist für Neue Formen von Kirche in der Evangelischen Landeskirche in Baden in der Abteilung Missionarischer Dienste sowie im Bereich der christlichen Erlebnispädagogik und Baumhauscamparbeit in Kirche und CVJM. Er ist Kirche Kunterbunt Regionalkoordinator für Baden und Teil des nationalen Strategieteams.

Bernhard Schröder, Ainring
Pfarrer, geb. 1990, ist Theologischer Referent beim Institut zur Erforschung von Mission und Kirche (IMK) sowie im Werk für Evangelisation und Gemeindeaufbau in der Evangelischen Kirche A. B. in Österreich.

Stefanie Schwalbe, Münchenbernsdorf
Pfarrerin, geb. 1985, ist Stellvertreterin des Superintendenten im ev. Kirchenkreis Gera, EKM.

Benjamin Stahl, Großhartau
Pfarrer, Dr. theol., geb. 1984, war wissenschaftlicher Mitarbeiter am IEEG und ist Landpfarrer in der Vereinigten Ev.-Luth. Kirchgemeinde Großharthau, Sachsen.

Tobias Steinke, Greiz
Pfarrer, geb. 1971, nach Theologiestudium in Erlangen und Leipzig seit 2000 Pfarrer in verschiedenen Pfarrstellen der Thüringer Landeskirche später EKM, seit 2023 Superintendent im ev. Kirchenkreis Greiz in der EKM.

Sven Thriemer, Pölzig
Pfarrer, geb. 1973, ist Kreispfarrer für den Ausstrahlungsbereich Pölzig.

Patrick Todjeras, St. Georgen im Attergau
Dr. theol., geb. 1983, ist Direktor des Instituts zur Erforschung von Mission und Kirche (IMK) sowie Rektor des Werkes für Evangelisation und Gemeindeaufbau in der Evangelischen Kirche A. B. in Österreich.